JN071879

沖縄戦の全学徒隊

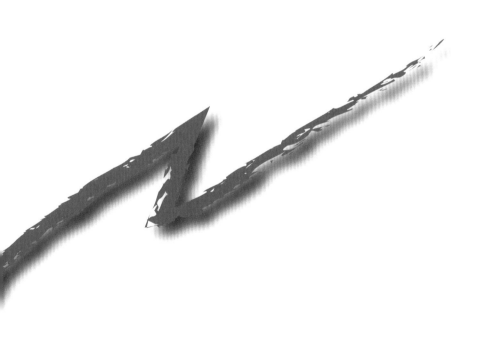

一中鉄血勤皇隊員の遺書

一中鉄血勤皇隊員・山内昌栄(一中4年生)
が自宅の庭の木に刻んだ遺詠。
「君が為何か惜まん 若桜(後の部分判読不
能)」と刻まれている。

一中鉄血勤皇隊員たちの遺髪

開南中学生への警備召集待命令状。この
令状によれば男子学徒たちは「第二国民
兵役」として召集されたことがわかる。

自衛隊富士学校総合教育部が出した「沖縄作戦における沖縄島民の行動」。軍と県当局が学徒の戦場動員の打ち合わせをした経緯について触れられている。(本書p24を参照)

一中鉄血勤皇隊員の遺書。末文に「お父さんお母さん　二人のをばさん　正篤、ヨシ　皆元気でゐてください。先や一番命あり　命があって何事も　思ってをる通りに　出来るのである」と書かれている。尽忠報国の時世にあって、このような命の大切さを強調している遺書は珍しい。

三高女生の看護教育ノート。救急法や内臓図などの看護知識についてのメモ書きが丁寧にまとめられている。

全学徒隊の配属部隊　組織図

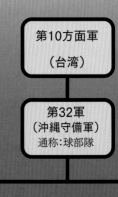

第10方面軍（台湾）

第32軍（沖縄守備軍）通称：球部隊

第32軍 直轄部隊 通称：球部隊

第62師団 通称：石部隊

第24師団 通称：山部隊

独立混成第44旅団 通称：球部隊

第32軍 直轄部隊（通称：球部隊）
- 第三十二軍司令部経理部（ひめゆり学徒隊）
- 沖縄陸軍病院（ひめゆり学徒隊）
- 第十九航空地区司令部（農林鉄血勤皇隊）
- 第四遊撃隊（水産鉄血勤皇隊）
- 第三遊撃隊（三中鉄血勤皇隊）
- 電信第三十六連隊（一中通信隊）
- 独立工兵第六十六大隊（一中鉄血勤皇隊）
- 第五砲兵司令部（一中鉄血勤皇隊、工業通信隊）
- 独立測地第一中隊（一中鉄血勤皇隊）
- 野戦重砲兵第一連隊（一中鉄血勤皇隊）
- 独立重砲兵第百大隊（一中鉄血勤皇隊）
- 第二野戦築城隊（師範鉄血勤皇隊）
- 第三十二軍司令部（師範鉄血勤皇隊・水産通信隊）

第62師団（通称：石部隊）
- 歩兵第六十四旅団独立歩兵第二十二大隊（商工鉄血勤皇隊）
- 歩兵第六十四旅団独立歩兵第二十三大隊（開南鉄血勤皇隊）
- 第六十二師団通信隊（二中通信隊）
- 第六十二師団野戦病院（瑞泉学徒隊・梯梧学徒隊）

第24師団（通称：山部隊）
- 第二十四師団司令部（開南鉄血勤皇隊）
- 輜重兵第二十四連隊（工業鉄血勤皇隊）
- 第二十四師団第一野戦病院（白梅学徒隊）
- 第二十四師団第二野戦病院（積徳学徒隊）

独立混成第44旅団（通称：球部隊）
- 独立混成第四十四旅団司令部（商工通信隊）
- 第二歩兵隊（二中鉄血勤皇隊、三中鉄血勤皇隊、三中通信隊、農林鉄血勤皇隊）
- 独立混成第十五連隊（商工通信隊）

```
┌─────────┬──────────┬──────────┬──────────┬──────────┐
```

独立混成第64旅団	独立混成第45旅団	第28師団	独立混成第60旅団	独立混成第59旅団
通称：球部隊 奄美諸島配備	通称：球部隊 石垣島配備	通称：豊部隊 宮古島・大東島配備	通称：駒部隊 宮古島・大東島配備	通称：碧部隊 宮古島・大東島配備

石垣島
・独立混成第四十五旅団司令部（八重農鉄血勤皇隊、八重山中鉄血勤皇隊）
・船浮陸軍病院、海軍病院（八重山高女学徒隊）

宮古島
・第二十八師団通信隊（宮古中鉄血勤皇隊）
・第二十八師団第二野戦病院（宮古高女学徒隊）
・第二十八師団第四野戦病院（宮古高女学徒隊）
・宮古島陸軍病院（宮古高女学徒隊）
石垣島
・第二十八師団第三野戦病院（八重山高女学徒隊・八重農女子学徒隊）

※ 師団・旅団以下の部隊は学徒隊に関連するもののみを取り上げた。

男子学徒の動員数・戦死者数

学校名	戦後の通称	①動員数(学徒隊)	②戦死者数(学徒隊)	③学徒隊以外の戦死者数	④戦死者合計(②+③)
沖縄師範学校男子部	師範鉄血勤皇隊	生徒 386 教師 24	生徒 226 教師 9	入隊 64 教師 10	生徒 290 教師 19 計 309
沖縄県立第一中学校	一中鉄血勤皇隊 一中通信隊	生徒 305 教師 13	生徒 205 教師 6	入隊 18 その他 67 教師 11	生徒 290 教師 17 計 307
沖縄県立第二中学校	二中鉄血勤皇隊 二中通信隊	生徒 140	生徒 115	70	生徒 185 教師 10 計 195
沖縄県立第三中学校	三中鉄血勤皇隊 三中通信隊	生徒 363	生徒 42	入隊 35 その他 11	生徒 88
沖縄県立農林学校	農林鉄血勤皇隊	生徒 170	生徒 23	入隊 64 その他 37	生徒 124 教師 6 計 130
沖縄県立水産学校	水産鉄血勤皇隊 水産通信隊	生徒 49	生徒 31	入隊 5 その他 22	生徒 58 教師 8 計 66
沖縄県立工業学校	工業鉄血勤皇隊 工業通信隊	生徒 94	生徒 85	その他 73	生徒 158 教師 7 計 165
那覇市立商工学校	商工鉄血勤皇隊 商工通信隊	生徒 99	生徒 73	その他 84	生徒 157
私立開南中学校	開南鉄血勤皇隊 開南通信隊	生徒 68	生徒 66	124	生徒 190
沖縄県立宮古中学校	宮古中鉄血勤皇隊	不明	不明	不明	不明
沖縄県立八重山中学校	八重中鉄血勤皇隊	不明	2	1	生徒 3
沖縄県立八重山農学校	八重農鉄血勤皇隊	不明	不明	不明	生徒 9
合　計		生徒 1,674	生徒 868	生徒 675	生徒 1,552 教師 67 計 1,619

動員数・戦死者数の根拠

・沖縄師範学校男子部：①～④とも『留魂の碑』P242
・沖縄県立第一中学校：①～④とも2019年「元全学徒の会」調査資料（養秀同窓会作成「沖縄県立第一中学校学生及び職員の沖縄戦参加状況」兼城一氏『沖縄一中鉄血勤皇隊の記録』収録の名簿による）
・沖縄県立第二中学校：①及び②は『沖縄戦における学徒従軍記』P93、④は2019年「元全学徒の会」調査資料（城岳同窓会提出資料）、③は④−②
・沖縄県立第三中学校：①は『沖縄戦における学徒従軍記』P93、②～④は1999年ひめゆり平和祈念資料館調査資料（三中同窓会提出資料）。教師の動員数は「回想録「ああ三中」沖縄県立第三中学校十四期生』382頁、2003年、同編集委員会編」
・沖縄県立農林学校：①は『沖縄戦における学徒従軍記』P94、②～④は1999年ひめゆり平和祈念資料館調査資料（農林同窓会提出資料）
・沖縄県立水産学校：①は『沖縄戦における学徒従軍記』P94、②～④は

1999年ひめゆり平和祈念資料館調査資料（水産同窓会提出資料）
・沖縄県立工業学校：①及び②は『工の巧−弾雨下の工業健児』P251、④は同書P308、③は④−②
・那覇市立商工学校：①及び②は『沖縄戦における学徒従軍記』P93、④は1999年ひめゆり平和祈念資料館調査資料（商工同窓会提出資料）、③は④−②
・開南中学校：①及び②は『沖縄戦における学徒従軍記』P94、④は2019年「元全学徒の会」調査資料（開南同窓会提出資料）、③は④−②
・沖縄県立八重山中学校：②～④は国立公文書館所蔵厚生労働省資料「八重山中学校　八重山農林学校　学徒名簿　並死亡現認証綴」
・沖縄県立八重山農学校：④は2018年「元全学徒の会」調査資料（八重山農同窓会提出資料）

女子学徒の動員数・戦死者数

学 校 名	戦後の通称	①動員数 (学徒隊)	②戦死者数 (学徒隊)	③学徒隊以外 の戦死者数	④戦死者合計 (②+③)
沖縄師範学校女子部	ひめゆり学徒隊	生徒　157 教師　　10	生徒　81 教師　　5	生徒　27 教師　　3	生徒　108 教師　　8 計　　116
沖縄県立第一高等女学校	ひめゆり学徒隊	生徒　65 教師　　8	生徒　42 教師　　8	生徒　61	生徒　103 教師　　8 計　　111
沖縄県立第二高等女学校	白梅学徒隊	生徒　46	生徒　17	生徒　41 教師　　8	生徒　58 教師　　8 計　　66
沖縄県立第三高等女学校	なごらん学徒隊	生徒　10	生徒　1	生徒　9	生徒　10
沖縄県立首里高等女学校	瑞泉学徒隊	生徒　61	生徒　33	生徒　29	生徒　62
私立沖縄積徳高等女学校	積徳学徒隊	生徒　25	生徒　3	生徒　36 教師　　5	生徒　39 教師　　5 計　　44
私立昭和女学校	梯梧学徒隊	生徒　17	生徒　9	生徒　50 教師　　3	生徒　59 教師　　3 計　　62
沖縄県立宮古高等女学校	宮古高女女学徒隊	不明	生徒　1	0	生徒　1
沖縄県立 八重山高等女学校	八重山高女学徒隊	生徒　約60	生徒　1	0	生徒　1
沖縄県立八重山農学校 (女子)	八重農女子学徒隊	生徒　16	0	0	0
合　計		生徒 約457 教師　　18	生徒　188 教師　　13	生徒　253 教師　　19	生徒　441 教師　　32 計　　473

※動員数・戦死者数の根拠
・沖縄師範学校女子部及び沖縄県立第一高等女学校:①〜④とも2008年『沖縄戦の全学徒隊』P7
・沖縄県立第二高等女学校:①〜④とも『沖縄戦の全学徒隊』P7
・沖縄県立第三高等女学校:①及び②は『沖縄戦の全学徒隊』P7、④は2019年「元全学徒の会」調査資料(三高女同窓会提出資料)、③は④−②
・沖縄県立首里高等女学校:①〜④とも『沖縄戦の全学徒隊』P7
・積徳高等女学校:①は『沖縄戦の全学徒隊』P7、②は2016年7月積徳女学校同窓会有志からの要請を受け再調査した際に訂正した(凡例10を参照)。④は2019年「元全学徒の会」調査資料(積徳高女同窓会提出資料)、③は④−②
・昭和女学校:①及び②は『沖縄戦の全学徒隊』P7、④は2019年に慰霊碑の「昭和高等女学校職員生徒沖縄戦戦没者名」の記名の再調査により訂正した。③は④−②
・沖縄県立宮古高等女学校:②『沖縄戦の全学徒隊』P7
・沖縄県立八重山高等女学校:①〜④とも『沖縄戦の全学徒隊』P7
・沖縄県立八重山農学校:①〜④とも『沖縄戦の全学徒隊』P7

沖縄戦年表 ───────────────────

年　月　日	出　来　事
1941(昭和16)年 　　12月 8日	日本軍、真珠湾攻撃。マレー半島上陸、タイ進駐。**アジア太平洋戦争開戦**
1943(昭和18)年 　　2月 1日 　　6月25日	日本軍、ガダルカナル島撤退。米軍の反攻強まる 「学徒戦時動員体制確立要綱」を決定。軍事教練と勤労動員を強化
1944(昭和19)年 　　3月22日 　 　　8月22日 　10月10日 　　　21日 　　12月	南西諸島防衛のため、第三十二軍が編成・創設される 読谷・嘉手納・伊江島飛行場建設着工 学童疎開船対馬丸、米潜水艦の攻撃で沈没 米軍が南西諸島に対し最初の大空襲を行う(**十・十空襲**) 米統合参謀本部、沖縄攻略作戦計画(アイスバーグ作戦)を決定 **第三十二軍と県学務課による中等学校生徒戦場動員計画行われる**
1945(昭和20)年 　　1月 　　3月 1日 　　　10日 　　　17日 　　　**23日** 　　　26日 　　4月 1日 　8〜23日 　　　13日 　　5月 2日 　　25日頃 　　6月 7日 　8〜17日 　　18日 　 　　19日 　 　　21日 　 　　23日 　　8月 6日 　　　 9日 　　　15日 　　9月 7日	第三十二軍、防衛召集で満17歳から45歳までのほとんどの男子を動員 米軍艦載機、奄美・沖縄本島・宮古・八重山を空襲 東京大空襲 硫黄島、陥落 **米軍、沖縄本島具志頭村港川(現八重瀬町)への艦砲射撃を開始** 米軍、慶良間諸島に上陸。英艦隊、宮古・八重山を攻撃 **米軍、沖縄本島中部西海岸に上陸。**約1週間で中北部の主要部分を制圧 嘉数高地(宜野湾市)で日米の攻防戦が繰り広げられる 米軍、沖縄本島最北端の辺戸岬に到達 シュガーローフ(那覇市安里)をはじめとする首里の全防衛戦で激戦展開 日本軍、首里からの撤退を開始 米軍、糸満町(現糸満市)北部から具志頭村(現八重瀬町)の線に侵出 **国吉－与座岳－八重瀬岳の線で激戦が展開される** 米軍司令官バックナー中将、国吉の丘(糸満市)で射殺される。国吉一帯で米軍による猛攻撃。このころ、**各学徒隊に解散命令が下される** 日本軍の組織的抵抗終了。米軍、摩文仁から喜屋武一帯(糸満市)にかけ掃討戦を展開 摩文仁(糸満市)の第三十二軍司令部壕、馬乗り攻撃される 第六十二師団の幹部将校ら自決 **第三十二軍司令部首脳、牛島満司令官、長勇参謀長自決(22日説もあり)** 広島に原爆投下される 長崎に原爆投下される **日本、ポツダム宣言受諾** **南西諸島の日本軍、降伏文書に調印**

編集にさいして

　ひめゆり平和祈念資料館では、ひめゆり学徒や沖縄戦に関する資料・論考をまとめた「ひめゆり平和祈念資料館　資料集」を不定期に刊行しています。　資料集第4巻のテーマは「沖縄戦の全学徒隊」です。

凡　例

1.　読みやすさを考慮し、地名にはルビを振った。
　　ただし、「具志頭」「高津嘉山」「黄金森」「運玉森」、沖縄戦当時それぞれ「ぐしちゃん」「たかちかざん」「くがにむい」「うんたまむい」と呼ばれていたが、現在の呼び名である「ぐしかみ」「たかつかざん」「こがねもり」「うんたまもり」とした。また、更竹は「さらたけ」、「浦添ゆうどれ」は「浦添ようどれ」とした。
2.　重要・難解だと思われる語句の初出には適宜注釈をつけた。
3.　証言の転載部分については、全体の読みやすさに配慮し、次のようにした。
　・各証言には、編者で適宜タイトルをつけた。
　・明らかな誤字、脱字は訂正した。
　・適宜句読点を付した。
　・適宜改行した箇所、改行を詰めた箇所がある。
　・適宜、漢数字を算用数字にした箇所がある。
　・難読と思われる字にはルビをつけた。
　・繰り返し記号は該当する文字をあてた。
　・証言文の語句や意味がわかりにくい場合は、引用者が（　）で語句を付け足した。
　・旧姓が確認できない証言者は、文献のままとした。

目　　次

序章
沖縄の近代教育と
「旧制中等学校」

1. 沖縄の近代教育

明治政府の初期の教育方針は、自由主義的で男女平等主義的な教育思想を重視していました*。しかし1880年代後半、「富国強兵」などの政策が重視されてくると、明治政府は中央統制を強める改正教育令を出し、国家主義的な教育を推し進めるようになっていきました。

それ以降、国家主義教育に基づき、男子生徒たちには兵式体操や実弾演習など、将来兵士となるための実戦的な軍事教育が行われ、女子生徒は、将来兵士（男子）を産み、育てる役割を担うための「良妻賢母」教育が、学校教育の中で重視されていきます。

沖縄の近代教育は、1879（明治12）年の琉球藩を廃して沖縄県とした、「琉球処分」以降に始まりました。

明治政府は、それまでの琉球王府の支配者層である元士族や地方役人たちの明治政府への反発を避けるため、また、財政収入を確保するために、琉球王府がとっていた「土地制度」「地方制度」「租税制度」をそのまま施行する「旧慣温存」策をとりました。

教育においても、当初は旧学校を新制度の学校と認めるなど、「旧慣温存」策の枠内での学校制度とし、まずは、元士族や地方役人の子息たちを学校に通わせるための教育政策をとりました。

教育制度においては「旧慣温存」策をとった明治政府でしたが、教育内容では異なりました。独自の歴史を歩んできた沖縄では、軍事教育や良妻賢母教育などに加え、言葉や服装、生活習慣などの文化・風俗を「本土」と同じように改めること（同化）を目指す教育や、天皇（＝国家）への忠誠心を養う「皇民化」教育などが強力におし進められていきます。

明治政府はそれらの教育を行うことによって、沖縄人を「日本国臣民」となるように育成し、その上で徴兵制などを沖縄県民に課すことが必要だと考えたのでした。

当時の清（中国）との関係が緊迫してきた1880年代後半頃から、「国家主義」、「同化」、「皇民化」という特徴がみられる教育が沖縄で本格的に実施されていきます。

〈同化教育〉

「本土」との「同化」を目指す教育の中で、最も重視されたのは、共通語教育でした。当時の沖縄では、「共通語」を話せる人がほとんどおらず、また、各地域によって異なる言葉（方言）を使用していました。そこで、1880（明治13）年に沖縄県庁学務課内に「会話伝習所」という速成（2年制）の教員養成機関が設置されました。そこでは『沖縄対話』という、沖縄の言葉（方言）と共通語を照らし合わせて表記された教科書を使い、共通語教育を重視した教員養成が行われました。沖縄でははじめに共通語を話せる教員を養成し、それから全国共通の教育を実施する必要がありました。「会話伝習所」の設置は、「同化」を目指す教育の開始を意味していました。その後会話伝習所は、沖縄小学師範学校に発展解消されました。

言葉の他にも、髪型や服装などの変更も行われました。男子学校においては断髪*が、生徒や教員、また官吏たちの間でも行われます。

男子の制服は着物から軍服仕様の制服へと変わり、女子は琉装から和装へと変わりました。1896（明治29）年に師範学校に設置された女子講習科の第1回卒業生であり、唯一の沖縄県出身者であった久場ツルは、教員となった1899（明治32）

年に、いち早く和装をとり入れたとして、知事から表彰を受けました。彼女を表彰
することで、和装に服装を改めることは良いことなのだというイメージを、沖縄県
庁がアピールしたかったということが、このエピソードからはうかがえます。

　本土との「同化」を目指す教育には、共通語を沖縄に浸透させ、文化・風俗を日
本化し、それによって「日本人」であるというアイデンティティーを沖縄の人々の
中に植えつけるという目的がありました。そのような教育の根底にあったのは、日
本的なものが進んだもので目指すべきものであり、沖縄的なものは遅れていて、改
良しなければならないものであるという視点でした。そのような視点は、学校で方
言を話した者には「方言札」と呼ばれる木札を一日中首からぶら下げさせるという
罰則などに顕著にみられました。

女師・一高女生の服装の変遷　（『ひめゆりのかをり』〈1935 年〉より）

〈皇民化教育〉

　1887（明治 20）年に沖縄では他県に先んじて、沖縄県尋常師範学校へ「御真影」[*]
が「下賜」されました。その後各学校の敷地内に「奉安殿」[*]が建設され、その中に
御真影が安置されました。生徒たちは奉安殿のそばを通るたびに最敬礼をさせられ
ました。また 1890（明治 23）年には教育勅語が発布され、その謄本が全国の学校
に下賜されます。

　教育勅語は、明治天皇が臣民（国民）に語りかける形式をとっており、臣民の天
皇に対する忠孝心を説き、父母への孝行、夫婦の和合、遵法精神、また、「有事の際
には公（国家）に奉仕し皇室が発展することを助けること」などの 12 の徳目を守る
ことが、臣民の伝統であるとしていました。

　教育勅語の謄本が下賜されて以後、沖縄戦直前まで、学校の諸行事の開式や全校
集会では、教育勅語が必ず読まれ、生徒たちは勅語が読まれている間、頭を下げて

[*] 御真影：全国の学校に天皇・
皇后の写真を配布し、大切
に保管させた。

[*] 奉安殿：「御真影」を置くと
ころ。教育勅語もその中に
置かれた。

聞いていなければなりませんでした。また難しい言葉が並ぶ教育勅語を小学生でも暗唱できるように教育されました。

　教師が言葉の始めに「畏れ多くも」とつけるときは、天皇のことを話すという合図であるため、生徒はすぐに頭を下げ、かしこまって聞かなければなりませんでした。

　こうした皇民化教育によって、生徒たちは、天皇は神であるという畏敬の念や、自分たち日本国臣民は天皇の赤子であるから、国家を守らねばならないという忠誠心が、学校現場で教えこまれていきました。

〈軍事的教育〉

　日本が東アジアの玄関である韓国への侵出を進める中で、清などとの対外関係が緊張してくると、師範学校や首里中学校（のちの県立第一中学校）で、兵式体操や撃剣が教科に導入され、運動会*がさかんに開催されるなど、軍事色が強化された教育が学校現場で実施されていきます。

　さらに日清・日露戦争と同時並行するかたちで、男子学校では次第に具体的な軍事演習を行うようになっていきます。日清戦争勃発時には、師範学校の男子学生は夏休みを返上して武装義勇団を結成しました。1904（明治37）年の日露戦争時には初の実弾発火演習や、不時呼集して読谷村渡具知まで行軍し即日帰校するなど、この種の行事は日清・日露戦争以降度々開催され、日常化していきました。それは他の男子学校でも同じでした。

　皇民化教育や同化教育を受ける中で「日本国臣民」というアイデンティティーが涵養され、「日本国臣民であるからには、国家を守らねばならない」という意識が生徒たちの間に芽生えていったのです。

*運動会には、国民の体力増強、行進やマスゲームによって規律正しい集団行動を身につけさせるなどの目的があった。

錬成会の様子　（「宮古高等女学校昭和18年卒業アルバム」より）

2.「旧制中等学校」制度*とは

　現在の日本では、「中等教育」機関は中学校と高等学校の教育を指しますが、1943（昭和 18）年に公布された「中等学校令」では「中学校」、「高等女学校」、「実業学校」が中心的な「中等教育」機関と位置づけられていました。

　中学校は男子に必要な教育を、高等女学校は女子に必要な教育を、実業学校は実業に従事するために必要な知識技能教育を施すための学校として、それぞれ独立した制度として存在しており、中学校は男子のみ、高等女学校は女子のみが入学可能でした。

　旧制中等学校に進学するには、義務教育である国民学校初等科*（6 年制）を卒業し、その後、希望者は国民学校高等科（2 年制）、中学校、高等女学校、実業学校に進学しました。

　中学校、高等女学校、実業学校は「中等学校令」で修業年限は原則 4 年と定められていました。各学校には入学試験があり、およそ 13 歳から 17 歳ぐらいまでの生徒が通っていました。

　師範学校は 1943（昭和 18）年に出された「師範教育令」で専門学校に昇格しました。教育課程は予科と本科に分かれており、原則として、高等小学校を卒業し、入学試験に合格した人が予科への入学を許可され、予科修了後、教員養成課程である本科に進みました。それ以外にも、中学校や高等女学校を卒業後、本科に入学するルートもありました。師範学校予科には 15 歳から 17 歳の生徒が、本科には 18 歳から 20 歳の生徒たちが通っていました。

　師範学校は、1 つの地域から数名しか入ることのできない、「狭き門」でした。入学するために、高等小学校の先生の家で学校が終わってからも勉強したといいます。

　明治政府がいち早く沖縄の教員養成にとりくみ、また師範学校生に補助金を支給するなどの優遇策をとったのは、教員が子どもを教えるだけでなく、教員によって、明治政府＝沖縄県庁の政策（同化・皇民化・軍事化）を生徒や地域に注入させようという政治的な意図もあったからでした。

　当時の教員という職業は、地域の有力者であり、指導力とリーダーシップが求められ、社会的地位の高い職業でした。明治政府が導入した新しい学校制度が、沖縄の社会に浸透していくに従って、学校は地域社会において中心的役割を担うようになり、教員は「共通語」を流暢に話すことのできる、地域を牽引する存在となっていったのです。それに伴って、師範学校への入学志願者も年々増加していきました。

　明治・大正と時代がすすむにつれ、沖縄県民の教育への関心はますます高まり、師範学校以外の学校の生徒数も増加していきました。学校が無かった地域にも住民からの要望により中等学校が設立され、私立の学校も新設されます。どの学校も生徒数は増加の一途をたどっており、これから益々の発展が目に見えていた、そんな矢先の沖縄戦でした。

* 「旧制中学校」制度：明治から敗戦までの教育制度は、幾度も学校令が出され、その都度改変されている。ここでは最後の「中等学校令」が出された 1943（昭和 18）年の教育制度を基本にした。

*国民学校初等科：1941（昭和 16）年に公布された「国民学校令」によって、それまでの尋常小学校、高等小学校は国民学校初等科・高等科となったが、1943 年当時、旧制中等学校に通っていた生徒の多くは尋常小学校、高等小学校を卒業している。

● 1941（昭和16）年当時の学校制度

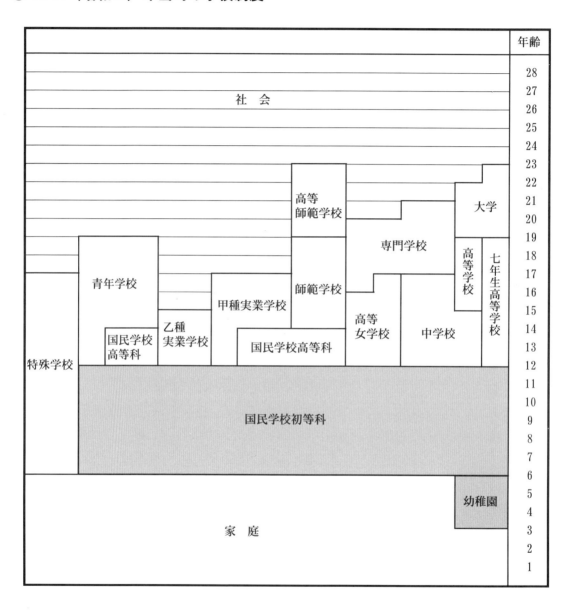

（中等学校教科書株式会社『日本教育新教科書　学校管理法』1941〈昭和16〉年第5版）

1章
沖縄の全学徒隊の概要

1. 戦時体制下の沖縄の中等学校

(1) 軍国主義への道

　19世紀に入り、日本は長い封建社会から抜け出し、西欧列強諸国にならって近代化の道を歩み始めました。その前世紀から、ヨーロッパ列強諸国は植民地を求めて世界分割を推し進めており、19世紀にはその矛先がアジアに向けられてきました。植民地化の野望は日本にも向けられてきましたが、日本はそれに対抗するために、また植民地主義国の仲間入りをするために、富国強兵政策*をとりました。富国強兵政策に国民を動員するためには「皇国思想」が必要でした。その中心的な教条となったのが大日本帝国憲法であり、教育勅語でした。

　その後日本は、早急な富国強兵政策によって近代化に成功し、さらに植民地を求めてアジアの近隣諸国へと侵攻していくことになります。日清戦争、日露戦争と日本は次々と勝利をおさめ、さらにヨーロッパが戦場となった第一次世界大戦(1914～1918年)では連合国側に加わり、枢軸国側のドイツから中国での利権を奪い取りました。

　しかし、第一次世界大戦が終わると、戦時特需によって好景気にわいていた日本やアメリカは「戦後不況」に陥り、さらに1929（昭和4）年10月のニューヨークの株式大暴落を契機に世界中に広がった大恐慌によって、深刻な経済的打撃を受けることになります。街には失業者があふれ、借金まみれになった農村では女子の身売りが増加しました。こうした民衆の生活苦が深刻化する中で、労働争議や社会運動が増加し、それを抑え込もうと、政府は「治安維持法」などを制定します。さらに、広がる外来思想やマルクス主義に対抗するために、1932（昭和7）年には「国民精神文化研究所」が開設されました。その中心的なテキストとして『国体の本義』と『臣民の道』が発行され、全国の教師や学徒に広く読まれるようになりました。

　中国大陸での戦線が拡大する中で、国民の戦争への動員体勢はますます強化されるようになります。1938（昭和13）年5月には「国家総動員法」が、翌年の7月には「国民徴用令」が施行され、政治・経済・社会のあらゆる面で、戦時政策が優先されるようになりました。国民の生活物資が大きく規制されたため、同年の中等学校の入学生からは制服の生地が毛製品などから粗悪なステープルファイバー（軽化学繊維）に変わりました。

●学校の位置図（1941〈昭和16〉年当時）

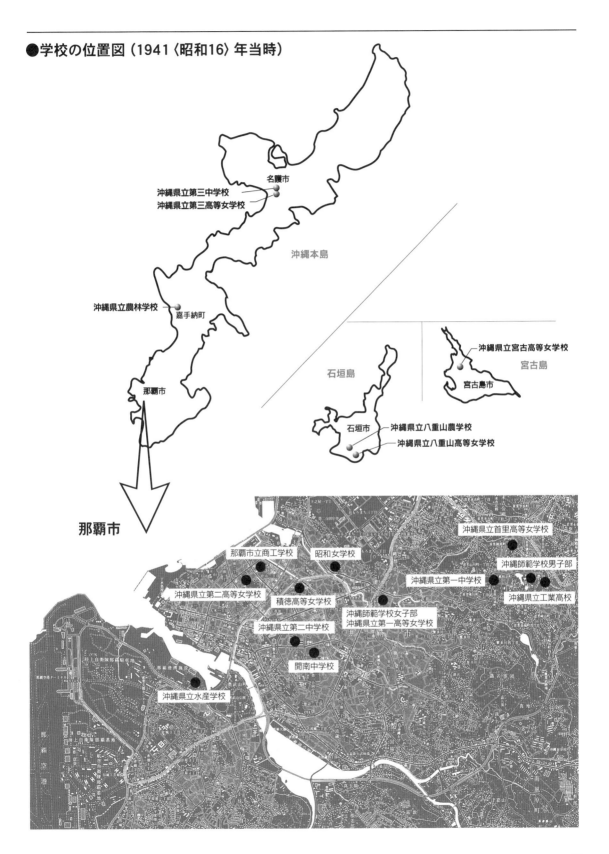

名護市

沖縄県立第三中学校
沖縄県立第三高等女学校

沖縄本島

沖縄県立農林学校
嘉手納町

那覇市

沖縄県立宮古高等女学校
宮古島
宮古島市

石垣島

石垣市　沖縄県立八重山農学校
沖縄県立八重山高等女学校

那覇市

沖縄県立首里高等女学校

那覇市立商工学校　昭和女学校

沖縄師範学校男子部

沖縄県立第二高等女学校
積徳高等女学校

沖縄県立第一中学校

沖縄師範学校女子部
沖縄県立第一高等女学校

沖縄県立工業高校

沖縄県立第二中学校

開南中学校

沖縄県立水産学校

(2) 軍事化されていく学園

　学園の軍国主義化・国家主義化は、「戦時による物資や労働力の欠乏を埋めるための学徒の勤労奉仕」と「軍事国家に耐えうる学徒の体力増強」という形で進められます。1938（昭和13）年6月には「集団的勤労動員作業運動実施に関する件」が出され、以後学徒の勤労動員が次第に強化されていくことになりました。戦局の悪化により働き手が次々と召集され労働力不足になったため、各中等学校生は夏休みを返上して出征軍人の留守家族宅へ出かけ、農作業の手伝いや幼児保育などの奉仕作業をするようになりました。

　体力重視の方針は中等学校の選抜方法にも表れ、1939（昭和14）年からは筆記試験が小学校校長の報告書及び人物考査、身体検査などに変わります。1940（昭和15）年4月には「国民体力法」が施行され、「障害通過」や「土嚢運搬」「手榴弾突撃」などの国防競技が教育に取り入れられました。「障害通過」競技で明治神宮外苑での全国大会に出場した沖縄県立第三中学校が日本一になったこともありました。また同年8月には近衛文麿内閣によって「大東亜共栄圏」構想が発表され、10月には「大政翼賛会」がスタートするなど、日本は時は戦争最優先のファシズム体制へとなだれ込んでいきました。

*セーラー服：水兵服に似せた女性・子供用の服。女学生の制服によく用いられたため、セーラー服は女学生をイメージさせる象徴的な服となった。
*へちま襟：やや丸みをもたせ、へちまの形に似た襟。1940（昭和15）年以降、全国の女学生の制服に採用された。
*配属将校：用語集参照。

　1941（昭和16）年、女学校の制服がセーラー服*から全国統一のへちま襟*に変わり、セーラー服に憧れていた多くの女学生をがっかりさせることになります。その年の12月、大国アメリカなどを相手とする太平洋戦争が勃発すると、「校門は営門（営兵所の門）に通ず」というスローガンが叫ばれるようになり、大学、中等学校、国民学校（現在の小学校）に至るまで、学園の軍事化がますます強化されていくことになりました。

　男子中等学校の教科には大正末期から軍事教練が取り入れられていて、配属将校*の検定にパスしなければ上級学校への進学はできませんでした。その軍事教練の検定をめぐって、1942（昭和17）年、ひとつの事件が起こります。一中のある生徒が第一高等学校（通称一高、東京大学教養学部の前身）と陸軍士官学校の両方に合格しましたが、一高を選んだため、配属将校の怒りを買い、教練検定を取り消されたのです。

*沖縄連隊区司令部：徴兵業務を行う部署。民間への軍事思想の普及や中等学校の合同演習などを行った。

事件は新聞にも取り上げられ、その生徒は沖縄連隊区司令部*から"非国民"呼ばわりされるなど、物議をかもしました。文部省と陸軍省の政治折衝の結果、一高に入学することができましたが、軍人優先の時代を象徴する事件となりました。

　そのころ、男子中等学校では毎日1時間から2時間は教練の時間が組み込まれ、学徒たちは兵隊なみに「軍人勅諭」を暗唱させられました。配属将校の中には、「軍人は死ぬまで鍛えてよい。お前たちは死の一歩手前まで鍛える」という者もいました。

　沖縄の男子の中等学校では、毎年、沖縄連隊区司令官による軍事査察が行われるようになり、閲兵分列行進などが採点されました。司令官の講評が少しでも悪いと、翌日から学徒たちは配属将校に油をしぼられるのを覚悟しなければなりませんでした。女子の中等学校でも「なぎなた訓練」や「防火・防空訓練」、「竹槍訓練」などが課されるようになり、学校によっては、夜間、寮に不寝番を立たせたり、全長68kmという、男子並みの行軍訓練を行った学校もありました。これらの訓練は戦争に備え心身を鍛錬しておくことが目的でした。

　各男子中等学校を南軍・北軍に分けての軍事総合演習も毎年定期的に行われるよう

になっていました。南北に分かれた中等学校生徒が那覇で遭遇して戦闘をするという訓練で、最終日には全部隊が奥武山競技場に集合し、連隊区司令部や配属将校らから作戦の判定を受けるという内容でした。各中学校では銃を使っての実射射撃訓練の実技が3年生以上の正課の中に組み入れられ、射撃が未熟な者は配属将校から厳しく注意されました。教練の中で学徒たちが最もこたえたのは、武装してのほふく前進訓練です。うつ伏せ状になって小銃をひじで水平に支え、何百メートルも這い進まなければならず、ついて来られなかったり、競争に負けようものなら余計にしごかれました。

戦意高揚のために、どの中等学校でも母校出身の兵士や将校、従軍記者などを招いて「時局講演会」が開催されました。そのころ、特別幹部候補生や飛行予科練生などの軍関係上級学校への進学は、男子中等学校生にとってはあこがれの的で、夏休みになると、それらの上級学校に進んだ先輩たちの報告会も盛んに開かれるようになりました。

学園の軍事化は「修業年限の短縮」という形でも現れ、まず1941（昭和16）年度から大学、高等学校、専門学校、師範学校、実業学校の修業年限が3か月間短縮されました。以後毎年修業年限は短縮され、1943（昭和18）年には中学校の修業年限が5年から4年に短縮されました。

その年6月には、「学徒戦時動員体制確立要綱」＊が出され、いよいよ男女学徒を戦争に動員することが想定されるようになります。同じ年の9月にはガダルカナル島が激戦の末陥落しました。その激しい戦闘で戦死した沖縄県立第一中学校出身の大舛松市大尉に「個人感状」＊が贈られたため、沖縄の中等学校では「大舛大尉に続け」と、大舛大尉の顕彰運動が県を挙げて展開されることになりました。

そのころから沖縄の各中等学校では飛行場整備作業や軍事物資・食糧の輸送などに学校ごとに動員されるようになりました。それは、これまでの勤労奉仕的な動員から軍事的な動員への転換を意味しました。またその年には中等学校での英語の授業が敵国語であるとの理由から廃止になっています。

＊「学徒戦時動員体制確立要綱」：資料編の「関連法規」の項に条文を掲載。

＊「個人感状」：戦死した軍人でその功績が特に顕著な者に与えられる軍人最高の栄誉。

(3) 臨戦態勢下の中等学校

1944（昭和19）年、いよいよ沖縄が決戦場となる公算が高くなり、沖縄中が臨戦態勢に入っていきます。軍は県民を総動員して、食糧増産や飛行場建設、陣地構築などを急ピッチで進めていきました。それらの作業はどれも十代の学徒たちにとっては身にこたえる労働であり、現場監督にあたる兵隊にも厳しく扱われました。県下の中等学校生徒や小学生まで動員され、学校の授業も隔日または3日に一度に減らされることになりました。

その年の7月から、政府は学童や老幼婦女子の本土や台湾などへの疎開を実施しましたが、8月22日には、約1,500名の学童を乗せた「対馬丸」が米軍潜水艦ボーフィン号によって撃沈されました。対馬丸には、中等学校学徒らの弟妹たちも乗船していました。

同じ年の10月10日、沖縄は米軍による大空襲に見舞われました（十・十空襲）。フィリピン作戦に備え南西諸島の軍事施設を破壊するのと、数ヶ月後に控えた沖縄上陸作戦準備のための大規模な空襲でした。空襲によって那覇市は全焼、県内の主要な軍事施設も破壊されます。また校舎が消失した学校もあり、学徒たちは自宅待機や仮校舎への移動を余儀なくされました。十・十空襲後、戦場は学徒たちにとって、いよいよ

身近なものとなっていきます。

　翌月11月、フィリピン戦線に投入するために沖縄から第九師団が引き抜かれることになりました。第九師団は最精鋭の部隊でしたが、砲撃力を重視する戦略から他の部隊を残すことになったのです。その戦力減への対策として、軍と県は非正規軍人である「防衛隊の召集」と「学徒隊の戦場動員」を構想することになります。

　翌12月から、沖縄県中等学校教育行政担当の真栄田義見地方事務官と第三十二軍（沖縄守備軍）司令部の三宅参謀との間で、数回にわたって「沖縄の学徒の戦場動員」についての話し合いが行われ、話し合いの結果、「①敵が沖縄に上陸した場合に備えるために、中学下級生に対して通信訓練を、女学校上級生に対しては看護訓練を実施する」「②この学徒通信隊、看護婦隊を動員するのは沖縄が戦場になって全県民が動員される時であるが、この時の学徒の身分は軍人並びに軍属として扱う」（『沖縄作戦における沖縄島民の行動』p 28）ことが決定されたのです。防衛隊の召集はその年の10〜12月と翌年の1〜3月の2回にわたって実施され、およそ2万5千名の防衛隊員が召集されることになりました。学徒隊には男子約1,500名、女子約400名合わせて1,900名が動員されています。

　1945（昭和20）年、年明け早々から、陸軍病院や海軍病院、各野戦病院などで女子学徒への看護訓練が始まりました。訓練は配属予定先の部隊ごとに泊り込みで行われ、その内容も「女学生を軍人並みに扱う」厳しいものでした。午前中の講義で衛生看護学をみっちり教え込まれ、午後にはその内容をすぐにテストされました。また生活全般にも軍隊式の規律が求められ、少しの落ち度でも身がすくむほど怒鳴られたり、びんたが飛んだりしました。女師・一高女だけは宿泊せずに南風原国民学校へ通って訓練を受けました。他校に比べると、訓練内容もそれほど厳しいものではありませんでした。宮古・八重山でも3月から看護訓練が始まります。男子学徒たちは、引き続き陣地構築や軍事訓練などに追われる日々でした。

2. 沖縄戦下の「沖縄の学徒隊」

(1) 学徒の戦場動員

　1945（昭和20）年3月23日、米軍による沖縄上陸作戦が始まりました。この日以降、沖縄本島は激しい空爆と艦砲射撃にさらされることになります。この日、中等学校の女学生たちは陸軍病院や野戦病院、海軍病院などに配属されることになりました。またその2日後の25日には、沖縄連隊区司令部を通じ男子中等学校生に対し学徒動員令が下され、「鉄血勤皇隊」と「通信隊」が編成されました。鉄血勤皇隊には上級生が動員され、主に戦闘部隊を補助する後方任務を担い、通信隊には下級生が動員され、各部隊に所属する通信隊の雑役をする任務を担いました。

　男子学徒の配属先と配置場所をグループ分けすると、「首里に配置されていた第三十二軍司令部及び第三十二軍直轄部隊に動員されたグループ」「首里から浦添一帯に配置されていた第六十二師団に動員されたグループ」「本島北部に配置されていた第四十四旅団に動員されたグループ」「中飛行場（現嘉手納飛行場）に配置されていた第十九区航空司令部に動員されたグループ（ただし農林のみ）」「離島に配置された部隊に動員されたグループ」の5つに分けることができます。

　男子学徒の中には、入隊に際し「入隊志願書」を書いて保護者の押印をもらい提出するよう指示された者もいました（主に通信隊員）。中には親の承諾がもらえず自分で印鑑を押して提出したり、学校当局が保護者の押印がもらえない学徒らの印鑑を印鑑屋で作らせ、押印したケースもありました。

　女子学徒の配属先は、「南風原に設置された沖縄陸軍病院に動員されたグループ」、「東風平や豊見城など本島南部に展開した第二十四師団野戦病院に動員されたグループ」、「前線の宜野湾－首里間に展開した第六十二師団野戦病院に動員されたグループ」、「沖縄本島北部に設置された沖縄陸軍病院名護分院に動員されたグループ（ただし三高女のみ）」、「離島に駐屯した部隊所属の陸軍病院、野戦病院に動員されたグループ」の5つに分けることができます。

　当時、男子学徒隊は「鉄血勤皇隊」「通信隊」という総称で呼ばれましたが、女子学徒隊の総称はありませんでした。戦後になって「ひめゆり学徒隊」や「白梅学徒隊」などのように、それぞれの学校ゆかりの通称で呼ばれるようになったのです。

　それまで徴兵適齢期の引き下げなど、戦争への国民の動員体制が強化されていたとはいえ、このように、18歳以下の中等学校生が戦場に動員されるということは、全国でも未曾有の出来事でした。1943（昭和18）年には、大学生の徴兵猶予を取り消し出征させる「学徒出陣」が行われましたが、それはあくまでも徴兵適齢期にある男子学生が対象でした。この沖縄の試みは1945（昭和20）年6月の義勇兵役法*につながり、もし本土決戦になった場合、本土の中等学校生たちも沖縄の学徒隊のような体験をする可能性が高かったのです。

＊義勇兵役法：資料編の「関連法規」に条文を掲載。

●男子学徒の動員状況　1

学校名／学徒隊の通称	動員数	動員日	配属先	配置場所	動員命令
沖縄師範学校男子部 師範鉄血勤皇隊	386	3/31	第三十二軍司令部 （通称：本部・千早隊・斬込隊・ 野戦築城隊・特編中隊）	現那覇市首里	第三十二軍司令部による「防衛召集」
沖縄県立第一中学校 　一中鉄血勤皇隊 　一中通信隊	254	3/26 3/28	鉄：第五砲兵司令部・独立測地第一中隊・野戦重砲兵第一連隊・独立重砲兵第百大隊・独立工兵第六十六大隊 通：電信第三十六連隊（第四中隊、第五中隊、第六中隊、固定中隊）	鉄：動員当初は現那覇市首里へ、5月中旬からは現豊見城市、現八重瀬町などへ 通：現那覇市首里・繁多川、現南風原町	鉄：連隊区司令部を通じての第三十二軍司令部の「学徒動員令」 通：卒業式後、「召集するので集合するように」という伝達
沖縄県立第二中学校 　二中鉄血勤皇隊 　二中通信隊	140	3/19 3/26	鉄：独立混成第四十四旅団第二歩兵隊（通称宇土部隊） 通：第六十二師団通信隊	鉄：動員当初は現金武町、4月からは現本部町 通：現浦添市	鉄：「県下の中等学校生は鉄血勤皇隊として入隊するように」という軍命 通：入隊テストが行われた後、「年内にも入隊するように」という軍命
沖縄県立第三中学校 　三中鉄血勤皇隊 　三中通信隊	344	3/26 3/22	鉄：独立混成第四十四旅団第二歩兵隊・第三遊撃隊 通：独立混成第四十四旅団第二歩兵隊通信隊（無線班・暗号班・有線班）	鉄：302高地（現今帰仁村）、名護岳（現名護市） 通：八重岳（現本部町）	鉄：第三十二軍司令官・県知事・連隊区司令官連名の命令書 通：通信隊要員召集の命令

＊鉄　は鉄血勤皇隊
　通　は通信隊の略

任　務	撤退日	撤退後の任務	解散日	解散後の状況
師範隊本部：伝令、負傷した勤皇隊員の治療の手伝い・担送、炊事、食糧収集	5/27	撤退時に、「特編中隊」は那覇に進攻してきた米戦車に急造爆雷で立ち向かうため、タコ壺壕に待機させられたが、米軍が別のルートを通ったため死闘を免れた。また「斬込隊」は南部撤退後、司令部壕の後片付けのため首里に戻り、壕を爆破した後再び南部へ撤退した	6/19	「敵中を突破し国頭へ脱出し、再起を図れ」という解散命令が出され、学徒らはそれぞれグループを組んで、分散して壕を脱出した。斬込隊へ参加するよう命令されて出撃する学徒もいた
千早隊：軍司令部の情報、戦果などを住民に伝達すること。実際は過大なあるいは嘘の戦果を発表する宣撫工作の役目も担わされた	5/25			
斬込隊：当初は敵戦車への爆雷攻撃や敵幕舎への急襲の訓練をしたが、実戦では司令部壕前の立哨や糧秣運搬、負傷者の陸軍病院への担送に従事	5/27	撤退後は、各隊とも司令部が入っている壕の改修や食糧運搬、食糧収集、弾薬運搬などに従事させられた。「千早隊」だけは地下工作のために浦添から具志頭にいたる13市町村への潜入を命じられたが、多くの者が敵中を突破することができず戻ってきた		
野戦築城隊：司令部壕掘り、破壊された道路や橋の修理、タコ壺壕掘り、弾薬運搬、負傷者担送	5/27			
特別編成中隊：首里撤退直前に司令部を警護するために各隊から隊員を抽出して編成した部隊（特編中隊）。南部撤退の先遣隊、対戦車用急造爆雷の運搬などに従事	5/27			
特別編成隊：米軍が首里に迫ってきた5月17日、下級生の本科1年、予科2年の学徒たちは特別編成隊を編成し、迫撃砲の操作法を教えられ弁が岳の攻防戦に参加させられたが全滅したため、その後の様子はわかっていない	すでに全滅			
鉄：5/14再編前は自分たちが入る壕の構築、食糧受領、武器弾薬の運搬　5/14再編後は下記の部隊に分散配置されそれぞれの任務に従事した		鉄血勤皇隊本部：先発隊との連絡がとれず離散	6/18	「斬り込みを敢行し国頭へ突破せよ」などの解散命令が下り、学徒らはそれぞれグループを組んで、分散して壕を脱出した。斬込隊へ参加するよう命令されて出撃する学徒もいた
鉄血勤皇隊本部：勤皇隊の動向の掌握や負傷した隊員の看護	6/1	第五砲兵司令部：首里撤退時に壕の爆破、撤退後は壕の整備、道路の補修、爆雷の運搬、雑役	6/19頃	
第五砲兵司令部：立哨、炊事、負傷者の看護・担送	5/27	独立測地第一中隊：各観測所に配置され、砲撃目標などを連絡	不明	
独立測地第一中隊：各観測所に配置され、砲撃目標などを連絡	不明	野戦重砲兵第一連隊医務室：負傷兵の運搬、立哨、国吉の米軍陣地への斬り込みにも行かされたが猛攻のため引き返してきた	6/19	
野戦重砲兵第一連隊医務室：負傷者の担送、伝令、食糧収集、炊事	6/3	独立重砲兵第百大隊：重砲の移動、食糧受領、後方陣地への連絡、保線作業	6/20頃	
独立重砲兵第百大隊：後方陣地への連絡、保線作業	6/3	独立工兵第六十六大隊：食糧収集、弾薬運搬、負傷兵の担送・手当て、埋葬	6/20頃	
独立工兵第六十六大隊：陣地構築、食糧運搬、雑役	5/28			
通：携帯用無線機の送受信、手回し発電機の操作、伝令、立哨、糧秣受領、壕掘り、発電機用冷却水の運搬	5/27	通：通信器材が破壊されていたため、雑役に従事	6/22	
鉄：八重岳（現本部町）での戦闘に参加		鉄：多野岳（現名護市）で雑役に従事	4/23	鉄：4/23以後離散状態
通：普通電報の解読・電報の配達（暗号班）、携帯用無線機による送受信・手回し発電機の操作（無線班）、電話線の架設・切断された電話線の修理（有線班）		通：通信器材が破壊されたため、雑役に従事	6/23	通：生徒を含む旅団全員に斬り込み命令。離散状態になる
鉄：302高地、名護岳、八重岳での戦闘に参加		鉄：多野岳を拠点に羽地～源河一帯の米軍陣地への遊撃に参加	4/24	約20人の生徒を選抜し特別攻撃隊を編成、残りの生徒は解散
通：通信線や道路の補修・陣地構築（無線班）、電話線の架設・補修・炊事・水汲み（有線班）、暗号任務（暗号班）その後、八重岳の戦闘にも参加させられた		通：鉄血勤皇隊と同じ	4/24	

●男子学徒の動員状況　2

学校名／学徒隊の通称	動員数	動員日	配属先	配置場所	動員命令
沖縄県立農林学校 農林鉄血勤皇隊	130	3/26	動員当初は第十九区航空司令部、4月以降は独立混成第四十四旅団第二歩兵隊	動員当初は現嘉手納町、4月以降は現本部町	航空司令部より鉄血勤皇隊編成の命令
沖縄県立水産学校 水産鉄血勤皇隊 水産通信隊	48	3/28 3/28	鉄：第四遊撃隊 通：第三十二軍司令部通信隊	鉄：恩納岳（現恩納村） 通：現那覇市首里	鉄：第三十二軍司令官・県知事連名の命令書 通：上に同じ
沖縄県立工業学校 工業鉄血勤皇隊 工業通信隊	97	 3/29	鉄：5月から輜重兵第二十四連隊 通：第五砲兵司令部	鉄：富盛（現八重瀬町） 通：動員当初は現那覇市首里、4月からは現浦添市・豊見城市などの監視所に	鉄：石部隊から「入隊させるので待機しておくように」と命令 通：「入隊志願書」を配布
那覇市立商工学校 商工鉄血勤皇隊 商工通信隊	不明	3/31 3/25	鉄：独立歩兵第二十二大隊末永中隊 通：第三十二軍司令部暗号班・独立混成第四十四旅団	鉄：現那覇市首里儀保町 通：現那覇市首里、大里村（現南城市）	鉄：軍から校長に鉄血勤皇隊の編成の命令 通：教頭から「各自で入隊するように」と命令
開南中学校 開南鉄血勤皇隊 開南通信隊	不明	3/25 3/9	鉄：第六十二師団独立歩兵第二十三大隊 通：第二十四師団司令部・機関砲第百五大隊	鉄：現浦添市 通：現糸満市高嶺、現那覇市首里石嶺町	明記なし
沖縄県立宮古中学校 宮古中鉄血勤皇隊	不明	2月頃	第二十八師団通信隊	野原岳（現宮古島市）	明記なし
沖縄県立八重山農学校 八重山農鉄血勤皇隊	不明	3/29	独立混成第四十五旅団	現石垣市	明記なし
沖縄県立八重山中学校 八重山中鉄血勤皇隊	不明	上に同じ	上に同じ	上に同じ	上に同じ

任　　務	撤退日	撤退後の任務	解散日	解散後の状況
嘉手納では中飛行場の糧秣の運搬、八重岳では戦闘に参加	4/16	多野岳で雑役に従事	4/28	宇土部隊と共に東村へ撤退。米軍との銃撃戦により尚謙配属将校が死亡した後離散状態に
鉄：情報収集、弾薬運搬、食糧運搬、遊撃戦にも参加 通：首里城の監視所での監視業務、そこで収集した情報を司令室へ報告する任務	6/2 5/27	鉄：恩納岳から久志まで約1か月間かけて撤退 通：撤退時には第三十二軍司令部将校の私物の運搬。撤退後は食糧調達や壕調査に従事。	7/16 なし	鉄：7/16解散後離散状態 通：6/20斬込隊に参加させられる
鉄：壕の修理や炊事、糧秣運搬 通：各地の観測所で発電機回し、電話線の架設・修理、伝令	6/7 5/27	鉄：6月上旬与座岳の戦闘に参加させられ全員死亡 通：撤退直前に急造爆雷の運搬に従事、撤退後は通信任務、爆雷の運搬、負傷者の看護に従事	解散前に全滅 6/23頃	 通：斬り込み命令が敵陣突破命令に変更になり、その後離散
鉄：爆雷の運搬、電話線の修理、伝令 通：通信任務、砲兵陣地へ攻撃目標の連絡、陣地構築、立哨、糧秣運搬、発電機回し、雑役	5/27 5/27〜30	鉄：雑役に従事 通：雑役、与座・仲座の戦闘に参加させられた生徒もいる	6/20 6/19,20	鉄：6/20に敵中突破 通：米軍陣地へ斬り込みに出される者や敵中突破をする者など色々なケースがあった
鉄：浦添に配備された部隊に動員されたようだが、不明 通：戦闘状況を連隊本部へ報告すること、電話線の修理	不明 5月下旬	鉄：不明 通：国吉・真栄里・真壁などに移動後、雑役に従事。国吉では斬り込みに参加させられる	不明 6/18 8/29	鉄：不明 通：6/18に解散状態になったグループと8/29まで逃げ延びたグループがある
鉄：地上戦がなかったため壕掘りや訓練に明け暮れる毎日だった	撤退なし	撤退なし	8月末	8月末まで軍と行動を共にさせられその後家に帰された
通：モールス信号・通信機器の取り扱いの訓練 対空監視班：15 mの松の大木の上の監視台での対空監視 迫撃班：爆雷を抱え敵戦車に体当たりする訓練	6月上旬	通：武器弾薬の運搬 対空監視班：記録はないが、通信隊とほぼ同じ任務 迫撃班：記録はないが、通信隊とほぼ同じ任務	8/12	通：8月12日原爆投下のニュースが入り、生徒らに「当分の間自宅に帰って待機するよう」命令があった 対空監視班と迫撃班も記録はないが、通信隊とほぼ同じ状況
上に同じ	上に同じ	上に同じ	上に同じ	上に同じ

●女子学徒の動員状況

学校名／学徒隊の通称	動員数	動員日	配属先	配置場所
沖縄師範学校女子部 沖縄県立第一高等女学校 **ひめゆり学徒隊**	222	3/23	沖縄陸軍病院 （通称：球 18803 部隊） 第三十二軍司令部経理部 （通称：球 1616 部隊）	本院（現南風原町黄金森）、一日橋分室（現南風原県県営第二団地近く）、司令部経理部（現南風原町津嘉山）、識名分室（現那覇市識名）、糸数分室（現南城市玉城糸数）
沖縄県立第二高等女学校 **白梅学徒隊**	46	3/24	第二十四師団第一野戦病院 （通称：山 3486 部隊）	本院（現八重瀬町富盛）、東風平分院（現八重瀬町東風平）、新城分院（現八重瀬町新城）
沖縄県立首里高等女学校 **瑞泉学徒隊**	61	3/23	第六十二師団野戦病院 （通称：石 5325 部隊）	本院（現南風原町新川）、仲間分室（現浦添市仲間）、首里高女分室（現那覇市桃原町）
沖縄積徳高等女学校 **積徳学徒隊**	25	3/23	第二十四師団第二野戦病院 （通称：山 3487 部隊）	本院（現豊見城市豊見城）
昭和女学校 **梯梧学徒隊**	17	3/23	第六十二師団野戦病院 （通称：石 5325 部隊）	本院（現南風原町新川）識名分室（現那覇市識名）
沖縄県立第三高等女学校 **なごらん学徒隊**	10	3/23	沖縄陸軍病院名護分院 （通称：球 18803 部隊）	本院（現本部町八重岳）
沖縄県立宮古高等女学校	48	不明	第二十八師団第二・第四野戦病院、宮古島陸軍病院 （通称：豊 5676 部隊、豊 5683 部隊、球 6071 部隊）	本院（現宮古島市鏡原）
沖縄県立八重山高等女学校	約 60	4 月	第二十八師団第三野戦病院（通称：豊 5681 部隊）・船浮陸軍病院（球 4173 部隊）・海軍病院	第二十八師団第三野戦病院（現石垣市石垣・於茂登岳）、船浮陸軍病院（現石垣市石垣・於茂登岳）、海軍病院（バンナ岳）
沖縄県立八重山農学校（女子）	16	5 月	第二十八師団第三野戦病院	現石垣市石垣・於茂登岳

女子学徒の任務 （各学徒隊共通）	負傷兵の看護、手術の手伝い、水汲み、飯上げ（食糧受領）、排泄物の処理、死体埋葬、伝令など

動員の状況	撤退日	撤退後の配置場所	解散日	解散後の状況
「いよいよ米軍の上陸だ。平素の訓練の効果を発揮して、御国にご奉公すべき時が来たのである。…諸君は、先生方とともに陸軍病院に動員されることになった」という西岡部長の訓示を受け、陸軍病院に向かった。	5/25	山城本部壕（現糸満市山城）、波平第一外科壕（現糸満市波平）、糸洲第二外科壕（現糸満市糸洲）、伊原第一外科壕、伊原第三外科壕(現糸満市伊原)	6/18	生徒らは米軍が包囲する鉄の暴風の中に放り出され、その後死の彷徨を続けた
引率教師によって軍属としての正式な入隊手続きがとられた。	6/4	国吉の上の壕・下の壕(現糸満市国吉)	6/4	生徒らは米軍が包囲する鉄の暴風の中に放り出され、その後死の彷徨を続けた
校長から「今後は合宿して兵隊同様の訓練をするから、家の人とよく相談して学校に戻ってきなさい」と言われ、家族の許可を得るために生徒らは帰宅させられた	5/20〜5/29	米須の壕（現糸満市米須）、伊原の壕（現糸満市伊原）	6/19	米須の壕が米軍の火焔放射器の攻撃を受け呼吸困難の状態になったが、壕を脱出し、中にいた19名の生徒は全員米軍に収容された
入隊を希望するか否かの調書がとられ56名中25名が動員された	5月下旬	糸洲の壕（現糸満市糸洲）	6/26	解散命令時に小池隊長が「決して死んではいけない」と訓示。鉄の暴風が弱まった6/26に壕を出たため25名中4名の死亡にとどまった
3月22日、生徒たちは面会のため一時帰宅が許されたが、翌23日に激しい空襲があったため帰宅できなかった17名が勤務することになった	5/27	米須の壕（現糸満市米須）、伊原の壕（現糸満市伊原）	6/19	生徒らは米軍が包囲する鉄の暴風の中に放り出れ、その後死の彷徨を続けた
軍から看護訓練を受けた生徒の中から10名を陸軍病院に送るようにと命令があり、その夜生徒らはトラックに乗せられ陸軍病院へ連れていかれた	4/16	多野岳（現名護市）	なし	撤退命令後ばらばらに分散した
不明	なし	なし	不明	不明
動員にあたっては全員に署名・拇印が強要された	不明	於茂登岳（現石垣市）	9月	8月6日広島に原爆が投下されたことを知らされ、しばらくして家に帰された
上に同じ	上に同じ	上に同じ	上に同じ	上に同じ

（2）米軍上陸後の激戦の中で

　大空襲と艦砲射撃から3日後の3月26日、米軍は沖縄本島上陸の基地を確保するために慶良間諸島を攻撃し、31日には占領します。戦場に動員された中等学校の中には、米軍の猛攻撃が続く3月の下旬、慌しく卒業式を挙行した学校もありました。4月1日、米軍は沖縄本島中部の西海岸に上陸、日本軍の迎撃がほとんどない上陸でした。米軍は上陸3日後には沖縄本島を南北に分断し、北部方面と中南部方面の二手に分かれ進撃を開始します。北部方面へ向かった米軍は快進撃を続け、沖縄本島最北端に到着したのは上陸からわずか13日後でした。

　一方、日本軍主力のある中南部へ向かった米軍は、日本軍から激しい抵抗を受けることになります。特に嘉数高地（現宜野湾市）の戦いは熾烈を極め、1日に何回も攻守が変わるほどの白兵戦となりました。4月24日、ついに嘉数高地は米軍の手に落ち、戦線はその後前田高地（現浦添市）、西原高地（現西原町）に移ります。5月9日にはいよいよ首里での攻防戦が始まりましたが、宜野湾から首里までのわずか4kmの戦場で40日もの死闘が繰り広げられることになったのです。

　戦場での男子学徒たちの主な仕事は、鉄血勤皇隊が壕掘り、米軍の砲撃によって破壊された道路や橋などの修理、糧秣運搬（武器弾薬や食糧など）、食糧収集、炊事、立哨＊、伝令＊、負傷者の担送などでした。通信隊は有線班・無線班・暗号班の3つに分かれていて、班によってそれぞれ任務が違っていました。「有線班」が電話線の架設、砲撃で切断された電話線の修理、「無線班」が携帯用無線機の送受信、手回し発電機の操作、発電機用冷却水の運搬、暗号班が電報の解読、電報の配達などでした。それらはほとんど正規軍の後方任務でしたが、中には戦闘や遊撃戦＊へ参加させられた学徒もいました。また師範鉄血勤皇隊員の中には、軍司令部からの過大な戦果を住民に伝達する宣撫工作の任務を負わされた者もいます。

　師範鉄血勤皇隊の中には、敵戦車への爆雷攻撃や敵幕舎へ急襲などの任務を想定した斬込隊という部隊がありましたが、実戦では司令部壕前の立哨や糧秣運搬などの後方任務に従事しました。

　女子学徒たちの主な仕事は、負傷兵の食事の世話や汚物の処理、包帯交換などでした。手術室に配置された生徒は、照明用のローソク持ちや切断する手足を押さえ、それを捨てに行く仕事、手術用具を準備する仕事などをさせられました。そのほかに砲弾の飛び交う壕の外に出ての飯上げ（食事の受け取り）や水汲み、死体埋葬、伝令などの仕事もあり、それらは命がけの仕事でした。戦闘が日増しに激しくなり負傷兵が増加すると、各病院では分室を設置し対応することになります。

　病院壕の中は血と膿と排泄物の悪臭が充満し、負傷兵のうめき声と「水をくれー」「飯をくれー」という怒号が絶えませんでした。負傷兵の傷口には蛆が湧き、それを取り除くのも学徒たちの仕事でした。患者の食事は1日におにぎりが1個か2個しかありませんでした。それも最初のうちは普通の大きさでしたが、後からはピンポン玉ぐらいの大きさのものに変わります。学徒の食事も同じような状況でしたが、配属先によっては副食がつくところもありました。5月ごろからは食糧事情がさらに悪くなり、学徒たちは満足な食事をした覚えがないほどでした。学徒たちの勤務は激務で、ろくに寝ることもできず、寝台によりかかったりして休養をとることもたびたびでした。

　目玉が飛び出し、顎がなくなり、腸が飛び出すなど見るに堪えない傷を負っている

＊立哨：歩哨（陣地の要所に立って警戒にあたる兵）が一定の場所に立って警戒にあたること。
＊伝令：軍隊などで命令を伝達すること。
＊遊撃戦：ゲリラ戦。

負傷兵、手術で腕や足を切断された負傷兵、脳症で頭がおか
しくなった負傷兵…病院壕内はまさに地獄と化していました。
ふるさとや家族のことを学徒たちに話す負傷兵もいましたが、
そのほとんどは帰らぬ人となったのです。

(3) 戦局からの撤退

　5月下旬、米軍は日本軍司令部のある首里に迫ってきまし
た。「首里決戦か南部に撤退しての持久戦か」の決断を迫られ
た日本軍は、後者の道を選びます。米軍の本土上陸を遅らせ
るための持久作戦は、沖縄を守備する第三十二軍の至上命令だったのです。沖縄守備
軍の主力部隊は5月25日ごろから南部への撤退を開始し、それに伴い中南部に配置さ
れていた学徒らにも南部撤退の命令が下されます。配置された部隊によって多少の違
いはありますが、ほとんどの学徒隊は5月25日から6月3日の間に南部へ撤退しまし
た。撤退前に男子学徒たちは首里地区の壕陣地を爆破させられたり、米軍の戦車を迎
え撃つためのタコ壺壕*を掘らされたりしました。また撤退に際しては激しい攻撃と
大雨の中、重たい軍事物資を運搬しなければなりませんでした。この猛爆の中で、命
を落とした学徒もいました。

＊タコ壺壕：縦に深く掘った
　　　　　　一人用の壕。

　陸軍病院や各野戦病院に動員された女子学徒たちは、歩ける負傷兵を連れ、傷つい
た学友を担架に乗せ、重たい医療器具を背負って、南部への道を急ぎました。歩くこ
とのできない重症の患者は、病院壕などに残され処置されることになりました。処置
とは青酸カリを与えたり、クレゾール液を注射したりして、患者を死に至らしめるこ
とだったのです。

　一方、北部では、4月16日の八重岳の戦闘によって国頭守備隊の宇土部隊が壊滅
状態となり、その夜のうちに多野岳へ撤退を開始しましたが、それに伴って学徒隊も
一緒に多野岳へ撤退することになりました。その後も米軍の猛攻は続き、4月24日に
は国頭守備隊は多野岳からさらに北部の東村への撤退を余儀なくされます。多くの学
徒らは多野岳で解散状態になりましたが、中には久志山中で遊撃戦に参加させられ戦
死してしまった学徒もいました。地上戦のなかった宮古では撤退するということはあ
りませんでしたが、八重山では空襲と艦砲射撃が激しくなった6月に、於茂登岳の山
中に撤退しています。

　撤退後の南部は弾の飛んでこない、別天地と思えるような静けさでした。米軍機の
飛んでこない青空の下で手足を思い切り伸ばしたり、川で身を清めたりと、学徒たち
は、久しぶりに命の洗濯をしました。しかし、日本軍の南部撤退が完了する6月4日
ごろから、それまで静かだった南部への砲撃が激しくなります。日本軍は南部一帯に
布陣する陣地で米軍を迎え撃ちますが、物量に勝る米軍の攻撃を前にじりじりと敗退
していきました。米軍は6月11日には糸満－与座－八重瀬岳－具志頭の線まで進出、
12日には八重瀬岳を、16日には与座岳を攻略しました。米軍の攻撃が激しくなったた
め、各学徒隊でも犠牲者が続出しました。

(4) 解散…死の彷徨

　6月18日、米軍がついに日本軍司令部のある摩文仁にまで迫ったため、軍司令官

は残存する将兵に「最後の戦闘命令」を下しました。各部隊は米軍に対し「斬り込み攻撃」をかけましたが、圧倒的な米軍の火力を前に、絶望的な最期を遂げることになります。同じころ、各学徒隊にも解散命令が下されましたが、この解散命令は、米軍の包囲網の中に学徒らを放り出すことになり、その後の学徒たちの犠牲を飛躍的に増大させていく原因となりました。解散命令後の米軍の猛爆撃とその後の一方的な掃討作戦の中で、ある者は砲弾に倒れ、ある者はガス弾攻撃を受け、ある者は火炎放射に焼かれ、ある者は海に流され、ある者は手榴弾により自ら命を絶ちました。男子学徒の中には、解散後前線を突破して北部へ向かうよう指示された者もいましたが、兵隊とともに米軍陣地への斬り込みに参加させられ砲撃に倒れた学徒もいました。

　6月23日、牛島満司令官と長勇参謀長が自決し、日本軍の組織的戦闘はほぼ終了しました。死線をかろうじてくぐり抜けた学徒のほとんどは、解散命令後の6月19日から牛島司令官自決の23日にかけて、米軍に収容されていきます。そのほとんどが自らの意思ではなく、「追い詰められた末に、不意にあるいは不本意に収容された」という状況でした。学徒たちは「捕虜になることは何よりの屈辱」と信じ、米軍に捕まると、「男は惨殺され女は辱めを受けて殺される」と思い込まされていました。

　初めて見る、日焼けした上半身裸の米兵は、学徒たちにとって、まるで赤鬼のように見えました。米兵たちは、水や食料を与えようとしましたが、毒が入っているものと思い込んでいた学徒たちは誰も口にしようとはしませんでした。米兵や通訳の二世に敵意さえ見せる者もいました。しかし、負傷した敵国の人々を懸命に手当てしている米兵の姿を見た学徒たちは、その敵愾心でいっぱいの頑なな心を次第に解きほぐしていきます。

　その後、学徒たちは本島南部東側の知念地区や中北部にある収容所に収容された後、翌年の始めごろには、家族の元へと帰っていきました。中には、家族と会うこともできず、速成の教員養成機関として創設されたばかりの「沖縄文教学校」へ入学した者もいました。

　収容所から戻ってみると、郷土は見渡す限りの焼け野原になっていました。焦土と化した郷土で、学徒たちのゼロからのスタートが始まりました。

2章
沖縄の 21 の学徒隊

1.沖縄師範学校男子部(師範鉄血勤皇隊)

学校所在地	那覇市首里当蔵町（現沖縄県立芸術大学）
動員数	386名　／それとは別に召集兵として現地入隊した者75名
動員された部隊名	第三十二軍司令部
配置場所	留魂壕（那覇市）、第三十二軍司令部壕（那覇市）
犠牲者数	226名　／その他沖縄現地召集兵64名

学校の沿革・概要

　沖縄師範学校男子部（通称：師範男子部）は、官立（1943年以前は県立）の教員養成機関で、大学や専門学校のない当時の沖縄では唯一の最高学府でもありました。

　師範男子部の前身は、1880（明治13）年に那覇西村の県庁内に設立された「会話伝習所」で、同所は同年6月には「沖縄小学師範学校」に発展解消しました。当初は修業年限1カ年の速成科と2カ年の初等科が主体でしたが、内容・制度ともまだ確立していませんでした。

　翌1881（明治14）年2月には教育実習が始まり、5月には寄宿舎設置、6月には校名を「沖縄県立師範学校」に改称しました。翌1882年「沖縄県立師範学校教則」を制定、速成科・初等科に代わり初等師範学科（1カ年）、中等師範学科（2カ年）が設置されました。

　1886（明治19）年には校舎を首里当蔵の龍潭池畔に新築移転し、師範学校令に基づき修業年限が4カ年に改められ、11月には「沖縄県尋常師範学校」と改称しました。

　日本の教育制度を確立した森有礼は国家主義的教育政策を推し進めていましたが、師範教育でもそれに即応する教員養成が目指されました。1887（明治20）年には沖縄県立師範学校にも兵式体操が導入され、12月には御真影が他県に先駆けて導入されました。さらに日清戦争が勃発した1894（明治27）年には師範生及び中学生による

武装義勇団が結成されるなど、師範学校は皇民化教育、軍国教育の重要な役割を担わされるようになりました。

　1896（明治 29）年には同校内に師範学校女子部の前身である「女子講習科」が設置され（女子部は 1916 年に安里に移転）、1908（明治 41）年には学制が改正され予備科・本科の二部制となりました。

戦争への道

　1943（昭和 18）年には師範教育令改正により師範学校は官立専門学校に昇格し「沖縄師範学校」と改称、沖縄県師範学校が沖縄師範学校男子部に、沖縄県女子師範学校が沖縄師範学校女子部という名称に変わりました。新制度移行に伴い、その年の 9 月、師範男子部では半年繰り上げの卒業式が行われました。

　同じ年、学徒の徴兵猶予措置が撤廃されましたが、理工科・師範学校は除外されていました。また、この年からガダルカナル島で戦死し軍神と崇められた県出身の大舛大尉の報国精神が鼓舞されるようになり、食糧増産作業や陣地構築作業への動員が始まりました。

　1944（昭和 19）年 3 月、沖縄守備軍の第三十二軍が新設されると、師範男子部の校舎は軍に接収されました。同年 4 月、文部省通達の「学徒勤労動員実施要綱に関する件」が出されると、勤労動員作業のために授業はほとんど行われなくなり、陣地構築作業が本格化しました。師範男子部の学徒は小禄飛行場や嘉手納飛行場、首里周辺の陣地、天久高射砲陣地、武部隊の戦闘指揮所、繁多川の弾薬保管壕、ナゲーラの病院壕など軍の主要な陣地構築作業に駆り出され、同年の 12 月からは首里城地下の第三十二軍司令部壕を突貫工事で掘り続けました。

　10 月 10 日の大空襲の際には校舎の焼失は免れましたが、学徒たちは朝鮮軍夫たちとともに焼け残った那覇港埠頭の食糧や軍需物資の運搬に動員されました。大空襲の後、学校としても自前の壕を持つ必要性を痛感し、軍司令部の壕づくりと並行して、首里城の東北側、正殿の後ろに、退避壕を掘り始めました。その壕は、長勇第三十二軍参謀長によって、幕末の吉田松陰の留魂録にちなんで、「留魂壕」と名づけられました。

戦時下の動向

■ 動　員

　1945（昭和 20）年 2 月 8 日、それまで理工科系学徒とともに延期されていた師範学校生の徴兵猶予措置が廃止され、同年 3 月 1 日、大正 15 年・昭和元年生まれ（当時満 18 歳）の沖縄師範学校男子部の学徒が現地部隊に入隊していきました。師範男子部には、それより 1 歳年上の大正 14 年生まれ（満 19 歳）の学徒もいましたが、徴兵制改正に伴う事情により、入隊は同年の 9 月に予定されていました。そのために 1 歳年下の大正 15 年生まれが初年兵として先に入隊することになったのです。

3月23日、上陸に向けた米軍の激しい空爆と艦砲射撃が行われ、その後は留魂壕（りゅうこんごう）が師範男子部職員・学徒の生活の場となりました。留魂壕は首里城の物見やぐら付近に掘られ、全長約130m、Eの字型になっていて、完成までに3カ月の日数を要しました。

　3月31日、沖縄守備軍第三十二軍司令部は、師範学校校長に対して全職員・学徒を鉄血勤皇隊として防衛召集することを命じました*。同日の夕刻、留魂壕前で軍から派遣された駒場少佐から軍司令官の召集命令の伝達があり、鉄血勤皇隊が編成されました。386名の学徒には陸軍二等兵の身分が与えられ、半ズボンと戦闘帽、地下足袋が支給されました。25名の教職員も学徒とともに動員されました。勤皇隊は「師範隊本部」「千早隊（ちはやたい）」「斬込隊」「野戦築城隊」に分けられました。

＊資料編の「解説」動員についての頁を参照。

　「師範隊本部」は野田貞雄校長をはじめ、井口配属将校ら12名の教官、16名の学徒で編成されました。その任務は、軍司令部からの命令を各配下部隊に伝達することと隊員の衛生（負傷者の治療の手伝い、担送）及び給与（炊事）、自活のための食糧収集でした。16名の学徒たちはその任務に応じて、それぞれ本部、衛生班、炊事給与班、自活班に分けられました。

　「千早隊」は軍司令部の益永大尉を隊長に22名の学徒で編成されました。その任務は、軍司令部の情報、戦果などを住民に伝達することでしたが、過大なあるいは嘘の戦果を発表することで宣撫工作の役割も担わされました。学徒は2、3名ずつのグループに分かれ行動しました。

　「斬込隊」は軍司令部の林少尉を隊長に、下士官を分隊長にして、57名の学徒で編成されました。当初は敵戦車への爆雷攻撃や敵幕舎への急襲などのゲリラ戦を実行するために訓練されましたが、実際には司令部壕の立哨や糧秣（りょうまつ）運搬、負傷者の陸軍病院への担送などに従事させられました。米軍上陸直後、「斬込隊」は沖縄新聞社が新聞を発行することができるように、必要な物品を那覇市街の社屋から留魂壕へ運ぶ役割もさせられました。同隊は10〜12名ずつの5個分隊に分けられ行動しました。

　「野戦築城隊」は軍の野戦築城工兵大隊に属し、12名の教官と291名の学徒で編成されました。師範生の大部分はこの隊員でした。同隊は第一中隊、第二中隊、第三中隊の3つに分けられ、各中隊にはそれぞれに隊長の教官と学徒隊長がいました。その任務は、首里の軍司令部壕掘り（撤退の2日前まで行った）、破壊された橋や道路の修理、タコ壺壕掘り、弾薬輸送、負傷者担送などでした。

　「特別編成中隊」（通称・特編中隊）は、首里攻防戦が開始される5月上旬、軍司令部を警護するために編成された部隊で、48名の学徒が、主として野戦築城隊から動員されました。司令部壕の立哨や南部撤退の際の摩文仁への先遣隊のほか、対戦車用急造爆雷の運搬などにも従事させられました。一部はシンガリとして首里の軍司令部壕の片付け、爆破も行いました。同隊は12名ずつの4個小隊に分かれ行動しました。

　4月1日、沖縄本島中部西海岸に上陸した米軍は、1週間で本島中北部の主要部分を制圧、ただちに宜野湾（ぎのわん）、浦添（うらそえ）方面への攻撃に移りました。米軍の猛攻撃の中、学徒の犠牲が相次ぎま

留魂壕の入口（那覇市首里城正殿の後ろ）

第三十二軍司令部壕第5坑道入口
（首里）

した。3日、米軍の砲弾が炸裂し、第三十二軍司令部壕の垂直坑道で作業していた「野戦築城隊」の江田智英（本科1年）が被弾し死亡しました。21日には「千早隊」の久場良雄（本科2年）が留魂壕入口で被弾し、学友らの必死の看病のかいもなく死亡しました。26日にも仲吉朝英（本科2年）が留魂壕入口で被弾し死亡、同じく4月下旬、「野戦築城隊」の津波古正行（本科2年）が被弾し重傷を負い陸軍病院壕へ運ばれましたが、5月14日に同病院壕で死亡しました。4月29日の夕刻、「野戦築城隊」が山川橋（南風原町）の修理を終え、首里の壕に戻って来たところ、米軍の空爆により第三中隊長の浜元寛得先生が全身火傷を負い、病気のため壕に残留していた知名朝理（本科1年）が圧死していました。

宜野湾の嘉数高地（宜野湾市）で激しい戦闘が展開されている4月24日、「斬込隊」の仲地朝明（本科3年）は、本島北部方面の情報収集のために、浦田少尉や林少尉らに随行して首里を出発しました。この浦田少尉の一行は別名・桜挺身隊と呼ばれました。海路で北部へ行くために、一行は西原町運玉森の船舶隊の壕に向かいましたが、米軍の激しい攻撃を受け、林少尉は頭に流れ弾を受け戦死してしまいました。船舶壕では船が調達できなかったため、一行は馬天の海岸から出発することになりました。掃海艇や駆逐艦に追いかけられながらも海路で進み、大浦湾の海岸への上陸に成功しました。一行は久志山中を拠点に情報収集に当たり、再び海路で首里まで戻り、軍司令部に北部の状況を報告しました。仲地は首里には戻らず、そのまま北部に避難していた家族の元へ帰りました。

5月4日から5日にかけ日本軍の総攻撃が行われましたが、多くの将兵を失い、作戦は失敗に終わりました。その日、激しい弾雨の中で、「斬込隊」の内間安和（本科3年）が右大腿部に被弾し死亡しました。首里攻防戦を2日後に控えた7日、第三十二軍司令部壕を護衛する部隊が必要になり、軍司令部の各部隊から兵をかき集め、「特編中隊」が編成されました。学徒は野戦築城隊から動員されました。

同日、「斬込隊」の東江政昌（本科3年）が、上等兵に引率され米戦車に肉迫攻撃するために弁が岳北方に向かっている途中、頭部に被弾し死亡しました。同じ日、「野戦築城隊」の知名定昭（本科1年）も、留魂壕入口で立哨中に後頭部に被弾し死亡しました。また、首里第二国民学校近くでタコ壺壕掘りをしていた「特編中隊」の惣慶清和（本科2年）も迫撃砲の破片を受け負傷し、間もなく死亡しました。

5月10日、米軍は安謝－沢岻－幸地－我謝の線に達し、12日には那覇市安里のシュガーローフをはじめとする、首里の全防衛線で激戦が展開され、14日、ついに軍司令部足下の那覇市安里に侵入してきました。その2日後の16日、「野戦築城隊」の与那原春孝（本科2年）が米軍の集中砲火を受け死亡しました。

5月17日、首里の眼前の安波茶高地が米軍に占領される頃、師範隊から25名の特

別編成隊を組織するよう軍司令部から命令があり、下級生の本科１年生と予科２年生が動員されました。人選はくじ引きで決められたようですが、くじを引き当てた学徒の中には泣き出しそうになるのを必死でこらえながら出動していった者もいました。学徒たちは軍司令部に到着すると、ごちそうを与えられた後、翌朝まで迫撃砲の操作法を教えられ、弁が岳の攻防戦に参加させられたようですが、全滅してしまったために詳細は分かっていません。師範隊の中で全滅したのはこの部隊だけでした。

廃墟と化した師範学校跡

■撤　退

　５月25日、「千早隊」は南部撤退の先遺隊として摩文仁へ向かいましたが、途中、南風原の津嘉山の丘（高津嘉山）で、救援部隊が来るまでの間、陣地の死守を命じられました。米軍がわずか数キロ先の黄金森にまで迫り、激戦を目前にして学徒のだれもが悲壮感や恐怖感を覚えましたが、翌日の深夜になって救援部隊が到着したため、米軍との死闘を免れました。南部に到着後、学徒たちは軍服を便衣＊に着替え、情報宣伝の任務に従事しました。

＊便衣：平服のこと。戦時中、敵の目をあざむくために兵隊が軍服を民間人の平服に着替えることがあった。

　同じ25日夜、「特編中隊」は、那覇に侵攻してきた米軍の戦車に急造爆雷で立ち向かうために、坂下の道路脇のタコ壺壕で待機させられましたが、米軍が侵攻しなかったため、死闘を免れました。しかしその時タコ壺壕に待機していた惣慶清和（本科２年）は迫撃砲の破片を受け、司令部壕に移送された後、死亡しました。同隊は翌28日には摩文仁に到着し、司令部壕から400ｍほど離れた自然壕に入りました。到着後は、津嘉山・東風平などへ食糧収集・弾薬運搬に行かされたり、司令部壕の警護に当たったりしました。

　５月27日、第三十二軍司令部は摩文仁へ撤退を開始しました。師範生たちも連日の雨で泥濘と化した道を、重い荷物を担いで南部へと向かいました。荷物は食糧や弾薬・書類などでしたが、中には下駄などの将校の私物も入っており、到着後それを知った学徒の怒りをかいました。急造爆雷の運搬のためすでに摩文仁に到着していた「斬込隊」は司令部壕の後片付けのため再び首里へ戻り、片付けが終わった後、壕を爆破しました。

　「斬込隊」の学徒は、５月27日、隊長から「貴様たちは死ねるか。武士は死にきる覚悟が第一だ。菊水隊は南部各地に展開し、敵地に潜入し、後方を撹乱せよ」＊と命令を受け、南部へ向かいました。撤退の途中、那覇の繁多川で米軍の爆撃を受け城田

＊これは学徒らへの遊撃戦（ゲリラ戦）の命令である。

榮（本科 3 年）と仲地萬蔵（同）が重傷を負いました。近くにいた石部隊が負傷者を南部へ移送するとの情報を得てその壕に二人を移しましたが、その後二人は消息不明になってしまいました。撤退前の 5 月中旬、島袋久喜（本科 3 年）が病に倒れ陸軍病院に運ばれましたが、その後死亡しました。

　その後、同部隊全員が東風平に到着すると、各分隊長が合議し、5 個分隊は別々の行動をとることを決めました。第一分隊は小禄方面に、第二分隊は与座岳方面に、第三分隊は玉城方面へ、第四分隊は知念方面へ、第五分隊は高嶺方面へ向かいました。第二分隊は分隊長より 3 名ずつ 3 班に分けられ、民間人に変装するよう指示を受けました。

　「野戦築城隊」は 5 月 30 日に摩文仁に到着しましたが、翌朝にはさっそく豊見城の長堂への食糧受領の任務が待っていました。重い米俵などを長堂から摩文仁まで担いで来ましたが、学徒の口には一粒も入ることはありませんでした。その後、学徒たちは、集落内の自然壕や岩陰に入り、第三十二軍司令部の入っている自然壕の改修や食糧収集、弾薬運搬などに従事させられました。

　6 月 4 日、「千早隊」は具志頭から米軍占領地の浦添に至る 13 市町村へ地下工作のための潜入を命じられ分散していきましたが、多くの者が敵陣を突破することができず、数日後には戻ってきました。翌 5 日、高嶺村（現糸満市）大里で「斬込隊」の学徒たちが退避壕掘りをしていたところ、至近弾が炸裂し、高里良雄（本科 3 年）と上原盛栄（同）が即死したほか、多数の学徒や住民が重傷あるいは戦死しました。

　6 月 7 日には「特編中隊」の宮城慶勇（本科 2 年）が立哨中に米海艇の砲撃を受け、学友の看護のかいもなく死亡しました。また同日、「野戦築城隊」の兼島昭（本科 1 年）と知念悟吉（同）も摩文仁岳の斜面を登りきった後、被弾し死亡しました。

　6 月 10 日の夕方、「野戦築城隊」の学徒たちが摩文仁の壕の外で休んでいると、突然砲弾が炸裂し、山田盛廣（本科 2 年）、久保田博（本科 1 年）、照屋寛明（予科 2 年）が即死、石垣永展（本科 2 年）、知念真一郎（予科 2 年）、宇江原総英（本科 1 年）が重傷を負い、後に死亡しました。

　同じ日、「野戦築城隊」の第三中隊は、与座－仲座方面に配備されていた美田部隊の陣地構築の応援に動員されました。ところが現場へ行ってみると、同部隊は米軍との戦闘中で、陣地構築どころではなく学徒たちも戦闘任務につくことになりました。米軍は、迫撃砲の猛攻撃の後、戦車の火炎放射器で山裾を焼き払いながらジリジリと迫ってきましたが、夕方になると陣地へ引き上げて行きました。翌 11 日、立哨中の宮平絜徳（本科 3 年）が腹部に被弾し戦死しました。翌 12 日、迫り来る米軍に脅え美田部隊の兵隊の中には戦線から離脱する者も現れましたが、第三中隊の隊長は学徒たちに「この与座－仲座の線を死守するよう」命じました。学徒たちは誰もが死を覚悟しましたが、ふたりの学徒の機転によって救われることになりました。命令受領に行ったふたりの学徒が、撤退命令はなかったにもかかわらず、隊長に「撤退命令を受けた」という報告をしたのです。無意味な玉砕を避けるための機転でした。残りの学徒たちは夜になって摩文仁へ後退しましたが、途中の仲座の野にはたくさんの兵隊の屍が横たわっていました。後退の途中、迫撃砲の至近弾を受け、山城長秀（本科 3 年）が頭部に被弾し、即死しました。

　6 月 14 日には、「千早隊」の佐久間吉雄（本科 3 年）が食糧問題で軍曹と口論になり、口論の最中に軍曹が「沖縄人は無知で・・・」という差別的な言葉を口にしました。その言葉に激怒した佐久間は、その言葉を跳ね返すように、芋を掘るために壕を飛び出しました。壕を出た後、佐久間は迫撃砲の集中砲火を浴びて重傷を負い、2 日

後に死亡しました。その前日には、砲弾の破片で下腹部と大腿部に重傷を負っていた新垣正良（本科2年）が学友の看取る中、死亡しました。

　6月15日頃になると、米軍の猛攻によって摩文仁の日本軍は壕にほとんど釘付けの状態になり、各部隊の連絡も難渋を極め、死傷者が続出しました。その頃、摩文仁の洞窟のひとつに砲弾が炸裂し、腹痛で苦しんでいた「野戦築城隊」の宮城篤全（本科3年）と撤退の途中負傷した比嘉正良（本科1年）が被弾しました。宮城らは「自分たちはもうだめだから」と仲間たちを壕の外へ出し、肩を組んだまま手榴弾で自決してしまったのです。

■解　散

　6月19日、ついに鉄血勤皇隊に「敵中を突破し国頭へ脱出し、再起を図れ」という解散命令が出され、学徒たちはそれぞれ数名ずつグループを組んで分散して行きました。

　翌20日の夜になると、残存兵たちがそれぞれ斬込隊を組織し出撃して行くようになりました。解散後もまだ残っていた学徒たちにも参加するよう命令が来て、何名かの学徒が斬込隊へ加わりました。斬込隊への参加は、部隊によって全員参加であったり、くじ引きで決めたり、まちまちだったようです。「特編中隊」からは、平井房吉（本科2年）、新垣幸助（本科1年）、上原昇（同）が爆雷を背負って出て行き、二度と戻ってはきませんでした。「千早隊」の仲田清元（本科2年）も「爆雷を背負って敵陣地に肉迫攻撃をかけます」と言いながら駆け去って行った後、消息不明となりました。

　日本軍の組織的抵抗が止むと、摩文仁一帯は米軍の一方的な殺りく場と化し、圧倒的多数の学徒が解散命令以後にその命を失うことになりました。

　「鉄血勤皇隊本部」は野田校長から細心の注意を受け脱出して行きましたが、16名の学徒のうち13名が死亡し、野田校長も戦死しました。

　任務地に潜入することが出来ず戻って来た「千早隊」の学徒は、隊長の益永大尉に「任務を忘れて戻って来る奴がいるか」と激しい剣幕で怒鳴られましたが、19日には敵中突破の命令を受け摩文仁を脱出しました。米軍の激しい攻撃の中、22名の学徒のうち9名が戦死しました。

　「野戦築城隊」の学徒は解散命令を受けた後、三々五々壕を脱出して行きましたが、米軍の激しい掃討戦により、243名の学徒のうち122名が死亡しました。

　「斬込隊」は南部へ撤退後、5つの分隊ごとに別々に行動していました。57名の学徒のうち、46名が戦死しました。

　米軍の掃討戦から辛くも生き残った学徒たちの多くは、6月の下旬頃には摩文仁や具志頭の海岸付近などで収容されました。中には米軍の包囲網を突破し、大里村（現八重瀬町）や佐敷村（現南城市）まで逃げ延びたり、9月下旬になって収容された学徒もいました。

　以上のような鉄血勤皇隊のほかに、師範学校男子部からは、沖縄戦直前の3月1日に、75名の学徒が兵役により召集されました。学徒たちは各地の部隊に配属され、初年兵として前線に立たされることになったのです。嘉数・浦添戦線で敵戦車への身を挺しての爆雷攻撃を行ったのは、この初年兵として召集された学徒たちだといわれています。

師範鉄血勤皇隊足跡図

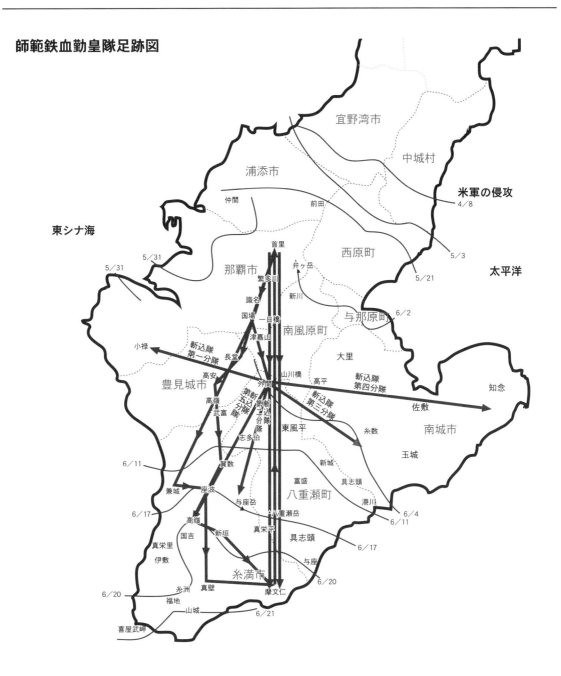

証言

「橋梁を担ぎ渡す工兵隊」　内間　伸

５月のある日、南風原と首里を結ぶ兼城橋が破壊されているので補修せよとの命令が出た。夜になって一中隊の兵士とともに師範隊も出動し兼城橋の補修に当たった。南風原駅沿いの軽便鉄道の線路側の電柱を切り倒し、皆で担ぎあげて急造の橋梁を作り仮設作業を開始した。島尻方面から弾薬や食糧を運んで来た輜重（しちょうたい）隊が橋の通過を今か今かと待っていて作業は急を要していた。時折迫撃砲弾が周辺に思い出したように炸裂した。樋口中隊長が抜刀して、「全員橋を担げ、カスガイを打ち込む者は急ぎ打ち込め」と怒号し命令を下した。

仮設した橋の上を輜重隊や防衛隊が弾薬や食糧を担って続々と通過して行った。私は頭の中で、「敵前で橋梁を担ぎ渡す工兵隊」との軍歌にもある一節をふと思い出した。手の空いた者は橋の周辺にタコツボ壕を掘り続けた。樋口中隊長の抜刀の姿が夜目にも仁王像のように写り我々は勇気百倍したことを覚えている。

（『留魂の碑』ｐ 124）

「スパイ容疑で虐殺」　川崎　正剛

昭和20年４月、こんなことがあった。辺りは薄暗くなりかけていた。沖縄守備軍第三十二軍司令部壕第六抗道口に一人の女性が憲兵に引き連れられてきた。それが豊見城出身という「上原トミ」だった。30歳ぐらい。半そで半ズボンの防衛服。頭は丸刈り。「スパイをしたら上原トミのようになるぞ」この憲兵の発した名前が頭に焼きついた。「スパイをこれから処刑する」と憲兵。沖縄師範学校の田んぼの中、杭口から20メートルほど離れた電柱にトミさんはひざまづいた姿勢で縛り付けられた。軍司令部の壕内にいた朝鮮人慰安婦が四・五人、日の丸の鉢巻きを締めてトミさんの前に立った。手には40センチの銃剣が光っている。慰安婦が憲兵の「次」「次」との命令で代わる代わる銃剣をトミさんに向けていった。この処刑の仕方はまるで初年兵の銃剣術練習の実験台のようであった。憲兵は、次に縄を切ってトミさんを座らせた。少尉か中尉かだった。おれは剣術は下手なんだがなあ……と言って日本刀を抜き出した。その将校はトミさんの背後に立ち刀を上段から振り下ろした。人間が人間でなくなってしまったのだ。今にして思えば、戦時の狂気であったとしか言いようがない。当時のあの戦況の中でスパイなんてあるわけがない。スパイのぬれぎぬで処刑されたのだ。

（『留魂の碑』ｐ 132）

「全滅した特別編成隊」　安　繁

５月17日ごろだったと思う。「師範隊から25人の特別編成隊を組織して、明午前

証 言

10時までに軍司令部壕に到着するよう送られたし」との命令がきた。師範隊本部では野田校長、井口中尉、平田先生を中心に人選にかかった。当時は上級生は千早隊、切込隊、特編隊として出動していたので、本科1年生と予科2年の下級生で編成された。翌朝、まだ稚い彼らは健気にも挙手の敬礼をして出て行った。その翌日の正午ごろ予科2年の一人が留魂壕に飛び込んで来た。どうしたのかと尋ねると、弁ガ岳の戦闘に配置されたが、弾丸が足りないので司令部に弾丸の受領に来たとのことであった。後で聞いた話によると、彼らは軍司令部に到着すると、御馳走を与えられた後翌朝まで迫撃砲の操作法を教えられ、弁が岳の最前線に送られ全員戦死してしまった。師範隊では、たびたび隊を編成して各方面に出動して行ったが、一人も帰らず全滅したのはこの隊だけである。

(『留魂の碑』p 28)

「千早隊員の苦境」 大田 昌秀

　4月16日、神風特攻隊は、沖縄周辺の敵機動部隊に対して3度目の攻撃をかけた。大本営は早速、「3月23日以来、神風特攻隊は、21隻の空母、18隻の戦艦、16隻の大型巡洋艦、53隻の駆逐艦、85隻の大型船舶を含む敵艦船393隻を撃沈し、沖縄周辺の敵機動部隊の60パーセントを撃滅した」と大戦果を発表した。千早隊は直ちに活動を開始した。私は1級上の佐久間吉雄君と組んで東風平に向かった。「でも学生さん、空襲も艦砲もひどくなるばかりではありませんか。こんな状態では子どもを連れて何処へ行けばいいの。それに兵隊さんの話だと捕虜になると米軍は女性は裸にして戦車の前にくくりつけると言うではありませんか」「そんなことはないですよ。皆さん、よく聞いてください。戦争がひどくなると、敵は日本が負けたとデマを流して心理作戦を始めています。それを信じてはいけません。わが軍は敵に大損害を与えており、天長節には特攻隊が大挙して敵を攻撃することになっています。弱気を起こせば、敵のデマに乗せられて敵を有利にするので、どうか歯を食いしばって頑張ってください。何よりも怖いのは敵の宣伝戦に惑わされることです」

　佐久間君が懸命に論じている横から私も声をはり上げて言った。「沖縄がやられたら次は日本本土が危なくなるから、大本営がこのまま敵を放っておくわけはありませんよ。今にきっと反撃のチャンスがきます。ですから…」話しているうちに私の声は尻すぼみになっていった。人々の表情には明らかに不信の眼差しが読みとれたからです。

(『留魂の碑』p 55)

「戦車への肉迫攻撃命令」 安村 昌享

　急造爆雷が各人に配られ、「戦車の来そうな道路脇のタコツボに潜んでいて、敵戦車

が目前に来たとき爆雷に点火して前車輪の間へ45度の角度で投げ込め。間に合わなければ、爆雷を抱えて身体ごと飛び込め。これが一番確実だ。大事な爆雷を一個でも無駄にしないようにしろ」と分隊長に言われた。覚悟はできていたが、皆の顔は蒼白となり眼だけがギラギラと異様に光っていた。(中略) 明けて5月26日、敵戦車は首里の北方に侵入し、儀保から平良へ通じる一本道の岩陰にその巨大な砲口をのぞかせていた。明日はこの辺りへ来るだろうと予想され監視も厳重になされた。ジリジリと迫りつつある自分の死は今日か明日か、そんなことを思い惑うよりはいっそ早くひと思いに死にたいと思った。反面、今日は戦車が来ないようにと心の中で祈る気持ちもごまかしきれなかった。日が暮れて、敵の戦車が引き上げた時は、一日命を永らえた喜びに心の余裕を取り戻すことができた。

(『留魂の碑』p 106)

▶「具志頭村仲座での肉迫攻撃命令」 山城　昌研

　6月10日ごろ、我々第三中隊に具志頭戦線への出撃命令が下り、各人に急造爆雷が渡された。タコツボにひそんで敵戦車が来るのを待ち、至近距離から飛び出して爆雷もろとも敵戦車に体当たりするのが我らに与えられた任務である。与座部落では、岩を掘って造った墓の中に陣取った。(中略)(12日＊編集注) 午前10時ごろキャタピラの音を立てて、敵の戦車が押し寄せて来た。戦車の後ろには小銃をもった歩兵がついて来た。敵戦車は、向かい側の丘陵を火焔放射器で焼き払いつつ戦車砲を撃ち込んできた。この調子では我々の陣地も、攻撃に移る前に破壊されるのは必定であり、このまま焼け死するのかと気が焦った。そのとき突然轟然たる発射音が三方から起こった。我々の近くの壕の中に隠してあった対戦車砲が発砲し、たちまち敵の戦車2台が破壊された。全く見事なものであった。これを見た残りの戦車は、くるりと反転して逃げて行ってしまった。日が暮れ各自は静かに攻撃準備を整えた。「学生隊は全員出動し最後の使命を達成します」という旨の伝令を中隊本部へ送った。やがて帰って来た伝令の報告では本部一帯はすっかり焼き払われて地形も変わってしまっているとの事であった。(中略) 沈痛な顔をしてしばらく考えていた隊長は、やがて「今夜は一応退いて再び出直す。準備せよ」という命令を出した。嬉しさで飛び上がらんばかりであった。2日間の第一線での作戦で師範隊も2人の犠牲者を出して引き上げた。

(『留魂の碑』p 209)

▶「佐久間吉雄君の死」 仲田　清栄

　それから3日後の6月14日の夜、佐久間君は重傷を負った。その原因はS曹長との口論にあった。食糧問題を発端に激論になり、S曹長が不用意に言い放った「沖縄人は無知で…」という言葉に佐久間君は激怒した。日頃冷静な佐久間君が、このとき

証 言

ばかりは高ぶる心を押さえることができなかったのであろう。親友の仲真君を誘って「芋を掘って来る」と言い残して壕外へ消えた。5、6秒もしないうちに、外は迫撃砲の集中砲火で荒れ狂った。「二人はどうなっただろう」、「こんな激しい砲撃では助かるまい」みんな悲痛な気持ちで打ち沈んでいるとき、佐久間君は、迫撃砲の破片が右肺と左大腿部を貫通し、その上右足の踵まで砕かれていた。こんな重傷でも、気丈な彼は苦痛を訴えることもなく、意識も極めてはっきりしていた。司令部の軍医に治療をお願いしたが既に薬品も医療用品もなく、ただリバノール液で消毒し仮包帯を施すだけであった。(中略) 6月16日、益永大尉に呼ばれて佐久間君のところへ駆け付けた。彼は声を出すのも苦しそうである。(中略) その日の午後、佐久間吉雄君は学友たちに見守られながら、最後に「お母さん」と一言、言い残して死んでいった。静かな死に際だった。

(『留魂の碑』p 49)

「自決した宮城篤全君」 佐久川 一郎

　洞穴には二期先輩の宮城篤全さんが腹痛で苦しんでいた。その日は珍しくみずみずしいキャベツがとれたので、それを細かく刻んで塩漬けにして腹一杯食べさせようと思い、岩を飛び越え雑草をかきわけて先輩のいる洞穴へたどり着いた。(中略)「ごくろうさま」と宮城先輩は苦しい体を無理に起こして声をかけて来た。「すまんなぁ、君たちだけを苦しめて、いつになったら僕の病気は直るんだろうなぁ」と涙ぐんでいた。その声に続いて無慈悲な殺気の牙がこの狭い洞穴に咬みつくとは誰が予期したであろうか。ババーンと入口に砲弾が炸裂し、周囲の者は転がるように隣の自活隊の洞穴へ逃げた。しばらくして見ると宮城先輩は大腿部をもぎ取られていた。砲弾はいよいよ激しくなり、私の後ろから東村出身の比嘉正良君が走り出ようとして喉をやられて倒れた。宮城先輩の、「皆、よいか、元気で行けよ」としぼるように張り上げる声が、学友に送る最後の声であった。次の瞬間ガーンと自決した。砲弾が止んで静かになってから行ってみると比嘉君と宮城先輩は離そうとしても離れないほど固く肩を組んだまま北の方を向いていた。最後は、けなげにもはるか祖国を拝していたのであろう。

(『留魂の碑』p 203)

2. 沖縄県立第一中学校
(一中鉄血勤皇隊・一中通信隊)

学校所在地		那覇市首里真和志町（現沖縄県立首里高等学校）
動員数		鉄血勤皇隊　190名　　通信隊　115名　　計305名
動員された部隊名	鉄	第五砲兵司令部・独立測地第一中隊・野戦重砲兵第一連隊・独立重砲兵第百大隊・独立工兵第六十六大隊
	通	電信第三十六連隊（第四中隊・第五中隊・第六中隊・固定中隊）
配置場所	鉄	動員当初は那覇市首里。5月中旬からは豊見城市、八重瀬町
	通	第四・五中隊…那覇市真和志・首里　第六中隊…南風原町本部　固定中隊…那覇市首里
犠牲者数		205名

学校の沿革・概要

　沖縄県立第一中学校（通称：一中）は、沖縄師範学校と並ぶ歴史の古い学校でした。農林・水産・工業・商業学校などの実業学校とは違い、普通教育を主とし、卒業生の中には大学や専門学校などへ進学する者も多くいました。

　一中の前身は、廃藩置県の翌年1880（明治13）年に設立された「首里中学校」で、尚温王によって設立された琉球王国最高学府の国学の伝統を受け継いでいました。6年後の1886（明治19）年には「沖縄尋常中学校」と改称し、翌1887（明治20）年には校名を「沖縄県尋常中学校」と改め、生徒を年級に編成、修業年限も5年と定められました。この年には、兵式体操も導入されています。

　翌年の1888（明治21）年には、創立以来、初めての卒業生を出し、全生徒の断髪も実行されました。1889（明治22）年には御真影が下賜され、1890（明治23）年には教育勅語を拝戴し奉読式が行われました。この学校の草創期には山県有朋や森有礼などの政府要人の来校が相次ぎ、明治政府による同化政策が進められた時期でした。

　1895（明治28）年には、兼任校長によって授業科目の中から英語科が廃止され、それに反発した生徒らがストライキを起こしました。「英語科の廃止は、高等教育を受

けさせまいとする植民地的政策である」として、校長排斥運動が学校中に広がりました。翌年校長は解任されましたが、ストライキの首謀者として、伊波普猷ら数名の生徒が退学処分を受けました＊。その後は専任校長が置かれるようになり、学校の充実がはかられ、創立当初38名だった生徒数は500名に増加しました。

＊尋常中学校ストライキ事件と呼ばれた。

1899（明治32）年には校名を「沖縄中学校」に改称、その頃は生徒の増加が著しく、一時は首里城内の一部を借りて授業をしていました。1901（明治34）年には「沖縄県中学校」と改称、1910（明治43）年には首里城内に分校を設置、同分校が翌1911（明治44）年沖縄県立第二中学校として分離し、本校の方は「沖縄県立第一中学校」と改称しました。

1930（昭和5）年にはコンクリート建ての新校舎が落成しました。

戦争への道

1943（昭和18）年にガダルカナル島で戦死し個人感状を受けた大舛大尉は一中の出身だったため、「軍神大舛大尉に続け」を合い言葉に、学校当局が先導して熱狂的な大舛大尉顕彰運動が湧き起こりました。大舛大尉の写真が全校生徒に配布され、教諭による「大舛大尉伝」が沖縄新報に連載され、中庭には大舛大尉の胸像が建立されました。

1944（昭和19）年、政府が「緊急学徒勤労動員方策要綱」を策定。中等学校などの修業年限を1年ずつ短縮し、1年につきほぼ3分の1の期間、戦時勤労動員を実施することを決定しました。その後動員基準はさらに強化され、生徒は隔日あるいは週の大半を勤労作業に動員されることになりました。一中の主な動員先は、与那原海上特攻基地、大里城跡砲兵陣地、那覇港荷役作業、識名砲兵陣地、北飛行場、識名道路工事、与那原弾薬貯蔵庫、小禄飛行場などでした。

その年の6月には一中の校舎が第九師団（武部隊）に接収され、8月には第六十二師団司令部も一中校舎に置かれました。10月18日には兵役法施行規則が改正され満18歳以上の男子が兵役の対象となり、一部の5年生もその対象となりました。11月からは軍の命令によって2年生を対象に通信隊要員が編成され、電信第三十六連隊の中尉らの指導により、モールス信号、通信機・発電機の操作法などの訓練を受けるようになりました。

1945（昭和20）年1月、転出した第九師団に代わって第五砲兵司令部が一中の校舎を使用するようになり、2月からは沖縄県下の中等学校生徒に本格的な通信・看護訓練が行われるようになりました。一中でも2年生が首里崎山の教会で宿泊訓練を開始しました。2月19日には県下の中等学校単位の防衛隊＊が結成され、3月1日には沖縄県の18歳の初年兵が各部隊に入隊しました。3月20日には通信隊要員である中等学校の下級生に「少年特別志願兵願書」が配布され、親の承諾印を押印させて提出させました。中には親の承諾が得られず印鑑を盗んで押印した生徒もいたようです。

＊防衛隊：非兵役軍人の一般県民によって結成された防衛隊とは別に、このような中等学校単位の防衛隊も結成されていた。

戦時下の動向

一中鉄血勤皇隊

■動員

1945（昭和20）年3月23日米軍による大規模な空襲が始まり、具志頭村港 川（現八重瀬町）方面への艦砲射撃も開始されました。3月25日、第三十二軍は沖縄連隊区司令部を通じ、沖縄師範学校男子部をはじめ県下の各中等学校に対し学徒動員令を下しました。同日午後、一中の配属将校である篠原保司中尉は同命令を受領した後、書記や3名の生徒とともに夜中までかかって召集令状を作成、翌26日、養秀寮（一中の寄宿舎）にいた生徒とともに首里、浦添、宜野湾方面の生徒への令状配布に奔走しました。一中鉄血勤皇隊として動員されたのは、3年～5年生の約145名でした。

3月27日夜、養秀寮の中庭で一中最後の卒業式が挙行されました。島田叡知事や第五砲兵司令部中佐などが来賓として招かれ、艦砲の轟く中、来賓祝辞に立った島田知事は、「敵を前にしてのこの卒業式こそ、日本一の卒業式である」と述べました。卒業式終了後、生徒たちは「住所、氏名、学年、血液型」を紙片に書いて提出し、さっそく大雨の中、南風原までガソリンの運搬をさせられました。

3月28日、勤皇隊は学校に駐屯していた第五砲兵司令部に配属されされました。2月頃、すでに県庁にも連絡員として19名の生徒が配属されており、これらと3月27日以降入隊した生徒約20名を合わせると、勤皇隊の人数は約144名になっていました。配属将校の篠原中尉が勤皇隊の隊長となりました。

3月29日、養秀寮の中庭で入隊式が行われ、生徒たちには軍服や軍靴、戦闘帽、飯盒、毛布2枚などが支給されました。3月30日、勤皇隊は養秀寮から学校南側の壕に移動しました。県庁の壕は首里高等女学校校庭の地下に、炊事場は安国寺の南側の崖下にありました。生徒たちは自分たちが入る壕の構築や食糧受領、武器弾薬の運搬、無煙炊事場*の構築などに従事しました。

4月1日、沖縄本島中部西海岸に上陸した米軍は、1週間で本島中北部の主要部分を制圧、ただちに宜野湾、浦添方面への攻撃に移りました。

4月9日の夕方、生徒たちは遺書を書くよう命令を受け、戸惑いながらも「一死報国」*や「皇国護持」*「悠久の大義に生く」*といった文字を書き連ね、家族宛に決死の覚悟を書き残しました。遺書は遺髪とともに集められ、書記が保管しました。4月12日の晩、艦砲弾を受けて養秀寮が全焼、そこで炊事をしていた池原善清（4年）と佐久川寛弁（4年）が死亡したほか、3名の生徒が負傷しました。そのうち重傷を負っていた宮城吉良（3年）が2日後に死亡しました。彼らが一中勤皇隊初の犠牲者でした。

4月19日、米軍は首里の外郭陣地に総攻撃を開始。その頃には首里一帯はほとんど焦土と化していましたが、4月20日、ついに一中の校舎が焼失しました。4月の終わり頃には、壕内は連日の雨で田んぼのようにぬかるみ、毎日の重労働と栄養不足で、生徒は日増しに衰弱し、熱発する者が多くなりました。

4月28日、篠原中尉が「首里に家族がいて帰りたい者は手を挙げろ」と希望者を募ると、19名の生徒が手を挙げ除隊していきました。それ以外にも首里撤退までに、

*無煙炊事場：敵に察知されないために、煙が直接外に出ないように工夫された炊事場。

*一死報国：一命をすてて国に報いること。
*皇国護持：天皇の統治する国を守り保つこと。
*悠久の大義に生く：長く久しく続く大義（主君や国に対してなすべき道）に生きる。つまり主君や国のために生きるということ。

約28名の生徒が除隊しています（除隊者は９名という説もある）。

　５月４日、日本軍による総攻撃が行われたため、米軍の砲撃もいっそう激しくなりました。首里一帯への砲撃も激化し、一中の無煙炊事場にも迫撃砲弾が炸裂、炊事をしていた仲泊良謙（３年）と安里清次郎（３年）が死亡しました。ほかにも３名の生徒が負傷し、そのうち比嘉正範（３年）は、沖縄陸軍病院で左手切断の手術を受け、戦後も生き残っています。

　５月13日、衛兵所に艦砲の直撃弾が炸裂し、玉那覇有成（５年）、真喜志康栄（４年）、伊豆味元三（３年）の３名が死亡しました。なかには四肢がバラバラになった生徒もいて遺体を収容するのに困難を極めました。ほかにも４名の生徒が負傷しています。

　５月14日、米軍が首里軍司令部足下の那覇市安里に侵入。同日、一中の勤皇隊員は、第五砲兵司令部の命令により勤皇隊本部、第五砲兵司令部、独立測地第一中隊、野戦重砲兵第一連隊、独立重砲兵第百大隊、独立工兵第六十六大隊の６つに再編され、翌15日分散配置されました。

　勤皇隊本部には、27名の生徒が配属され、首里の第二小隊の壕に入っていましたが、豊見城村保栄茂（びん）（現豊見城市）にいた野戦重砲兵第四十二連隊が首里攻防戦へ参加するために移動してきたため、保栄茂の同部隊の壕（保栄茂集落の北側の丘陵）に移動することになりました。繁多川（はんたがわ）、南風原村（現南風原町）の宮平、山川を経由して保栄茂に到着したのは16日未明でした。到着後は勤皇隊員の動向の掌握や負傷者の看護などに従事しました。本部には職員・生徒のほか職員の家族もおり、首里で負傷した数名の勤皇隊員も本部が引き取っていました。保栄茂に到着後、第五砲兵司令部から「首里決戦のため首里に戻れ」という命令が出されましたが、篠原教官は「今さら引き返せとは何か」と、「勤皇隊本部は要請に応えられる状況にはない」と伝令を出し、応じませんでした。

　「第五砲兵司令部」には、10名の生徒が配属され、首里記念運動場地下（現首里グランドハイツ付近の地下）の同部隊の壕へ配置されました。配置後は、立哨、炊事、負傷者の看護・搬送などに従事しました。

　「独立測地第一中隊」には、10数名の生徒が配属され、各観測所に配置されました。観測所は前線に置かれ、砲撃目標などを味方の砲兵部隊へ通信で連絡するのがその任務でした。敵から最も狙われる場所だったためか、全員が戦死し、同部隊の行動の様子はわかっていません。もっとも、同部隊の勤皇隊員が真壁付近で目撃されているので、南部へ撤退したことは間違いないようです。

　「野戦重砲兵第一連隊（医務室）」には、25名の生徒が配属され、兵隊に引率され東風平村志多伯（こちんだ）（したはく）（現八重瀬町）の丘陵（現東風平運動公園の丘陵）に構築された医務室壕に移動しました。医務室壕到着後は負傷者の搬送、伝令、食糧確保、炊事などに従事しました。

　「独立重砲兵第百大隊」には、約40名の生徒が配属され、豊見城村長堂＊（とみぐすく）（ながどう）（現豊見城市）の同部隊の壕（長嶺城跡付近）へ配置されました。配置後は各中隊に分散し、後方陣地への連絡や保線作業などに従事しました。死亡月日は不明ですが、この長堂での勤務中に与儀達弘（４年）が迫撃砲を受け死亡しました。

＊同地は長堂ではなく金良と呼ぶのが正しいという説もある。

　「独立工兵第六十六大隊」には、30数名の生徒が配属され、首里記念運動場地下（前出）の同部隊の壕へ配置されました。配置後は各中隊に分散し、陣地構築や食糧運搬、雑役などに従事しました。死亡月日や死亡状況は不明ですが、この首里で屋良

朝助（5年）が死亡しています。

■撤　退

　5月27日、第三十二軍司令部は南部への撤退を開始しました。同日、首里の「第五砲兵司令部」も撤退を開始、勤皇隊員は壕内の整理と爆破をした後に撤退しました。識名、一日橋、東風平を経て5月28日、波平へ到着、到着後は壕の整備、爆雷の運搬、雑役などに従事しました。

　翌28日、首里の「独立工兵第六十六大隊」も南部への撤退を開始、繁多川、識名、真玉橋、高安、武富、賀数、座波、大里を経て、数日後には新垣に到着しました。撤退時に首里で負傷した豊里陳雄（3年）は、武富の壕で破傷風にかかり死亡しました。また、兵隊5名とその道案内役の生徒1名が到着後休む間もなく、首里の同部隊の壕を爆破してくるよう命令を受け、首里に向かいました。首里の壕の中にはたくさんの重傷兵が残っていましたが、爆破され生き埋めになってしまいました。その一行は退却時に米軍の猛攻を受けて散り散りになり、摩文仁まで戻ってくることができたのは生徒1名だけでした。

　5月31日、首里の残置部隊のほとんどが南部へ撤退。翌6月1日に、保栄茂の「勤皇隊本部」にも南部への撤退命令が下され、先遣隊9名が壕を探すため伊原へ向かいました。伊原では本部員全員を収容する壕を見つけることができず、伊原台地の崖下の岩間に入りました。2日後の6月2日、本隊も南部へ撤退を開始、撤退の際、生徒の遺書が壷に詰め込まれ、遺髪や卒業証書とともに地下に埋められました。

　一方、志多伯の「野戦重砲兵第一連隊（医務室）」は6月1日に負傷者を具志頭村新城（現八重瀬町）の第二十四師団第一野戦病院分院（ヌヌマチガマ）へトラックで搬送した後、6月3日に、真壁（現糸満市真壁市営住宅西隣）へ撤退。勤皇隊員は翌4日に撤退しました。真壁に来る頃になると、連隊本部の上官たちは外へ出て行くのが怖くなったのか、飯盒におしっこをして生徒に捨てさせるようになっていました。

　6月3日、豊見城村長堂（現豊見城市）の「独立重砲兵第百大隊」も南部へ撤退を開始、数日後真壁村宇栄城（現糸満市）へ到着しました。宇栄城到着後は、米軍の砲撃により重砲がほとんど破壊されていたため、壕内に保管していた砲弾を爆破処理しました。宇江城の壕内は負傷兵で満杯でした。

　同じ頃、先遣隊の後を追って南下した「勤皇隊本部」の本隊は伊原へ到着しましたが、司令部から入る壕がないと言われ、仕方なく喜屋武方面へ向かいました。喜屋武集落到着間もない6月5日、篠原中尉は集落の北側で仮眠中、砲弾の破片を受け死亡。隊長を失った生徒たちは、先遣隊との連絡がつかないまま集落周辺を転々とし、その後多くの者がこの地で死亡しました。

　6月12日、米軍が八重瀬岳を占拠、同じ日、「野戦重砲兵第一連隊（医務室）」の壕でアメーバ赤痢に罹り衰弱していた新城次郎（3年）が壕内で死亡しました。

　6月15日、米軍は国吉台地まで進出してきました。同日、勤皇隊本部の藤野憲夫一中校長が伊原集落近くで米艦艇からの機関砲弾を受け重傷を負いました。状況報告のため摩文仁の司令部へ向かう途中でした。藤野校長は沖縄陸軍病院の伊原第一外科壕に運ばれ手当てを受けましたが、翌16日死亡しました。

■解　散

　6月18日、米軍は真壁から真栄平の線まで侵攻してきました。同日、伊原の岩間にいた「勤皇隊本部」の先遣隊員に「斬り込みを敢行し国頭へ突破せよ」の命令が下り、生徒は岩間を脱出し、さらに南の海岸の方へ向かいました。脱出前に、急造爆雷を担ぎ兵隊とともに斬り込みに出撃する「独立工兵第六十六大隊」の伊佐周福（4年）と伊佐英一（4年、後出）らの姿が、先遣隊員によって目撃されています。二人は以後、消息不明となりました。先遣隊引率の玉代勢秀当先生は、首里から同行していたお母さんを伊原第三外科壕（ひめゆりの塔のガマ）の弟（秀文）へ預け、壕を出たようですが、その後、消息不明となりました。

　同じ日、重傷を負っていた「独立重砲兵第百大隊」の知名貞孝（4年）も、学友に末期の水を飲ませてもらった後、息をひきとりました。

　6月19日、米軍は掃討戦に入る前に、摩文仁から喜屋武一帯に大々的な猛爆撃を展開しました。その日の夜、「野戦重砲兵第一連隊（医務室）」に解散命令が下されました。負傷兵や衛生兵らが壕を出て行った後、生徒は3班に分かれ、壕を出て行きました。1班（6名）の生徒は真壁から米須に下がり、さらに摩文仁に移動しました。海岸伝いに具志頭村ギーザバンタ（現八重瀬町）に出ましたが、途中、米軍の迫撃砲により城間隆（3年）が、腸がとび出るほどの重傷を負いました。城間が「助かる見込みがないので自決するから手榴弾をくれ」というので、学友らが渡しましたが、手榴弾は不発でした。絶え間なく砲弾が降り注ぐ中、学友らはどうすることもできず、その場を離れました。その後、1班の生徒らは付近の岩陰に潜んでいたところ米軍の呼びかけに応じ捕虜となりました。

　2班（11名）も米須に撤退し、そこの壕に入っていましたが、米軍の攻撃を受け入口近くにいた瀬底正義（3年）、翁長永秀（3年）、比嘉義雄（3年）が死亡しました。残りの者は晩になって摩文仁に移動し、海岸伝いに港川方面へ向かっていたところ、ギーザバンタで捕虜となりました。移動の途中、山田安孝（4年）、照屋正幸（3年）、赤嶺新昌（3年）、仲西昌行（4年）の4名が行方不明となっています。

　第3班（7名）は、真壁北方に向かって敵中突破することになりました。生徒たちには小銃が手渡され、急造爆雷を担がされた生徒もいて、悲壮な思いで米軍が布陣する北方に向かいました。しかし、米軍の砲撃が激しく前進することができず、しばらくして壕に舞い戻ってきました。

　6月20日、壕が米軍の爆雷攻撃を受けましたが、部隊が全滅したと思ったのか米軍は立ち去って行きました。6月22日再び米軍がやって来て投降呼びかけをしたため、英語のできる兵隊が先に出て通訳に当たり、全員が捕虜となりました。

　6月20日頃宇江城の「独立重砲兵第百大隊」の壕に米軍が迫って来たため、負傷している兵隊や生徒には自決命令が下りました。歩ける者は壕を脱出した後、摩文仁海岸まで行き、そこで米軍の捕虜となりました。

　同じ6月20日頃、新垣の「独立工兵第六十六大隊」の壕に直撃弾が炸裂し、60名余が死亡、生き残った兵士5、6名と生徒3名はその壕を出て近く

勤皇隊本部がいた豊見城村保栄茂の丘陵

の別の壕へ逃げ込みました。しかし、やがてその壕も米軍に包囲され、兵隊とともに勤皇隊員も斬り込みに参加し、伊佐英一（4年、前出）と大山光男（4年）が死亡しました。その後、生き残った者は摩文仁海岸や喜屋武海岸方面へ逃れ、ある者は砲弾に倒れ、ある者は捕虜となりました。

6月21日、波平の「第五砲兵司令部」の司令官和田孝助中将が自決。同隊の壕が米軍に包囲されたため、勤皇隊員は兵隊とともに斬り込みに参加し、多数が死亡しました。

6月下旬、学友らと南部を彷徨していた勤皇隊本部の森江徳清（4年）は、米軍の陣地に踏み込んでしまい、米軍陣地に向かって手榴弾を投げつけようとしたところを狙い撃ちされ死亡しました。

一中通信隊

■動 員

3月27日、一中最後の卒業式に参列した2年生に、「明日、通信隊として召集するので首里金城町の橋に集合するよう」に伝達されました。翌日の3月28日、2年生115名の入隊式が、真和志村繁多川（現那覇市）の電信第三十六連隊本部で行われました。入隊式後、生徒たちには戦闘帽や軍服、褌などが支給され、電信第三十六連隊の「第四中隊」「第五中隊」「第六中隊」「固定中隊」の4つの無線中隊に分散配属されました。

「電信第三十六連隊第四中隊（無線）」には、生徒35名が配属され、真和志村繁多川（現金城ダム南方の丘陵）のヨの字型の壕へ配置されました。この壕の東側（与那原側）に第四中隊、西側（那覇側）に第五中隊が配置されていました。配置後、生徒たちは各分隊に分散し発信時の発電機の手回し、伝令、立哨、糧秣受領、食器洗い、壕掘り、上官の寝床の準備などの任務に従事しました。

「電信第三十六連隊第五中隊（無線）」には、生徒35名が配属され、真和志村繁多川の壕（前出）へ配置されました。配置後、生徒たちは各分隊に分散し発信時の発電機の手回し、伝令、立哨、糧秣受領、食器洗い、壕掘りなどの任務に従事しました。

「電信第三十六連隊第六中隊（無線）」には、生徒34名が配属され、南風原村本部（現南風原町役場付近）の同部隊へ配置されました。配置後、生徒たちは各分隊に分散し発信時の発電機の手回し、伝令、立哨、糧秣受領、食器洗い、壕掘りなどの任務に従事しました。

「電信第三十六連隊固定中隊（無線）」には、生徒11名が配属され、首里崎山町にある壕へ配置されました。同壕（発電所とも呼ばれた）は2mの厚さのコンクリートで覆われ、中央には3台の発電機が設置され、首里城近くにある合同通信所へ送電していました。配置後、生徒たちは発電機用冷却水の運搬、本部との連絡、糧秣受領などに従事しました。電信第三十六連隊全体の炊事場は首里金城町の座波山の拝殿の下にありました。

4月の米軍上陸以後、猛爆撃が展開される中、生徒の犠牲が相次ぐようになりました。4月初旬、「第五中隊」の伊佐善一は、便所に落ちてしまい、着替えるために宜野湾村の自宅に向かいましたが、

「第四中隊」「第五中隊」が配置された繁多川の丘陵

その後消息不明となりました。4月15日、「第六中隊」の徳村政仁が壕掘り作業中、左胸に砲撃の破片を受け死亡、生徒1名も負傷しました。同じ4月中旬頃、「第四中隊」の金城義一も壕付近で被弾し死亡。4月10日、飯上げの帰途、一列縦隊の真ん中に直撃弾を受け「第四中隊」の安里憲次、新垣慶昭、津嘉山朝偉、佐喜本英信の4名と数名の兵隊が死亡、桑江良進と玉那覇正一が負傷し南風原の陸軍病院へ運ばれましたが、その後の消息はわかっていません。

5月初旬、「固定中隊」の古波蔵正雄が同中隊壕付近で被弾し死亡、5月10日にも炊事場に食糧受領に行った「第五中隊」の玉那覇正一と当間嗣英が、その帰路艦砲弾を受け死亡、翌11日には「第四中隊」の知念宏が壕掘り作業中、至近弾を受け出血多量のため死亡しました。さらに5月23日にも、「固定中隊」の宮城春一と宮城喜恒が、首里崎山の送電所壕入口で、発電機の冷却水を運搬中、砲弾を受け死亡しました。

その他、分隊によっては最前線に派遣された生徒もいましたが、部隊が全滅してしまったため、その後の足取りがつかめなくなった生徒もいます。

■撤　退

5月27日、「電信第三十六連隊」の各部隊は、南部へ撤退することになりました。撤退前にも一部の生徒たちは、3日に一度の割合で、食糧や弾薬などを南部へ運搬させられていました。またすでに、5月初旬に南部の与座岳などへ配置された分隊もありました。

真和志村繁多川の「第四中隊」と「第五中隊」は、識名、一日橋、津嘉山、志多伯、与座、新垣、真栄平を経て5月29日に摩文仁に到着、海岸の岩間(師範健児の塔を西に約50m)に入りました。その頃には通信機器の大半が破壊されていたため、同部隊の通信機能は失われていました。

6月12日頃、真栄平付近の野戦食糧集積所で食糧調達の帰路、「第四中隊」の冨名腰朝昭が腹部に被弾し、摩文仁の中隊に収容後死亡、6月中旬にも石川苗英が岩間で仮眠中至近弾を受け、出血多量のため翌朝死亡しました。6月17日には長浜真浩が歩哨中に頭部に被弾し死亡、同じ日、安慶名英信と古波蔵伸が岩間で砲弾を受け負傷したところにガソリン・焼夷弾攻撃を受け死亡しました。翌18日頃にも吉田安一が上官の看護中、艦船からの砲撃を受け死亡しました。

■解　散

6月22日、同部隊のいた岩間が米軍に包囲されたため、生徒たちに解散命令が言い渡され、各自敵中を突破し国頭に向かうよう指示されました。斬込に出撃する兵隊たちに生徒たちは、「我々も連れて行ってください」と頼みましたが、「お前たちは決して命をおろそかにするな」と諭されました。その後生徒たちは2、3名ずつ組をつくって、それぞれ岩間を脱出していきました。

一方、「第六中隊」も5月27日、南風原村本部を出発、照屋、外間、東風平、与座、新垣、真栄平を経て5月29日、摩文仁に到着、海岸の岩間に入りました。その頃には通信機器の大半が破壊されていたため、同部隊の通信機能は失われていました。6月2日、岩間で仮眠中の喜舎場朝穏が戦闘機の機銃掃射で大腿部に被弾し、野戦病院に運ばれましたが、その後消息不明となりました。

6月16日、同中隊は喜屋武岬へ移動することになりましたが、その途中、部隊長と桑江朝繁が迫撃砲を受け死亡しました。結局、同中隊は喜屋武までは行かず、山城

丘陵に留まることになりましたが、そこの岩陰で待機中の際にも、外間政春、米須清次、安里常光の３名が、迫撃砲を受け死亡しました。その後、６月22日になって摩文仁の本部との連絡が途絶えてしまったため、指示を受けるため摩文仁へ向かいました。しかし、米軍の集中砲火に遭い、復帰することはできず、その後部隊は散り散りになってしまいました。

　「固定中隊」も５月27日、首里金城町を出発、識名、津嘉山、山川、外間、志多伯、与座、真壁を経て、５月29日、摩文仁に到着、海岸の岩間に入りました。その後の行動は、「第四中隊」や「第五中隊」と同じです。

　一中勤皇隊員の中には中城まで逃げ延び、11月になって捕虜になった者もいました。

　沖縄戦末期の７月８日、当時の文部省は、一中と沖縄師範学校男子部の、沖縄戦での戦功に対し、「表彰状」を授与しました。

一中鉄血勤皇隊・通信隊足跡図

証　言

▌「校舎が燃え出している」　喜友名　朝健

　話は前後するが、3月29日は、事実上の入隊式があった。特別に式というのはなかったが、二等兵の階級章の軍服が隊員に支給されたのである。真新しい軍服、軍帽、軍靴ゲートルに肌着等全部支給された。上級生も下級生もなく、みんな二等兵である。子供みたいな兵隊ができ上ったが、馴れるにそれほど時間を要しなかった。武器弾薬としては、九九式歩兵銃が約10挺、手榴弾は各員2発宛、対戦車用三式手投爆雷約50発（円錐形で3キロぐらいの重さで、手首にひもを巻いて投げると点火爆発する。戦車のキャタピラを狙って、肉迫攻撃する爆雷）が主なものであった。(中略)

　4月10日頃の夕方であった。気持ち良く晴れた日で、気の早い連中は、もう壕外にでて、虱つぶしに入っていた。どこからか「校舎が燃え出しているぞ」と叫んだ。職員や隊員も壕を飛び出して学校に走る。消火作業の必要もないし、また作業の方法もなかった。木造建築の校舎は既に火の海と化している。みなが期せずして現場に走ったのは、伝統あるなつかしい校舎の最後を、この目で確めておこうという気持ちかも知れない。講堂、農業室、宿直室がすでに半焼状態で、その火は、やがてコンクリート校舎の内部造作部分にも類焼し始める。夕闇が迫る頃、裏側で一段と強い火の手が中天高く燃え上った。物理、化学教室附近であろう。一度は近くまで寄ってみたがこのような大火災は、神山砲の目標になりやすい。運動場側で遮蔽物を探して眺めていた。約3時間で木造校舎は、その姿を完全に消していた（後略）

（『硝煙下の健児』p 33～41）

▌「理由なき制裁」　摩文仁　朝彦

　県庁連絡員をやめて勤皇隊に合流した時は、すでに勤皇隊は三小隊に分割されて勤務していた。入隊すると私服はぬいで軍支給品の軍服上下、軍靴、襟章（陸軍二等兵）着用。最初の中は皆、意気軒昂、士気高揚、軍靴の鉄鋲の音に昂奮しながら金城のヒラの石畳の上をシンディリゴーゴー、すべっても尻もちをつきながら、頑張っていた。しかしそうした燥いだのもつかの間、すぐ現実にひきもどされた。勤皇隊には教育係として第五砲兵司令部より渡辺見習士官以下数名が配置されていた。日頃二等兵、上等兵、下級兵士と思っていたのに一寸欠礼したといってはビンタをはられ理由なき制裁を思わせた。教育係とは名ばかりで彼等の任務は我々をなぐる事によって彼等自身にうっ積したうっ憤をはらしていると思われる程だった。(中略)

　某日（日時不明）夜中、尿意をもよおし入口を探して移動したつもりが方向感覚を失った。なにしろ壕内は隊員が寝返りもうてない程、ぎっしり詰め込まれていた。壕内は真のやみで中をいったりきたりする中に尿はもれそうになる。額は脂汗だらだら、ようやく入口のほのかな明りをみつけ脱兎の如く跳びはね着地したところ、グニアとやわらかい感触。なんと私は隊員の腹をふみつけた様だ。「貴様誰か」という罵声に吃驚仰天、教育係の上官の腹をふみつけたと気がついた。しかし生理的な尿意と

本能的な恐怖心にまけて外の仮設厠にすっとんでいった。勢いよく放尿し、すっきりしたいい気持ちになって入口に近づいてみると上官のそばで寝ていた生徒はたたきおこされ往復ビンタの洗礼。「貴様しらばくれるつもりか」とやられている。私はそこで正直に申しでるか逃避するか迷った。しかし恐怖心が先に立ちそのまま静かになるのをまって自分の居所にもどった。御時勢とはいえ、ほんとうに悪い事をしたと思っている。(後略)

(『亡き友を偲び五十年』 p 83～84)

▶「独立重砲第百大隊に配属」 運天　政和

　昭和20年5月15日未明、糸数昌功教諭に引率されて生徒30名は、豊見城村長堂にある独立重砲第一〇〇大隊に配属された。勤皇隊本部を出発する時、各人は三八式歩兵銃と帯剣に弾薬100発づつを支給され二等兵の襟章をつけた軍服姿で皆に別れを告げ首里を後にした。

　南風原村兼城十字路を過ぎた頃、上空を敵の偵察機が旋回し始め、ほんの2、3分もすると艦砲射撃が開始された。隊列を整えて行進している先頭の糸数先生が「早く散って伏せろ！」と大声で叫ばれた。はじかれたように先頭の上級生から後方の下級生まで道の両側の側溝に伏して艦砲の止むのを待っていた。砲弾は私たちの近くの畑の中に撃ち込まれ轟音を響かせ土煙と共に2、3メートルも吹き上げて炸裂している。もう助からないと思い全く生きた心地はしなかった。それが10発以上も撃ち込まれたので逃げようにも逃げられず、動いたら破片でやられると思うと身じろぎもできなかった。私たちを標的に撃ち込まれた砲弾であったが幸いに誰一人として負傷者もなく、無事に独立重砲兵第一〇〇大隊本部に着いたのが時間も過ぎて既に陽が西に傾いた頃であった。早速大隊長の訓示があり、その後各中隊へ配属された。私は第二中隊の福森大尉の指揮下にはいり、直接の班長は山田上等兵でいつも行動を共にした。最初は保線関係の仕事で後方陣地までの電話線の確保でしたが、砲撃が激しくなり戦況が厳しくなるにつれて保線が困難になり、口頭で命令を受け必ず復唱して2人1組で後方陣地へ連絡する。もし誰か1人が倒れても残った1人が確実に命令を届けるようにと行動は必ず3メートル離れて被害を少なくするような隊形をとる、その間他の勤皇隊員と話し合うということも無く黙々と前進するのだった。(後略)

(『亡き友を偲び五十年』 p 88)

▶「通信隊学徒兵の任務」 喜舎場　朝介

　学徒兵の任務は食糧受領、壕掘り、通信用手回し発電機の操作、歩哨、伝令、雑役等であった。(中略) 昼間は煙が出せないので食糧受領は夜行われた。初めの頃は毎夜2回ずつ、首里撤退の日が近づいた頃には1回、壕を出て斜面を下り金城川を渡り、

証　言

反対面の旧琉球大女子寮の下あたりにあった炊事場まで行った。学徒兵20名近くに引率の兵がついた。食事は普通で飯とお汁、二人で一つずつかついで帰るのである。おかずの出る時もあった。(中略)

　4月29日、第四中隊学徒兵最大の犠牲者が出た。一中健児の塔の資料には5月1日となっているが、4月29日が確実視されている。その晩、飯あげをおえて帰る途中、壕の入口から50メートル程の所で一列縦隊の真中に直撃弾を受けたのである。先頭を行く者は壕の入口近くに達して助かり、後方から来る者は岩の死角によって命拾いをした。丁度中間あたりを並んで歩いていた学徒兵と兵隊が一瞬のうちに吹き飛ばされた。そこで安里憲治、津嘉山朝偉、佐喜本英信、新垣照慶の各二等兵が戦死した。

(『友、一中一条会』p 178)

◤「米は人間の命より大切？」　花城　康明

　我々が摩文仁に撤退して（決して逃げたとは言わない）、持ってきた食糧も食い尽くした頃の事である、6月12、3日の頃ではなかったかと思う。米軍は与座岳を占領し、新垣まで進出していた。真栄平部落の北方新垣の手前に野戦食糧貯蔵所があるので、そこへ行って米を担いで来い、との命令が出た。(中略) 真栄平の部落から3、400米の畠の中に米の集積場所があった。(中略) 帰る途中、先頭が真栄平の部落の中に入るか入らないかの所で、物凄い集中砲火を浴びせられた。十数発程の弾が2、3分の間にびゅうびゅう飛んできて周囲で炸裂した。全員溝や弾痕に飛び込んだ。たった2、3分だったけど生きた気がしなかった。

　砲火が止んで道に這い出てみると、冨名腰朝昭君が腹部を切られ、内部の腸が飛び出す程の重傷を負って倒れていた。彼を助け起したが衛生兵が居る訳でもなく、結局足の巻脚絆を外し出ている腸を両手でつかんで押し入れる様に腹を縛った。(中略) 彼に肩を貸して抱く様にして歩くには、取ってきた米が邪魔である。私はそれを捨てる事にした。心の何処かで何も持って帰らないと叱られないかなぁと思ってはいたけど、持っては歩けないので捨ててしまった。(中略)

　私達はそれから、どうにか中隊にたどり着いた。冨名腰君を岩陰に寝かせて、私は三浦上等兵に報告に行った。冨名腰君が負傷したので彼を連れて帰った、米は持って帰る事が出来なかったと言い終わらないうちに"貴様は"と上等兵の拳骨が私の顎に炸裂した。そしてそばにあったスコップでさんざん尻や背中をなぐられた。小柄だった私は横にふっとんだ。肝心の食糧は持ってこないで、食糧を食い潰す負傷兵を連れて来るとは何事かと言うのである。冨名腰君は私の隣村泡瀬の出身である、どうして彼を見捨てる事が出来よう。私は怒りがこみ上げてきた。敵でさえも助けてくれたのに、私の上官は役に立たない人間は捨てろと言う。人間より米が大切か、私はその時本当に怒った。

(『友、一中一条会』p 194)

証言

「ひもじさに砂を取って食べた学友」 平良 吉敏

（6月23日の夜明け）中隊長から「吾々の部隊は敵に包囲されている。敵陣地に斬込を敢行し窮地に陥し入れ、その隙に乗じて国頭へ突破せよ」との命令を受けた。(中略) 突然摩文仁の台上から機関銃掃射を受けて海に飛び込んだ。沖へ向けて泳いで行く兵隊もいる。海からは米軍の掃海艇から機関砲で狙い射ちされている。胸までつかるところまで行って…何処で死ぬのも一緒と海岸へ引返して岩陰にかくれていた。翌夜明けとともに海岸を見たら、摩文仁の波打際は兵隊、一般住民の死体が一杯ころがっていた。(中略)

ギーザバンタで一番困ったのは食糧のことであった。(中略) ある朝、起きて見ると大事にかくしてあった粉味噌がない、友軍の日本兵に盗まれたらしい。方々手わけして探したが見つからなかった。がっかりして岩穴の入口の近くで休んでいると、平田君が「何か食べ物はないか」と言う。実は一週間前から平田君が弱っているところへ腹痛をおこし下痢症で伏せていた。アメリカ兵に見つかるといけないということで岩穴の奥に潜んで、出てこないように注意してあった。食物は運んであげることにしていたが2、3日来吾々もすきっ腹で何も食べていなかった。食物を運んであげる食糧がなかったのである。「食べるものがない」と答えると、平田君は岩の土の小さな砂を取って食べ、水を飲んでまた岩穴の奥へ這って行った。それ以来平田君は出てこなかった。そこで死んだかもしれない。吾々もそれを確める気力もなかった。

(『友、一中一条会』p 208)

「絶対捕虜になるなと言って学徒を自決させた兵隊が投降した」
高嶺 朝勇

途中、一人の一等兵にあい、いつの間にか三人行動を共にするようになった。崖の上では米兵が自動小銃を片手に、煙草を喫っているのが見えた。照明弾が打ち上げられ、海中突破を試みて泳いで行く数人めがけて機銃掃射の雨あられだ。昼－掃海艇が近くまできて、マイクから流暢な日本語で投降を呼びかけている。「お前たち、捕虜になろうなどと思うな！絶対に捕虜になってはいかん！」と一等兵は二、三度言った。そして手りゅう弾をわたした。日が暮れたので歩きはじめた。道中渡久山君が寄ってきて、「もし捕えられそうになったら二人抱き合って死のうな」といった。「そうしよう」と私は返事した。岩陰で休んでいると、下士官がきて、「その辺りまで米兵がきているから注意するように」と知らせてくれた。でもお互いに疲れていたので上衣をぬいで干し、横になっていたらうとうと寝入ってしまった。

どれくらい眠っただろうか、変な話し声が小さく聞える、夢かと思ったが夢ではない。とっさに「米兵だ」と叫んだ。「高嶺！」と渡久山君の声がした瞬間ババーン、と大きな爆発音がしてひっくり返った。と同時に首と胸のあたりに灼きつくような痛みを感じた。「渡久山君やったな、俺ももう駄目だ…」と、そのまま、うつ伏せになっ

証　言

ていたが、腰の手りゅう弾に手をかけた時いきなり片手をつかまれて、何米かひきずられた。目の前には米兵が2、3人立っていて、一人が歩くように銃で合図した。学生帽で首筋をおさえながら歩きだした。前方には一緒だった一等兵が両手を挙げて、後ろを振り返りながら歩いていくのが見えた。「畜生！恥知らずな奴が！」とくやしさがこみあげてきた。

（『友、一中一条会』p 226）

遺　書　沖縄県立第一中学校　2年　渡久山朝雄

　母上様
　永らく御無沙汰致し誠にすみません。お母さんもお祖母さんも、姉さんもお元気の事と推察致します。私も大元気で本分に邁進致して居ります。
　首里市は空襲も艦砲射撃もまだ受けません。こちらは大丈夫です。読谷方面はどうですか。敵の艦砲射撃も空襲もだんだん激しくなる筈ですが、お母さん達はなるべく国頭へ疎開した方がよいと思います。お祖母さんの事はくれぐれもよろしくお願い致します。
　私も愈々球部隊の予備通信兵としてお役に立ちますことの出来る事を身の光栄と存じ、深く感謝致して居ります。
　若しもの事があったとして、決して見苦しい死に方はしないつもりです。日本男子として男らしく死にます。
　もう時間がありませんから（寛勇君が帰るとのことで）くれぐれもお身をお大事に、私の事は少しも気に掛けずに。ではさようなら。
　　3月25日　夜9時40分
お母様
朝雄

（これは渡久山君が通信隊入隊三日前に知人に託して家族に届けた遺書である。渡
　久山君は6月25日頃、摩文仁の東側で敵中突破の途中、米軍の捕虜になる寸前に
　手榴弾で自決した。）

（『友、一中一条会』p 229）

3. 沖縄県立第二中学校
（二中鉄血勤皇隊・二中通信隊）

学校所在地	那覇市松尾（現沖縄県立那覇高等学校）
動員数	鉄血勤皇隊　20名　　　通信隊　120名　　　計140名
動員された部隊名	鉄　独立混成第四十四旅団第二歩兵隊（宇土部隊） 通　第六十二師団司令部通信隊（無線班・有線班・暗号班） 　　第六十三旅団司令部通信隊（暗号班） 　　第六十四旅団司令部配属者（無線班・有線班）
配置場所	第六十二師団司令部…首里　　　第二歩兵隊…本部町伊豆味 第六十三旅団司令部…浦添村前田（浦添市浦添ようどれ） 第六十四旅団司令部…浦添村沢岻（浦添市）
犠牲者数	115名

学校の沿革・概要

　沖縄県立第二中学校（通称：二中）は、1910（明治43）年4月沖縄県立沖縄中学校（後の一中）の分校として首里城北殿に開校しました。翌1911（明治44）年4月には独立し沖縄県立第二中学校と称し、本校の方は沖縄県立第一中学校と改称することになりました。沖縄県会（現在の県議会にあたる）の「教育の地域均等」の意向を受け、開校2年目に本島中部の嘉手納に移転、県下で初めて寄宿舎制を導入しました。スタート時の定員は500名でした。

　その後、那覇・首里から遠隔にあったためか、経済的理由による生徒の中退が相次ぎ、応募者も入学定員を下回るようになりました。1915（大正4）年、当時の知事は同校の廃校を決定しましたが、校長が反対し辞任したため、翌1916（大正5）年、廃校案は撤回されました。

　廃校案は撤回されたものの、定員は半分の250名に削減され、名護にあった国頭農学校が同校の敷地に移転し、併置校となりました。併置校になったことで二中生の不

満が噴出し、農学校寄宿舎への深夜の襲撃、同盟休校などの不穏な事態が半年間も続きました（二中ストライキ事件）。そのため、3年後の1919（大正8）年4月に二中は那覇市楚辺（現那覇高校）に移転することになりました。その後、学校経営は安定し、1928（昭和3）年4月には宮古分校（後の宮古中学校）を設立。入学定員も年々増加し、1941（昭和16）年には1000名に増員しました。

戦争への道

　1941（昭和16）年、県下の各中等学校と同じように、新入生の制服が国防色（カーキ色）に変わり、戦闘帽やゲートルも着用となりました。すでに泡瀬までの行軍や国防競技、体力検定など、戦争を意識した校内行事が行われていました。

　1942（昭和17）年になると、教練や武道の時間のほかに銃剣術の時間が授業に組み込まれるようになり、また英語の時間が割かれてモールス信号の講義が行われるようになりました。作業の時間も増加し、食糧増産のために花壇や校舎周辺に芋を植え付けるようになりました。英語が敵国語として敵視され、兵器生産につながる理数科が重要視されるようになりましたが、教師不足のため理数科の時間が作業や自習に切りかえられたりすることが多くなりました。

　1944（昭和19）年になると、生徒は隔日あるいは週の大半を勤労作業に動員されるようになりました。二中の主な動員先は、小禄飛行場、ガジャンビラ高射砲陣地、上之屋高射砲陣地、国場の兵站基地、那覇港などで、数日間泊まり込みで読谷の北飛行場の設営作業に動員されたこともありました。

　その年、学校の武道場にずぶぬれになった数十人の将兵が収容されたことがありました。南方へ向かう輸送船団の兵員*で、久米島沖で撃沈されたようです。時局を反映して、生徒たちは、海軍の飛行予科練習生*や陸軍特別幹部候補生*などの軍関係諸学校に進学する者が増えてきました。進学や転校、疎開などのため、その年の8月ごろには二中生の在籍数は入学時の半分くらいに減っていました。

　10月10日の大空襲の朝、生徒たちは天久台の陣地構築作業に向かう途中でした。炎上する那覇市街を目の前にして生徒たちは消火にあたることもできず、城岳*の壕に避難しました。その日の午後に校舎は炎上し、空襲が止むと生徒たちは那覇埠頭の負傷者を病院へ搬送する任務に従事させられました。

　校舎が焼失したため、沖縄県立第一中学校の教室を間借りして授業を行うことになりましたが、同校とは犬猿の仲だったため衝突が絶えず、しばらくすると私立開南中学校の教室を借りることになりました。

＊混成第四十四旅団所属だと思われる。

＊海軍飛行予科練習生：用語集参照。

＊陸軍特別幹部候補生：用語集参照。

＊城岳：那覇市楚辺にある丘。

戦時下の動向

二中鉄血勤皇隊

■動　員

　1945（昭和20）年2月下旬、二中は、急きょ金武村の金武国民学校（現金武小学校）へ移動することになりました。当初、二中は那覇・首里にある他の中等学校と同じように、主戦場になると想定されていた中南部戦線（高嶺村　現糸満市辺り）に配置される予定でした。しかし、高山八千代配属将校は二中を激戦地から遠い北部へ配属する口実をつくるために、金武への学校の移動を策略したようです。

　高山配属将校が軍と交渉している時点ではまだ学校は移動していなかったため、大慌てで5、6名の生徒が先発隊として金武に向かわされ、校舎を整備したり食糧を調達したり移動受け入れの準備をしたりしていました。その後、生徒たちが続々と集結し、3月の初めには5、60名の人員になっていました。当時金武には海軍の人間魚雷の特攻基地*があって、生徒たちはその部隊の炊事当番などの雑役にあたっていました。二中生の中でも、県外の上級学校や地元の師範学校、青年師範学校などの受験者は金武行きから除外され、自宅待機をすることになっていました。

　その後3月19日、県下の各中等学校生徒は鉄血勤皇隊並びに通信隊として入隊せよとの軍命が発せられ、二中でも鉄血勤皇隊が結成されました。結成後、校長は公務のため那覇へ一時帰宅しましたが、米軍の空襲が激しくなったため金武に戻ることはできなくなりました。

　3月24日、空襲により金武国民学校が焼失。翌25日、高山配属将校は「金武の二中隊は解散する。諸君は家に帰って面会を済ませたら海陸どちらの部隊でもいい、自分の家から最寄りの陣地、部隊に申告して入隊しなさい」と生徒たちに解散命令を言い渡しました。高山配属将校は「校長はいない。武器弾薬もない。食糧はない。ここにいてもしょうがない」と解散を正当化する口実を生徒たちにもらしていましたが、それは高山配属将校自らが解散になるように仕組んだ策だとも言われています。

*特攻基地：一人用の小船に120kg爆弾を積み込み、敵艦に突っ込む「海上特攻」の基地。

第六十三旅団司令部が置かれた浦添ようどれ

■沖縄本島北部の独立混成第四十四旅団第二歩兵隊（通称宇土部隊）への入隊

　その後、米軍の上陸に向けた大空襲が始まったため、家族のもとへ面会に行ったほとんどの生徒たちは戻ってはきませんでした。"行く所がなかった"生徒約15名は、

高山配属将校と一緒に金武国民学校近くの壕に入っていました。3月28日ごろ壕の近くに爆弾が落ち、多くの民間人が死亡しました。

その後、3月30日ごろ、約15名の二中生は高山配属将校に率いられ北部に向かうことになりました。一行は宜野座村の古知屋、明治山でそれぞれ一泊し、4月1日に名護に到着しました。一行の中には、我謝先生とその娘（師範生）や開南中学生も入っていました。ガダルカナルで戦闘の経験がある高山配属将校は食糧の重要性をよく知っていて、金武を発つときに米俵4、5俵を生徒らに運ばせました。また「激戦地となる南（本島中南部）には絶対行くな」とも言っていたそうです。

その後、高山配属将校ら一行は軍のトラックに乗せてもらい源河山（現名護市）に向かいました。当時、源河山には御真影を疎開させていましたが、一行はその護衛要員になるつもりでした。源河の集落に着くと、首里高等女学校の教師から源河山は食糧不足であるとの情報を得て、また本部町の独立混成第四十四旅団第二歩兵隊（通称宇土部隊）へ入隊していた二中生の助言もあって、源河山には行かず宇土部隊へ入隊することにしました。源河で我謝先生とその娘とは別れました。

沖縄戦当時、本島北部・伊江島地区の守備は国頭支隊が担当していました。国頭支隊長は独立混成第四十四旅団第二歩兵隊長の宇土武彦大佐で、本部は本部半島の八重岳に置かれていました。この部隊には、兵隊の他に多くの防衛隊員や沖縄県立第三中学校の生徒らが動員されていました。

高山配属将校らの一行は、三中生らのいる第二歩兵隊に入隊することになりました。その入隊の経緯を見ると、高山配属将校ら一行の宇土部隊入隊は、成り行き任せのところがあったように思われます。

高山配属将校ら一行は、4月2日の夜明けに本部町の伊豆味国民学校（現伊豆味小学校）に到着し、その日の晩、八重岳で入隊登録を行いました。軍服と重機関銃を配給された後再び伊豆味国民学校に帰り、三中生らとともに1週間ほど重機関銃の訓練を受けました。空襲が激しくなって八重岳に向かうと、重機関銃は返却させられ代わりに九九式小銃を渡されました。二中生の配属された小隊は隊長の高山配属将校の名をとって高山小隊と呼ばれ、約40名の隊員のうち半分は生徒、半分は兵隊の混成でした。

数日後の4月4日、中飛行場（現嘉手納飛行場）からやってきた尚謙配属将校に率いられた農林学校の生徒たち20名も宇土部隊に入隊しました。

■解　散

4月6日夕刻、名護南岸の許田に上陸した米軍は、翌7日には名護に侵入し、さらに翌8日、本部半島を付け根の線で遮断しました。米軍は、4月9日から11日にかけて、本部半島の伊豆味を通って、主陣地である八重岳を目指し進撃してきました。

4月12日、本部半島北東の乙羽岳に配置されていた第三遊撃隊が米軍の猛攻を受け、多数の死傷者を出し、翌13日八重岳に撤退しました。

4月14日、米軍は八重岳への猛攻を開始、船からの艦砲射撃と飛行機による猛爆撃の支援下に、戦車と圧倒的な火砲で迫ってきました。日本軍も各戦線で反撃を試みましたが、2日後の16日には陣地が占領されてしまいました。同日、宇土支隊長は、多野岳に撤退することを決定、米軍と近接しているため、各部隊は分散し夜陰に紛れて多野岳に向かうことになりました。主力は同日の夕刻八重岳を出発し、19日から22日にかけて多野岳に到着しましたが、第一線の部隊には伝達が遅れ、敵中に取り残さ

れた状態になった部隊もあったようです。

　二中の生徒も4月14日～15日の八重岳の戦闘に参加させられましたが、16日命令により多野岳への撤退を開始、4月21日に到着しました。撤退の途中に羽地（現名護市）の薬草園近くで、米軍の砲撃を受け富川成一郎と新垣庸文が戦死、2名の生徒が負傷しました。

　4月23日になると、多野岳も米軍の攻撃を受けるようになり、翌24日宇土支隊長は各部隊に国頭へ転進し遊撃戦を展開するようにとの命令を下し、多野岳東8キロ・東村慶佐次の山中に本部を撤退しました。多野岳での戦闘では二中の3名の生徒（氏名不明）が戦死しました。

　撤退後、高山配属将校は数人の生徒と東村へ逃れた後、国頭村安波の海岸からサバニ（クリ船）を雇い、与論経由で鹿児島に逃亡しました。安波を出発する際、高山配属将校は生徒たちには「民間人だから連れていけない」と言い残し、置き去りにしたそうです。その後、生徒たちは、東村や国頭村の山中をさまよった後、9月ごろに米

二中鉄血勤皇隊足跡図

軍の捕虜となりました。

二中通信隊

■動　員

①第六十二師団通信隊への入隊

　1944（昭和19）年末、二中の図書館（志喜屋記念館）で3年生と2年生を対象に、通信隊への入隊テストが実施されました。数日後には110名余の生徒に合格通知が出され、年明け早々にも入隊するよう命じられました。入隊には親の許可が必要でしたが、中には承諾が得られず親に隠れて押印した生徒もいました。入隊した生徒は約120名で、当初生徒たちは「特設防衛通信隊」と呼ばれていましたが、階級章を受領後は陸軍二等兵となりました。

　入隊先は「第六十二師団司令部通信隊」で、生徒たちは「暗号班」、「無線班」、「有線班」の三つに分けられました。3月26日、班ごとに入隊式が行われ、軍服が配布されました。3年生には三八式歩兵銃や手榴弾なども支給されたようです。

　暗号班には約30名*の生徒が入隊。沖縄県立首里高等女学校（以下首里高女と略す）の講堂で入隊式が行われました。入隊後は首里高女正門前の民家に宿営し、電報の数字を乱数表と照合して暗号を解読する訓練などが行われました。無線班には約45名の生徒が入隊。首里赤田町の教会で入隊式が行われました。入隊後は県立工業学校で、モールス信号などの訓練が続きました。敵に捕まった時の暗号の始末方法として生徒が教えられたのは「まずそれを懐に入れ、手榴弾を発火し、自分の血で消滅させよ」でした。有線班には約40名の生徒が入隊。首里の沖縄県立工業学校で入隊式が行われました。入隊後は同校で配線訓練などを受けました。

　その後、生徒たちはさらに十数名ずつに分けられ、同師団下の「第六十三旅団司令部通信隊」や「第六十四旅団司令部通信隊」に分散配置されました。配置された最終的な部隊は、Ⓐ第六十二師団司令部通信隊暗号班、Ⓑ第六十三旅団司令部通信隊暗号班、Ⓒ第六十四旅団司令部通信隊暗号班、Ⓓ第六十二師団司令部通信隊無線班、Ⓔ第六十四旅団司令部通信隊無線班、Ⓕ第六十二師団司令部通信隊有線の6つになりました。

　暗号班の生徒の任務は電報の配達、普通電報の解説などでした。無線班の生徒の任務は携帯無線機による送受信、手回し発電機の操作などでした。有線班の生徒の任務は電話線の架設、切断された電話線の修理などでした。どの班でも壕掘りや糧秣運搬、伝令、飯上げなどの雑役がありました。

　当時、第六十二師団司令部は首里赤田町の御茶屋御殿に、第六十三旅団司令部は浦添村（現浦添市）の浦添ようどれ*に、第六十四旅団司令部は浦添村沢岻に配置されていました。米軍は沖縄本島中部西海岸から上陸してきますが、二中通信隊の配属された第六十二師団はそれを迎え撃つ前線に配置されたのです。3月末、首里一帯が激しい砲撃を受けるようになると、県立工業学校や民家などに宿営していた各部隊は近くの壕に移動しました。

　米軍上陸と同じ4月1日、Ⓐ第六十二師団司令部通信隊暗号班の中から、9名の生徒が浦添村仲間（現浦添市茶山団地の前田向け斜面）Ⓑ第六十三旅団司令部通信隊暗号班に、6名の生徒が浦添村沢岻のⓒ第六十四旅団司令部通信隊暗号班に派遣されました。

*24名という説もある。

*浦添ようどれ：浦添城跡北側の崖下にある英祖及び尚寧の墓。

②宜野湾－浦添戦線で犠牲者続出

　4月8日から4月23日にかけ宜野湾村の嘉数高地で日米の激しい攻防戦が繰り広げられました。それまで抵抗らしい抵抗を受けずに進出してきた米軍は、同高地で日本軍の激しい抵抗にあい、その後約16日間も一進一退の攻防戦が展開されることになります。同高地では米軍が日中、圧倒的な火力で陣地を制圧すると、夜には日本軍が夜襲、斬り込みで奪回するというすさまじい白兵戦が行われました。

　嘉数戦線がやがて終結する4月20日ごろ、首里のⒹ第六十二師団司令部通信隊無線班の壕に白旗を掲げながら逃げ込んで来た日本軍の少尉がいましたが、「前線から脱走したスパイ」として処刑されました。

　4月下旬になると、首里一帯への砲撃がますます激しくなり、生徒たちの被害も増えてきました。まず4月26日、飯盒を洗い終え壕入口に戻って来たⒹ第六十二師団司令部通信隊無線班の2名の生徒と兵士が砲弾を受け重傷を負い、"二中通信隊員の負傷第1号"となりました。4月末には同部隊の安慶田茂（3年）が砲弾を受け死亡、その後も生徒の犠牲が相次ぎました。4月30日ごろ、Ⓓ第六十二師団司令部通信隊無線班から3名の生徒が兵隊とともに、南風原村津嘉山のⒺ第六十四旅団司令部通信隊無線班に派遣されました。

　4月25日、米軍は浦添村の前田高地の攻略を開始、約10日後の5月9日には同高地を占拠し、14日にはその南西にある沢岻高地も占拠しました。翌15日、米軍の進撃に追われ、沢岻高地に駐屯していたⒸ第六十四旅団司令部通信隊暗号班やⒺ第六十四旅団司令部通信隊無線班は首里北側の洞窟へ移動しました。同じくⒷ第六十三旅団司令部通信隊暗号班も首里市汀良町（現那覇市）の民間壕に移動し、約1週間後、首里赤田町の第六十二師団司令部と合流しました。

　5月初旬、Ⓕ第六十二師団司令部通信隊有線班の生徒は独立歩兵第二十二大隊と山部隊の一個大隊（部隊名は不明）に派遣されました。派遣先の部隊の任務は、豊見城の重砲陣地に有線電話で米軍の所在を連絡し、後方援護射撃させることでした。米軍が前田高地付近まで侵攻する頃には生徒の死傷者が続出し、命令により派遣先の分隊から首里の本隊に呼び戻されました。

　5月下旬、進撃を続ける米軍を阻止するために、10kg爆弾を背負って戦車に体当たりする決死隊の希望者がⒺ第六十四旅団司令部通信隊無線班の生徒の中から募られ組織されましたが、どういうわけか決死隊の攻撃は中止になりました。

前田高地
写真中央の小高い岩は激しい攻防戦が戦われた為朝岩。

■撤　退

　5月下旬、首里の防衛線が崩壊の危機にある中、軍は首里での決戦か南部に撤退して持久戦を戦うかを検討していました。5月21日、第三十二軍司令部が各兵団の参謀長、高級部員を召集し協議した結果、ほとんどの兵団は南部撤退の「持久戦の案」に同意しましたが、中部戦線で激戦を戦った第六十二師団だけが、「幾千の重傷兵を見捨てて後退することは忍びない」と反対しました。しかし、翌22日、牛島満司令官は喜屋武半島への撤退を決定しました。

　第六十二師団配下の各部隊は、第三十二軍司令部の南部撤退の援護をするために南風原村～東風平村一帯で防備に就きましたが、二中生が配属された通信隊は5月25日に南部への撤退を開始しました。撤退後のⒶ第六十二師団司令部通信隊暗号班とⒸ第六十四旅団司令部通信隊暗号班の生徒の様子はよく分かっていません。

　5月25日Ⓑ第六十三旅団司令部通信隊暗号班は、首里を撤退、津嘉山、志多伯、小城を通って2日後に喜屋武村山城（現糸満市）に到着しました。その1週間後、同部隊の首脳部は摩文仁の第三十二軍司令部と合流しましたが、生徒と将兵の一部はさらに南の喜屋武村束辺名（現糸満市）の壕へ移動しました。

　5月25日Ⓓ第六十二師団司令部通信隊無線班は、南部への撤退を開始、撤退の際、中隊長は壕内にいた十名ほどの負傷兵に「これから山城に向かって撤退する。もしも歩けるならついて来い。歩けないなら自決しろ」と命じ、手榴弾を1個ずつ配りました。数日後、同部隊は山城のすぐ手前の喜屋武村波平（現糸満市）に到着し、6月の中旬ごろまで自然壕や岩陰などに避難していました。

■死の彷徨

　波平に到着してまもなく、米軍の爆撃が激しくなり始めたころ、戦車の直撃弾を受け天願兼治（3年）と2年生（氏名不明）が死亡しました。

　5月下旬津嘉山のⒺ第六十四旅団司令部通信隊無線班は、南部へ撤退、豊見城村、兼城村、高嶺村を経て2日後喜屋武村福地（現糸満市）に到着しました。

　5月下旬Ⓕ第六十二師団司令部通信隊有線班は、首里を撤退し、津嘉山、豊見城、長堂、高嶺、真壁、伊敷を経て山城に到着しました。どの部隊も撤退後は器材が破壊されていたため通信任務を果たすことができず、壕掘りや炊事、津嘉山方面からの弾薬・食糧運搬などに従事させられました。

　米軍は6月5日ごろから具志頭村付近に進出し、11日ごろには八重瀬岳－与座岳－糸満の線にまで侵出。16日には与座岳が占拠され、18日八重瀬岳も占拠、19日に日本軍の組織的抵抗は終了しました。その後も各地の拠点では小規模な戦闘が続いていましたが、6月21日、長岡武雄師団長ほか第六十二師団の幹部将校らが自決。翌22日（23日という説も）には牛島満司令長官や長勇参謀長ら第三十二軍司令部首脳も自決しました。

　その頃、Ⓑ第六十三旅団司令部通信隊暗号班、Ⓓ第六十二師団司令部通信隊無線班、Ⓕ第六十二師団司令部通信隊有線班らの各部隊は、束辺名の陣地壕へ撤退、集結していました。束辺名の背後には、もう喜屋武の海岸しか残されていませんでした。

　6月23日午前、米軍が同壕の目前に迫ってきたため応戦となり、戦闘は4時間後には終了しましたが、日本軍は全滅状態になりました。その後、米軍は壕に馬乗り攻撃し、削岩機で穴を開け、砲弾を撃ち込みました。さらに4箇所の入口をふさぎ火炎放射器による攻撃を行いました。その晩、生き残った将兵や生徒らは敵中突破を決行

しましたが、機関銃掃射を受け前進することができず、翌朝キビ畑の中に隠れているところを米軍に見つかり捕虜となりました。同隊で生き残ったのは、上原安栄と諸見里安弘、山城寛則、志良堂（名は不明）の４名だけでした。

　６月中旬Ⓔ第六十四旅団司令部通信隊無線班は、進撃命令を受け米須北方台地の壕に移動しました。その後、旅団全員に斬り込み命令が下り、摩文仁の師団司令部壕に向かいました。

　６月22日、師団司令部壕は米軍の激しい攻撃を受け、壕の入口がふさがれ多数の死傷者を出しました。約百人の隊員のうち生存者は５、６名で、そのうち２名は生徒でした。生き残った生徒の佐敷興勇と仲里祥一はその後、壕を脱出しました。

二中通信隊足跡図

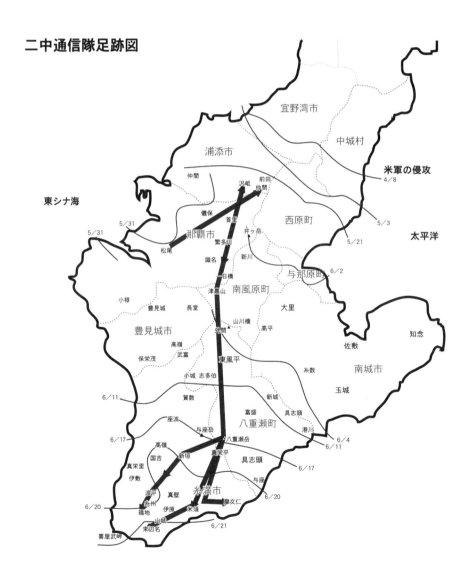

証 言

「食糧難を利用し鉄血勤皇隊を解散」 城間 盛善（二中教員）

　二中の鉄血勤皇隊は、初め戦闘予想地域である南部の高嶺村に配置される予定だった。しかし高山大尉は、前途ある若者を無為に殺したくない、と思われたのだろう。会議で「二中は校舎が焼けて授業ができないので、金武小学校へ移動した」と強引に主張。それで急転直下、北部への配置換えとなったのである。(中略) 3月27日ごろには、移転は完了した。私は勤皇隊に属することになっていたので、三月末に那覇を出発。後を追っかけた。ところが金武小学校に着いてみると、ここに駐留しているはずの高山大尉と生徒の姿はどこにも見えなかった。

　行方の分らなくなった高山代千八大尉*一行を、やっと捜し当てた。ところが大尉は私の顔を見るなり、「勤皇隊は解散しました」と言う。まさか、解散できるはずがない。私がけげんそうな顔をすると、その訳を説明してくれた。「宇土部隊から食糧が来ない。腹が減っては戦はできませんからね」と。また「鉄血勤皇隊に必要な参加承諾書に、親の署名なつ印をもらってこい。だが上陸間近だし、もし戻れなかったら無理に帰ることはない」とも言ったらしい。つまり彼は食糧難を巧みに利用し、意図的に解散になるように仕向けたのである。

（『沖縄二中三岳会の記録』 p 35）

*他の資料では高山八千代となっている。また中尉となっている資料もある。

「八重岳在の宇土部隊へ合流」 久高 村夫

　確か3月30日だった。われわれが入っていた金武の自然壕が、敵の弾の直撃をくらった。高山中尉の指揮のもと、八重岳在の宇土部隊へ合流すべく、それぞれ米をかついで、金武を後にした。宜野座村の松田のはずれにさしかかった所で、空襲にあい、昼は歩けないので橋の下で過し、夜をまって、荷車を仕入れ、米をつんで、明治山－許田－名護（既に焼けていた）を通り、明方、本部の伊豆味に着いた。八重岳で、星一つの軍服を支給され、二等兵に任官。宇土部隊員となった。

　二日後、それぞれに黄色火薬が配られた。特命が下った。肉弾三勇士なみに、黄色火薬を抱いて、敵戦車に突込め、というわけだ。死ぬのは恐いという実感でブルブルふるえた事を今でも覚えている。敵戦車を目前にして、突然、高山中尉から「引上げ命令」が出た。「軍人より先に、学徒兵を死なせない」との中尉の決断がそうさせたと、今にして思う。中尉は命の恩人だ。その後、僕は急に気が抜けたのか、吐気をもようし、ブルブル震え、野戦病院へ入院するハメになった。その後、護郷隊*へ合流すべく、多野宇岳へ向った。途中、羽地の田んぼで、僕の直ぐ前で富川君が、敵の銃弾にやられた。彼の「ウー」と言う最後の呻きが、未だ僕の耳を離れない。

（『沖縄二中三岳会の記録』 p 222）

*護郷隊／遊撃隊：沖縄戦に参加した第三、第四遊撃隊の秘匿名。第一護郷隊、第二護郷隊と称した。第一護郷隊は多野岳（名護市羽地）、第二護郷隊は恩納岳（恩納村）に拠点を置いて、国頭郡一円を守備範囲とした。小部隊による出没自在の攻撃法＝ゲリラ戦を行う部隊。

▶「スコップ、木切れを持って突撃」 外間　栄

　（前略）4月15日頃には真部山の第四中隊、八重岳南東部に布陣していた第五中隊がすでに壊滅状態になっていた。八重岳の連隊本部では一夜明ければ米軍の本格的な攻撃を受けるのは明白であると判断していた。そして同日午後、ついに三中学徒通信隊に対し、前線への出撃命令が下った。有線、無線、伝書鳩、軍用犬班の混成部隊に編成された。隊の装備は軽機関銃一挺に半数だけの者が旧式の小銃もち、あとは手榴弾数発ずつ持っているだけだった。（中略）

　その後混成部隊は前進の号令で山頂に向ったのである。辺りは間断なく照明弾が照らされていた。私はその時、電話当番で山頂にはいなかった。その翌朝午前八時頃、八重岳、真部山一帯を例のトンボ*観測機がしきりに施回していた。しばらくしてからトンボ観測機が姿を消した。五分位たつと今度は米軍の激しい艦砲射撃が始った。山頂には我が混成部隊がすでに敵を迎撃するために陣取っていたのである。艦砲射撃は30分程でぴたりととまった。

　それから数時間後に敵のマリン兵数十人が反対側の斜面から攻撃してきた。絶対的に、火器、物量を誇る米軍に対し我が混成部隊も果敢な銃撃戦を展開したが遂に力つき、次々と犠牲者の数は多くなるばかりだった。その時の隊長が徳丸中尉で次のように命じたという。「前方の敵に対して突撃を敢行する。小銃を持っているのは着剣せよ。武器を持っていない兵はスコップ、木切れ、石を持って俺の後について来い」徳丸中尉は皆の用意の出来たのを見定め、抜刀しながら突撃用意、突撃」と叫んで突進した。数人の兵と学徒兵が彼の後に続いた。前方の米兵はこれを発見し自動小銃を乱射し、あっという間に先頭の徳丸中尉が全身銃弾を浴び戦死、学徒隊の暗号班が多数戦死又は重傷者が出た。その外、無線班にも戦死者重傷者が出た。勿論一般兵も多数の戦死者がでた。

*トンボ：米軍の偵察機の俗称。

（『沖縄二中三岳会の記録』p 178）

　注）外間栄さんは、二中生でしたが、1944年の十・十空襲で学校や下宿が焼かれたため、郷里の本部町に戻り、その後三中に転校しました。三中生として戦場動員され、宇土部隊の一員として沖縄戦を体験しました。この証言は三中生として動員されたときの体験です。

▶「通信隊の任務」 山城　寛則

　通信隊の壕は現茶山団地の前田側に向った斜面にあり、未完成であったため、到着早々一週間は昼夜の別なく壕掘作業が続けられた。司令部の中枢である参謀部はユードゥイにあり、茶山から五百米以上も離れており、有線による連絡も砲爆撃による断線がくり返され、意のままにならない状況であった。伝令は学生の務とされており、非常に危険そのものであった。旅団司令部と各大隊の連絡も同様であり、五月の

証 言

はじめ迄に相当数の戦死者を出すという有様であった。

　無線班は、暗号班の作成した四数字の電報を打電したり、受信したり、転把*を回す作業が主であった。暗号班の活動は、緊急以外の電文の解読や参謀部への通報、無線班との連絡等、壕内はもとより、外での活動も多く、雑役として、食事の運搬、片づけ、病人の看護等、結構忙しいものであった。

　銃は所持せず手榴弾二個がいつも腹にくくりつけられていた。暗号班が直接撃ち合いの戦闘に参加するという事は、部隊の最後を意味し、暗号書はもとより、乱数表等軍事機密に属するものは一切消却してからということである。実際に六三旅団隷下の十二大隊が暗号書の処分をしないで壊滅した時には、全軍の乱数表が切り換えられるという事件があった。電文の搬送は学徒兵の任務であり、腰にぶら下げた図のうに電報を入れ、弾雨の中を走り抜け、先ず参謀部に届け、時には直接旅団長の前で直立不動で読みあげることもあった。幸いなことに暗号班には首里に撤退するまで一人の戦死者もでなかった。

（沖縄二中三岳会『沖縄二中三岳会の記録』p 198）

*転把：当時敵性語とされていた「ハンドル」を言い換えた言葉。ここでは、手動の発電機のハンドルのこと。

「通信班学徒の "負傷第一号"」 諸見里　安弘

　諸見里さんが通信班学徒の "負傷第一号" となったのは至近弾も激しく落ち始めた4月26日のことだ。その日の夕方、二中出身で南部から来た高良さんという初年兵と炊事当番の時だ。飯ごうを洗い、途中、民家の石垣に休んで、いつものように米軍の艦船で埋まる海を見たころまでは何も変わることはなかった。壕に向かい、あと数歩で入り口まで来た時、突然、ドカーンという音。目の前が真っ暗になり、土が降って来る。入り口付近からは悲鳴が聞こえてきた。前の先輩は「ウーン」とうなったままだ。

　衝撃で前にいた先輩に当たった諸見里さんは夢中で起こした。爆発の音に壕内から兵隊らが飛び出して来たので、先輩を運んでもらい、諸見里さんは散り散りになった飯ごうを集め出した。数歩歩くと、左足が焼けた鉄の棒をくっつけたように熱い。見たら血だらけだ。肉がめくれ砕けた骨も露出している。途端に意識を失った。

　医務室で気がついた時には、太モモを締められた左足は天井からつるされていた。隣で胸や足に破片がささっている先輩がうなっている。その時の砲撃で、歩しょうは即死だった。たまたまトイレに入っていた兵隊もアゴをやられていた。その兵隊と先輩は翌日の晩、陸軍病院に移されたが、諸見里さんは重傷のまま壕内で一ヵ月ほどを暮らす。

（琉球新報 1984.11.14 ～ 1985.4.18「戦禍を掘る－第2部・学徒動員 40」）

4. 沖縄県立第三中学校
（三中鉄血勤皇隊・三中通信隊）

学校所在地	名護市名護
動員数	鉄血勤皇隊　297名　　通信隊　66名　　計363名
動員された部隊名	鉄　独立混成第四十四旅団第二歩兵隊（宇土部隊）・第三遊撃隊 通　独立混成第四十四旅団第二歩兵隊通信隊（無線班・暗号班・有線班）
配置場所	鉄　302高地（今帰仁村）・名護岳など 通　八重岳（本部町）
犠牲者数	42名

学校の沿革・概要

　沖縄県立第三中学校（通称：三中）は、1928（昭和3）年1月、名護町（現名護市）に開校しました。1916（大正5）年、名護にあった県立農林学校が嘉手納に移転したため、国頭に中等学校をという誘致運動が広がり三中が創設されることになったのです。県の財政事情もあって実現には十年余の歳月を要しました。

　設立当時は世界的な不況が吹き荒れていたため、生徒たちの卒業後の就職が懸念され、農村地帯に設置された学校だけに農業教育の充実が図られました。学校の前に土地を求めて農園を造り、1933（昭和8）年には「三中村」という組織をつくり、農園と寄宿舎を自治的に経営させました。

　1939（昭和14）年、三中は明治神宮大会において国防障害物競走に優勝、3年後の橿原神宮大会においても土嚢運搬で全国を制覇するなど、全国に三中の名前をとどろかせました。1941（昭和16）年からは学制改革により4年制となり、入学定員は150人に増加し、3学級編制となりました。

戦争への道

　1941（昭和16）年、県下の各中等学校と同じように、新入生の制服が国防色（カーキ色）に変わり、戦闘帽やゲートルも着用となりました。

　1942（昭和17）年になると、教練や武道の時間のほかに銃剣術の時間が授業に組み込まれるようになり、またカズラ畑で帽子にカズラを巻き付け、ほふく前進をするなどの野外教練も行われるようになりました。

　1944（昭和19）年から校舎は兵舎に使用され、授業は木陰や農業試験場の納屋、公民館などで行われるようになりました。生徒は隔日あるいは週の大半を勤労作業に動員されるようになり、北部一円の陣地構築、散兵壕構築、糧秣運搬、北飛行場設営作業などに動員されました。6月に入ってからは、泊まり込みで伊江島飛行場の設営作業にも動員されましたが、過酷な作業にもかかわらず食事は硬いご飯とかぼちゃを浮かべただけのお汁というとても粗末なものでした。二学期からは授業はまったくなくなりました。

　その頃、生徒たちは、時局を反映して、海軍の飛行予科練習生や陸軍特別幹部候補生などの軍関係諸学校に進学する者が増えてきました。その年の9月、宇土武彦大佐の率いる独立混成第四十四旅団第二歩兵隊が名護に到着、三中の校舎に駐屯することになりました。この部隊は、4,500名の兵員と武器を軍用船富山丸に積んで沖縄に来る途中、潜水艦の攻撃を受け、その約9割の将兵を失っていました。その不足を補うために、県内から在郷軍人*や民間人、そして沖縄県立第三中学校の生徒などがかき集められ、3,000名の兵員が確保されることになったのです。

　10月10日の大空襲では、米軍機により名護の市街や本部半島の八重岳、嘉津宇岳、運天港などが空爆を受け、名護湾の軍艦なども撃沈されました。

*在郷軍人：平時は民間にあって生業につき、戦時に際しては、必要に応じて召集され国防に任ずべき予備役・後備役・帰休兵・退役などの軍人。

戦時下の動向

　1944（昭和19）年11月末頃から、3年生を対象に通信訓練が開始され、年が明けた1945（昭和20）年の1月20日には、校長が全校生徒を図書館前に集め「わが国未曾有の困難に鑑み、本日より学校教育を中断して、軍事教育を施す」と訓示した後、入隊に備え4・5年生にも軍事訓練が開始されました。同訓練は、本部村の伊豆味国民学校で宿営して行われ、軽機関銃、擲弾筒*、急造爆雷の敵戦車への体当たり訓練などの実戦訓練が行われました。3月10日の陸軍記念日には女師・一高女の音楽担当の東風平恵位先生が隊を訪ねてきて、自ら作曲した「球七〇七一部隊の歌」を披露したこともありました。

　3月20日ごろには訓練が終了し、いったん自宅に帰されましたが、25日には、再び学校への出頭命令が下り、翌26日、命令（軍司令官、県知事、沖縄連隊区司令官連名の文書）により鉄血勤皇隊三中隊が編成されました。4・5年生と2年生の一部の生徒は国頭支隊の独立混成第四十四旅団（通称・宇土部隊）のⒶ第二歩兵隊鉄血勤皇隊とⒷ第三遊撃隊鉄血勤皇隊に、3年生はⒸ第二歩兵隊通信隊無線班、Ⓓ第二歩兵

*擲弾筒：小型の携帯用迫撃砲。

隊通信隊有線班、Ⓔ第二歩兵隊通信隊暗号班へ配属されました。

　沖縄戦当時、本島北部・伊江島地区の守備は国頭支隊が担当していました。国頭支隊長は独立混成第四十四旅団第二歩兵隊長の宇土武彦大佐で、本部は本部半島の八重岳に置かれていました。この部隊は、沖縄に来る途中、潜水艦の攻撃を受け、9割近くの将兵を失ってしまっていました。その不足を補うために、三中の生徒をはじめ防衛隊員がかき集められたのです。4月2日には高山八千代配属将校に率いられた沖縄県立第二中学校の生徒たち15名が、4日には尚謙配属将校に率いられた農林学校の生徒たち20名が宇土部隊に入隊してきました。

三中鉄血勤皇隊

■動　員

①第二歩兵隊鉄血勤皇隊、第三遊撃隊鉄血勤皇隊への入隊

　Ⓐ第二歩兵隊鉄血勤皇隊には約147名の生徒が配属され、伊豆味国民学校での約1週間の訓練の後、3月31日夜本部半島北東に位置する今帰仁村の302高地に配置されました。同隊の隊長は三中の配属将校・谷口博中尉でした。302高地のすぐ近くの乙羽岳には第三遊撃隊第三中隊（兵隊だけの部隊）が配置されました。配置後は米軍との戦闘に備えタコ壺壕掘り、食糧運搬などに従事しました。配置される数日前に宇土部隊から小銃50挺と軽機関銃5挺の支給がありました。

　Ⓑ第三遊撃隊鉄血勤皇隊には、約150名の生徒が配属され、いったん伊豆味国民学校に集結した後、名護岳に配置されました。配置後は本部と各中隊間の連絡、陣地構築、弾薬運搬、食糧輸送などに従事しました。

　4月6日夕刻、名護南岸の許田に上陸した米軍は、翌7日には名護に侵入し、さらに翌8日、本部半島を付け根の線で遮断しました。9日には、名護岳への集中攻撃も開始され、名護岳にいたⒷ第三遊撃隊鉄血勤皇隊の3名の生徒（氏名不明）が兵隊とともに戦死しました。翌10日にはⒷ第三遊撃隊鉄血勤皇隊は多野岳（現名護市）に撤退、その後は多野岳を拠点に、羽地－源河一帯で遊撃戦を展開しました。

　4月9日から11日にかけて、米軍は本部半島の伊豆味を通って、主陣地である八重岳（現本部町）を目指し進撃してきました。4月12日、米軍は八重岳の前線拠点である乙羽岳に猛攻撃を開始しました。夕方米軍が引き上げる頃には、乙羽岳の第三遊撃隊第三中隊（兵隊だけの部隊）は全滅状態で、そのすぐ隣の302高地にいるⒶ第二歩兵隊鉄血勤皇隊の生徒たちも死闘を覚悟しましたが、その夜、八重岳への移動命

写真中央が乙羽岳、
その左が302高地

令が下り九死に一生を得ました。

翌13日未明、同部隊は八重岳に到着、5陣地に分けられ八重岳−真部山間の守備に当てられました。米軍との戦闘に備え4・5年生には小銃が与えられていましたが、2年生に配られたのは竹槍と手榴弾だけでした。

■八重岳での激戦、解散、死の撤退

4月14日、米軍は八重岳への猛攻を開始、船からの艦砲射撃と飛行機による猛爆撃の支援下に、戦車と圧倒的な火砲で迫ってきました。日本軍も各戦線で反撃を試みましたが、2日後の16日には陣地が占領されてしまいました。同日、宇土支隊長は、多野岳に撤退することを決定、米軍と近接しているため、各部隊は分散し夜陰に紛れて多野岳に向かうことになりました。主力は同日の夕刻八重岳を出発し、19日から22日にかけて多野岳に到着しましたが、第一線の部隊には伝達が遅れ、敵中に取り残された状態になった部隊もあったようです。

4月17日、米軍は八重岳を占拠、翌18日には本部半島を制圧しました。

4月14〜15日三中の生徒も八重岳の戦闘に参加させられましたが、16日、命令により撤退を開始、運天、伊豆味、呉我山、嵐山、羽地街道を通って多野岳に向かいました。撤退の途中、羽地の薬草園近くで、米軍の猛爆撃を受け多数の死傷者が出ました。4日後の20日、多野岳に到着。Ⓑ第三遊撃隊鉄血勤皇隊に合流し、以後同隊と行動を共にすることになりました。

名護岳から多野岳に撤退していたⓇ第三遊撃隊鉄血勤皇隊は、兵隊とともに名護、田井等、稲嶺、源河一帯の米軍陣地に夜襲斬り込みをかけ遊撃戦を展開していました。4月23日になると、多野岳も米軍の猛攻撃を受けるようになり、翌24日宇土支隊長は各部隊に国頭北部へ転進し、遊撃戦を展開するようにと命令、本部を多野岳東8kmの東村慶佐次の山中に撤退しました。

宇土部隊が東村へ撤退した後、村上治夫第三遊撃隊隊長は、生徒の中から約20名を選抜し特別攻撃隊を編成、残りの生徒は解散させました。その後、村上隊長ら特別攻撃隊は久志山中に移動し遊撃戦を展開、最後は斬り込みに出動しほとんどが戦死し、生き残ったのは2名の生徒だけでした。多野岳で村上隊長によって解散させられたその他の生徒たちは、それぞれ国頭山中をさ迷い歩いた後、米軍に収容されました。

八重岳

■Ⓒ第二歩兵隊通信隊無線班、Ⓓ第二歩兵隊通信隊有線班、Ⓔ第二歩兵隊通信隊暗号班への入隊

1945（昭和20）年1月16日、宇土部隊長から通信隊要員召集の命令が下り、谷口配属将校は3年生に適正検査を行い47名（66名という説も）の通信隊要員を選出しました。生徒はⒸ第二歩兵隊通信隊無線班（隊長東郷少尉）、Ⓓ第二歩兵隊通信隊有線班、Ⓔ第二歩兵隊通信隊暗号班（Ⓓ班・Ⓔ班とも隊長は徳丸春雄中尉）の3つの班に分けられ、まず3班合同で学校の講堂や武道場などに泊まり込み、基礎的な通信任務の講義を受けさせられました。

その後「有線班」は1月下旬、伊豆味国民学校に宿営させられ、部隊入隊まで電線の架設などの実務に従事させられ、「無線班」と「暗号班」は2月上旬、八重岳の部隊本部の兵舎に宿営させられ、暗号任務、陣地構築、道路の設営任務などの実務に従事させられました。その年の2月は例年にない雨の多さで、寒冷の中での電線の架設作業は手に電線が食い込んで激しい痛みを伴い、かなり過酷な作業となりました。

3月18日には生徒に入隊志願書が配布され、父兄の承諾を取らされました。22日ごろ生徒たちが戻ってくると、軍服や軍靴などを支給した後、髪の毛と爪を切り取り紙袋に入れさせられました。翌23日以降、各班はそれぞれの配置先で任務に就きました。

Ⓒ第二歩兵隊通信隊無線班には、17名（37名という説も）の生徒が配属され、八重岳の前線にある真部山に配置されました。配属後は通信、道路の補修、陣地構築などに従事しました。通信は宇土部隊配下の伊江島守備隊や多野岳・恩納岳の遊撃隊との交信が主でした。

Ⓓ第二歩兵隊通信隊有線班には15名（16名という説も）の生徒が配属され、八重岳に配置されました。配属後は本部半島一円の電話線の架設、補修、炊事、水汲みなどに従事しました。電話線の補修工事は、正規の兵隊とペアを組んで行うもので、当初は壕に待機して補修の出番を待っていましたが、戦闘が激しくなると、待機する間もなく砲弾の中を出動するという状態になりました。

Ⓔ第二歩兵隊通信隊暗号班には15名（13名という説も）の生徒が配属され、真部山に配置されました。配属後は12時間交代制で暗号任務に就きました。

■八重岳での激戦、解散、死の撤退

4月14日、米軍は八重岳への猛攻を開始、船からの艦砲射撃と飛行機による猛爆撃の支援下に、戦車と圧倒的な火砲で迫ってきました。翌15日、ついに三中学徒通信隊にも真部山山頂の前線への出撃命令が下り、「無線班」・「有線班」・「暗号班」・「伝書鳩班」・「軍用犬班」の混成隊が編成されました。混成隊の装備は軽機関銃一挺に半数だけが小銃を持ち、あとは手榴弾を数発持っているだけの粗末なものでした。生徒たちは戦闘に備えタコ壺壕を掘り待機させられましたが、連日の疲労と睡眠不足でいつのまにか深い眠りに陥ってしまう生徒もいました。

翌16日朝、米軍との戦闘が始まり、激しい銃撃戦が行われ多数の死傷者が続出しました。日本軍の弾薬が尽きてしまったため、徳丸中尉は「前方の敵に対し、突撃を敢行する。小銃を持っている者は着剣せよ。武器のない者はスコップ、木切れ、石を持って俺の後について来い」と命じ、自ら抜刀して突撃、生徒たちもその後に続きま

した。すぐさま前方の米軍が自動小銃を乱射、14・5mも行かないうちに先頭の徳丸中尉が倒れ、暗号班の儀保栄、新城治敏、大城素伝、久場兼吉、国吉真康も戦死しました。金城勇と識名盛敏が重傷を負い病院壕に運ばれましたが、金城はそれ以後消息不明になりました。

その間も山頂では一進一退の激しい攻防戦が繰り広げられ、無線班の宮城造、座喜味正、大城富夫が戦死しました。2時間あまりの激しい攻防戦の後、日暮れ前に米軍は引き上げて行きました。弾薬も尽きていましたが、東郷隊長は「明朝最後の突撃を敢行するのでその準備を整えておくよう」に命じました。その後、生徒たちは翌日の死闘を覚悟しながらタコ壺壕で待機していましたが、部隊本部から撤退命令が下り、真部山を放棄して八重岳に向かいました。撤退の途中、有線班の嘉手納知高が通信機器を爆破して戻る際に集中砲火を浴びて戦死しました。

八重岳に撤退してみると、狭い谷間は兵隊や避難民であふれ、兵隊の怒号や子どもの泣き声、負傷者のうめき声などで騒然としていました。

翌17日、さらに八重岳から多野岳への撤退命令が下りました。多野岳への移動の途中2名の生徒（氏名不明）が戦死しました。生徒らは1週間後、多野岳に到着しⒷ第三遊撃隊鉄血勤皇隊に合流し、以後、行動を共にしました。（その後の行動はⒷ第三遊撃隊鉄血勤皇隊の記述を参照）

三中鉄血勤皇隊・通信隊足跡図

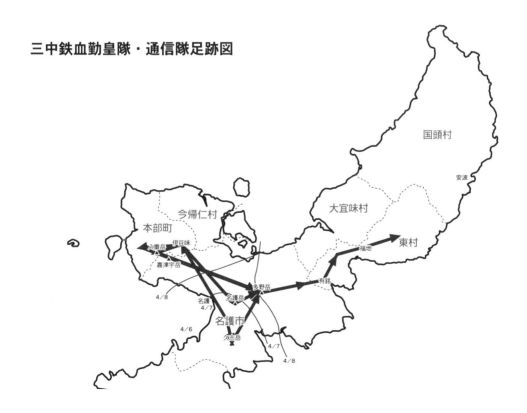

証言

「敵戦車への体当り訓練をみっちり」　安谷屋　晋作

（前略）佐藤大隊の率いる各中隊での学友達は、兵隊達と一緒に陣地構築に従事し、その傍ら教班長から軽機関銃や擲弾筒による戦闘訓練・急造爆雷の操作と敵戦車への体当り訓練をみっちりしごかられたらしく、六中隊では「この爆雷で敵の戦車へ体ごと突っ込む決意のある者はいるか」の中隊長の問いに学友達は、全員挙手して「ハイ」と答えたのに、兵隊達は率直に意を示さなかったことで、中隊長は憤慨して「おれに続け」と号令して一日中銃を背負い山道を駆けまわされたとのこと。後で兵隊達は「とんだ中学生がきたもんだ」とぶつぶつ言っていたようだ。

（『創立三十周年記念誌～回想～』ｐ６）

「寒冷雨に打たれながら架線設営」　伊波　満

八重岳の兵舎は、杉の立木を柱にした茅葺きで、舎内の中央に土間の廊下を設け、両側に土を盛って、その上に荒削りの板を並べ、その上を歩くとがたがた動いた。これが我等の寝床であった。

八重岳の２月の風は肌を裂くように冷たく、身に応えた。それでも冬物の肌着は無く袷の軍服で我慢した。毛布は一人に２枚しか支給されないので、二人一組になり１枚は敷いて３枚は被って寝た。

その年（1945年）は雨が多く、２足の地下足袋は交互に履いても中々乾く暇が無く、濡れ足袋を履いている日が多く、雨合羽は防水が悪く、すぐに雨が肌に滲みた。

電話線の延線は普通バイス（展張機）を使うのだが、員数が足りない。また、碍子（がいし）も代用品で、木製の物を使用しているので余り強く展張すると芯が折れたり、頭が抜けたりするので、２、３人の人力で展張した。寒冷のなか、雨に打たれながら、素手で12番線を握り両肩に掛けて引っ張るので電線が指の関節部と掌に食い込んで痛い。それは、体験した人にしか判らない痛みで、あの痛さは今でも忘れられない。

（『創立三十周年記念誌～回想～』ｐ６）

「惨胆たる砲撃の跡」　宮城　光吉

（前略）我々無線班は、喜納原から戦闘指揮所方面に登ってくる米軍を側面から小銃でねらい撃つようになっていた。我々は、小銃がないので、手榴弾を握りしめて散兵壕*に身をひそめていた。すぐ後方の岩の上から、伝書鳩隊の准尉が、「よくねらって撃て」とさかんに附近の十名位の兵隊を叱咤していた。昼過

＊散兵壕：散兵が敵弾から身を守り、射撃するために掘る壕。

証 言

ぎから砲撃は益々激しくなり、周囲にどんどん落下し始めた。

　大城義雄君、大兼久利盛君と私三人で一つの散兵壕にいると、一弾が二メートル以内の至近距離で炸裂した。たまたまそこを通っていた本土出身の上等兵が、三人の上にふき飛ばされて来た。見ると背中は被服もずたずたに引き裂れ、左手は上膊部の真中より切り裂かれ、わずかの皮と衣服に支えられ、我々の散兵壕にぶらりとたれ下り、その切れた手には包帯が巻かれていた。そこは何日か前に火薬を火で乾かすため火薬が燃えて火傷を負った手だったのだ。切れた腕から血がふき出していた。私は、その腕の付け根を両手でにぎりしめ「しっかりして下さい」と言ったがそのまま息絶えた。今でもその兵士の顔や手が私の脳裏にやきついている。間もなく三人ともその散兵壕から飛び出した。周囲は手足がちぎれ、胴体だけの兵士の遺体等がころがっていて惨憺たる砲撃の跡であった。

(『創立三十周年記念誌～回想～』p 148)

▶「今キビを折った者、貴様は銃殺だ」　翁長　正吉

　（4月の下旬）手榴弾と黄色火薬（セッケン爆弾）を渡され、それを腰に巻きつけ、日が暮れるのを待って、皆の後を追った。翌日の夜、海軍設営隊、防衛隊等数多くの後方部隊が、避難住民を巻き込んで長い撤収ラインを作り、今帰仁村の湧川山中辺りに差し掛かった。そこは、小さな三角盆地で、収穫直前の砂糖キビが葉頭の部分を切り落とされて乱立していた。不気味なことに、遙か正面向こうの斜面に敵が駐屯しているらしく、薄明かりが均等距離に四つか五つ並んで見える。皆黙々と進んでいたが、もしこれだけの大勢に銃火が浴びせられたら全滅するかもしれないと直感した。当時15歳の僕でも、何らかの危険が迫っている事は何となく感じていた。

　丁度その時である。一人の兵士が狂ったかのように、ふらっと走り出て、砂糖キビを1本パチンと大きな音をたてて折った。直ちに上官が、怒りで声をふるわせ、「今キビを折った者、出てこい。貴様銃殺だ」と押し殺した声で叱責した。一瞬行列は停止した。小雨の降るおぼろ月夜の暗がりで、その兵士は、命令を受けた他の兵士に、銃剣で腹部を刺された。その場に倒れて「残念だ」と唸っているのを、他の戦友が支えていた。すぐ側を撤収する行列が黙々と通り過ぎて行った。

(『創立三十周年記念誌～回想～』p 50)

5. 沖縄県立農林学校（農林鉄血勤皇隊）

学校所在地	嘉手納町嘉手納（現嘉手納町立嘉手納中学校）
動員数	170名
動員された部隊名	第十九航空地区司令部 独立混成第四十四旅団第二歩兵隊（宇土部隊）
配置場所	比謝川畔の農林壕（嘉手納町）　八重岳（本部町）
犠牲者数	23名

学校の沿革・概要

＊間切：琉球王国時代の、現在の市町村にほぼ相当する行政区画。

　沖縄県立農林学校（通称：農林学校）は、沖縄県立第一中学校などと同じような旧制中等学校のひとつで、水産学校・工業学校・商業学校と同じ実業学校のひとつでもありました。農林学校の前身は1902（明治35）年に開校された国頭郡各間切＊島組合立国頭農学校で、財政上の問題などから1911（明治44）年には県に移管され沖縄県立農学校と改称しました。さらに1916（大正5）年には、県内中学校の統廃合により中頭・島尻農学校を廃し、校舎を北谷村嘉手納（現嘉手納町）に移転しました。

　移転先では沖縄県立第二中学校（以下二中と略す）と併置校になりましたが、併置に伴う諸問題が起こり、二中生による農学校寄宿舎への深夜襲撃、同盟休校などの不穏な事態が半年間も続きました（二中ストライキ事件）。そのため、二中は3年後の1919（大正8）年4月に那覇市楚辺（現那覇高校）へ移転、沖縄県立農学校は農業単独校として整備され、1923（大正12）年には林科を設置して沖縄県立農林学校と改称しました。

　その後教室や寄宿舎が増改築され、新しい講堂が落成するなど学校施設の充実が図られ、開校当初150名だった定員は1941（昭和16）年には600名（各学年200名）に増加しました。

戦争への道

　満州事変から日中戦争へと戦争が拡大していく中で、県下の各中等学校では教練の授業が一層強化され、学校教育全体が軍事教育の場になりました。農林学校では1年生の教練は、軍人勅諭*の暗唱と徒手*の基本動作が主でしたが、2年生になると小銃の教練が始まりました。1941（昭和16）年、太平洋戦争突入直前には、兵員確保のために修業年限短縮による繰り上げ卒業が実施され、農林学校でも昭和18年まで3回の繰り上げ卒業を実施しました。

　1942（昭和17）年には与儀練兵場（現那覇市）駐屯の1個中隊と対抗演習を行ったこともありました。南部方面から北進してくる同中隊をまず農林隊が比謝川で迎撃し、さらに名護付近まで北進した同中隊を第三中学校隊が迎え撃つという想定の演習でした。その年の11月には創立40周年記念行事が開催されましたが、その時の展示会では時局を反映して「重機関銃」が展示され注目を集めていました。1943（昭和18）年ごろからは、海軍の飛行予科練習生や陸軍特別幹部候補生などの軍関係諸学校に進学する生徒も増えてきました。

　1944（昭和19）年6月下旬ごろから校地、校舎、三寮、食堂が中飛行場（現嘉手納飛行場）設営隊の安田隊に接収され、さらに8月には学校に第二十四師団の本部が置かれたため、学校の拠点は生徒の合宿実習用に建設された「国本道場」*に移されました（第二十四師団は後に本島南部に移動）。

　当時、全国の中等学校と同じように、農林学校にも農林学校報国隊というものがあり、農林生たちは、その報国隊*の名で出征軍人留守宅家族の援農支援をはじめ嘉手納製糖工場や普天間農事試験場などの勤労奉仕作業に動員されていました。1944（昭和19）年になると、生徒の勤労動員はさらに強化され、隔日あるいは週の大半を勤労作業に動員されるようになりました。

　農林学校の主な動員先は、北飛行場（現読谷村）の滑走路づくりや石山掘り出し作業（飛行場滑走路の原材料掘り）、座喜味城跡での高射砲陣地づくり、楚辺の戦車壕掘り、平安山の海軍砲台づくり、浜川・砂辺海岸でのタコ壺壕掘り、中飛行場づくりなどで、特に学校から近い中飛行場の構築作業には力が入れられました。

　その年の夏ごろ、沖縄県農務課の主導で「農兵隊」という組織が作られました。この農兵隊は、米軍との決戦に備え食糧増産を図る目的で造られた組織で、1カ月の訓練終了後、50人単位の小隊に分かれ沖縄の各地で食糧増産に励みました。その小隊の指導教官には農林学校3年生12名が試験採用されました。農兵隊は沖縄戦が始まる直前まで活動していましたが、米軍上陸後は四分五裂の状態で自然解散となりました。

　10月10日の大空襲後は北部への避難民が増加し、農林学校が疎開者の荷物の中継倉庫に使われたため、生徒たちはその荷役作業に駆り出されました。十・十空襲後は、牧原の比謝川畔（栄橋近く）に学校の壕（「農林壕」や「牧原の壕」と呼ばれた）の構築作業も始まりました。

　明けて1945（昭和20）年3月1日、前年の12月下旬、徴兵検査の繰り上げ適用で合格した大正15年生まれの生徒（3年生の半数）が現地部隊に入隊していきました。同じく3月22日、農林学校は陣地構築などの勤労奉仕作業の実績が高く評価され、一中とともに沖縄県庁知事室において表彰されました。

*軍人勅諭：明治天皇から陸海軍人に与えられたことば。軍隊の天皇直属をうたい、旧軍隊の精神教育の基礎となった。

*徒手：徒手体操。銃剣術とは異なり、何も用いずに行う戦時訓練を兼ねた体操。

*国本道場：校外にあった農場の中にあった建物で、戦時下における農林生としての自覚を持つための精神修養の場として使われていた。名前は校歌の一節「農は国の本なるぞ」からとられた。

*報国隊：「報国」は国家のために力を尽くすことを意味する。戦時下、国民の労働力を確保するため1941（昭和16）年、「国民勤労報国協力令」がだされ、あらゆる「報国隊」が結成された。

戦時下の動向

■動員

　1945（昭和20）年3月中旬、農林学校の生徒たちは「敵の上陸に備えて郷里を守る立場から兵役に服しなければならないので、帰省して親の承諾を受けて来い」と帰省させられました。同じ月の23日から上陸に向けた米軍の大空襲が始まった頃、生徒たちは帰省先から農林壕へ続々と集結してきました。生徒の中には米軍の猛爆撃のために、帰省先から戻ることができず、そのまま家族と行動したり、近くの駐屯部隊へ協力したりした者もいました。

　嘉手納沖に集結した米艦隊から北・中飛行場への激烈な猛爆撃が続く中で、25日には空爆により学校が炎上、焼失してしまいました。翌3月26日、農林学校配属将校の尚謙少尉（最後の琉球国王の孫）と教練教師の比嘉浩伍長は北・中飛行場守備隊の青柳隊（第十九航空地区司令部）に呼び出され、青柳隊長より鉄血勤皇隊農林隊編成の命令を受けました（すでに第三十二軍司令部からは農林学校の職員・生徒は中飛行場を守備する部隊に協力すべしという命令が下されていた）。その当時、農林学校には3月1日現地部隊入隊組を除いて1年生から3年生まで約500名の生徒がいましたが、大空襲の混乱などで、農林隊に入隊したのはその約3分の1の170名でした。

　翌27日、農林隊は青柳隊の指揮下に入り、生徒たちには軍服や軍靴などが支給されましたが、武器の支給はありませんでした。生徒たちは第一小隊・第二小隊・第三小隊に分けられ、中飛行場の糧秣*を数キロ先の倉敷（現沖縄市）の山中まで運搬する仕事をさせられました。糧秣運搬作業中に生徒たちの犠牲が相次ぎ、中飛行場周辺で8名、北飛行場周辺で2名、美里・具志川方面に派遣された者の中から4名の生徒が戦死しました。

　28日の昼、農林壕近くの茅葺きの小屋が米軍の砲撃をうけ炎上、その中で寝ていた3年生の田本清が死亡したほか2名の生徒が大火傷を負い、十数名の生徒が負傷しました。小屋で寝ていたのは炊事当番の生徒たちで、作業を終えた後農林壕に帰ったものの壕内が息苦しかったため、その小屋で寝ることにしたようです。その小屋は以前日本軍の慰安所として使用されていたようですが、関係者はすでに避難して空き家になっていました。大火傷を負った2名は野戦病院に収容されましたが、その後死亡しました。

金武観音堂の壕

*糧秣：軍隊用語で兵士と馬の食糧のこと。

　米軍の砲撃により農林壕も破壊されたため、その日の夜、農林隊は倉敷へ移動することになりました。倉敷では壕が不足していたため墓などに入り、空爆が止む夜間に、集落の空き地などに野積みされている糧秣を山手へ運搬する仕事をさせられました。

　それから4日後の4月1日、本島中部の西海岸に米軍が上陸してきました。上陸時の海空からの攻撃は、天地も震撼させるような猛攻撃でした。その前日の3月31日夜から、農林隊の一部が越来村安慶田（現沖縄市）方面の糧秣運搬に出かけていましたが、上陸した米軍が嘉手納・泡瀬の線を遮断したため戻ること

ができなくなってしまいました。一行はそのまま南部に撤退し、最寄りの部隊の配下に入ったようですが、その中から 24 名の生徒が戦死しました*。

　米軍が上陸した日の夕刻、生徒たちは全員集合させられ、「上陸した米軍は日本軍の主要陣地を占領している」との情報を知らされた後、「これから肉迫攻撃隊*を編成したい。希望者は全員手を挙げろ」と「肉迫攻撃隊」への志願を要請されました。全生徒が手を挙げましたが、3 年生の中から 20 名の生徒が肉迫攻撃隊要員として選抜されました。選ばれたのはいずれも運動神経が発達した動作の機敏な生徒たちで、隊長は尚少尉でした。その任務は敵陣へ中飛行場に布陣していた青柳隊の指示を受けに行くことだったようです。

　「肉迫攻撃隊」は深夜に中飛行場に到着しましたが、付近の陣地はすべてもぬけの殻だったため、ひとまず引き返すことにしました。明け方、美里村池原（現沖縄市）の竹やぶの民間人の壕にたどり着き、今後の行動について話し合いました。南部の運玉森*で布陣している部隊に参加してはという意見も出ましたが、結局本部半島の宇土部隊*の指揮下に入ることになりました。「肉迫攻撃隊」は夜陰に乗じ石川、金武、久志、名護を通り、3 日後の 4 月 4 日には本部半島の伊豆味に到着しました（後に農林学徒隊を指揮していた青柳隊も第三十二軍司令部の命令を受け、宇土部隊に合流した）。

　一方、「農林隊本隊」（「肉迫攻撃隊」以外の農林隊）150 名は、4 月 1 日に「肉迫攻撃隊」と別れた後、美里（現沖縄市）、石川を通り、4 月 4 日には金武の観音堂の壕に到着しました。米軍はまだ金武までは侵攻していませんでしたが、大勢の生徒たちの食糧確保という難題を抱えていたため、安里源秀教頭や比嘉教練教師などの引率教師たちが相談した結果、「農林隊本隊」は解散することになりました。結果的にはこの早期の解散が生徒たちの犠牲を少なくしたと言われています。

　比嘉教諭は、沖縄戦直前に連隊区司令部の吉田喜徳大佐から「心身ともに鍛練された唐手の達人のチャンミーグヮアー*が拳を握って敵機をにらんでも、どうにもならないんだよ。米兵は住民を抹殺するようなことはしないから、生徒の将来をよく考えるようにしなさい」という含みのある言葉を受けていたそうですが、その大佐の言葉が比嘉教諭に農林隊解散を決意させる一因になったようです。その後、護郷隊の将校が「鉄血勤皇隊を解散させたのはけしからん」と安里教頭や比嘉教諭の命を狙っているという情報も流れてきました。

　解散命令を受けた後、生徒たちはそれぞれ家族の元へ帰っていきましたが、中にはその後北部まで行って名護岳の遊撃隊に入隊した者や南部に撤退した者もいました。

■北部の独立混成第四十四旅団第二歩兵隊（通称宇土部隊）への入隊

　沖縄戦当時、本島北部・伊江島地区の守備は国頭支隊が担当していました。国頭支隊長は独立混成第四十四旅団第二歩兵隊長の宇土武彦大佐で、本部は本部半島の八重岳に置かれていました。この部隊は通称宇土部隊と呼ばれ、兵隊の他に多くの防衛隊員や沖縄県立第三中学校の生徒らを兵員として組み入れていました。

　4 月 4 日、尚少尉に率いられた「肉迫攻撃隊」の一行は伊豆味に到着、尚家所有の桃原農園で一時休憩することにしました。その間に隊長の尚少尉が宇土部隊に相談に行き、同部隊の佐藤隊に入隊することになりました。

　4 月 5 日、伊豆味国民学校で同部隊から九九式歩兵銃と 2 個の手榴弾が支給されたほか、戦車への体当たり攻撃で使用する 10kg 急造爆雷が配られました（ただし銃が

*その 24 名は鉄血勤皇隊の戦死者には含まれず、在校生としての戦死になっている。
*肉迫攻撃隊：敵陣に身をもって迫って（肉迫）攻撃すること。

*運玉森：首里の沖縄守備軍司令部を守る主要陣地のひとつ。激戦地となった。
*宇土部隊：沖縄本島北部を守備するのが任務の独立混成第四十四旅団を中心とした部隊。

*チャンミーグヮアー：空手の達人で知られる喜屋武朝徳（1870 ～ 1945）の通称。

配られたのは半分の生徒だけだった）。

　2日後の4月7日に生徒らは真部山に移動させられ、5、6名ずつ分散し予備員として各部隊に配置されました。尚少尉は本部付きとなり生徒とは別行動となりました。農林の「肉迫攻撃隊」が到着する数日前には、高山八千代中尉に率いられた二中生も宇土部隊に入隊していました。

■八重岳での激戦、解散、死の撤退

　4月6日夕刻、名護南岸の許田に上陸した米軍は、翌7日には名護に侵入し、さらに翌8日、本部半島を付け根の線で遮断しました。米軍は、4月9日から11日にかけて、本部半島の伊豆味を通って、主陣地である八重岳を目指し進撃してきました。

　4月12日、本部半島北東の乙羽岳に配置されていた第三遊撃隊が米軍の猛攻を受け、多数の死傷者を出し、翌13日八重岳に撤退しました。4月14日、米軍は八重岳への猛攻を開始、16日にかけて船からの艦砲射撃*と飛行機による猛爆撃の支援の下に、戦車と圧倒的な火砲で迫ってきました。日本軍も各戦線で反撃を試みましたが、2日後の4月16日には八重岳が占領されてしまいました。

　米軍の猛攻が続く中、農林生たちにも前線の真部山防衛の命令が下りました。激しい攻防戦が続く中、生徒たちは後方のタコ壺壕などで控えていましたが、いつの間にか日本軍は撤退し、生徒たちだけが敵中に取り残されていました。その間の戦闘で比嘉新政のほか1名の農林生（氏名不明）が戦死しました。

　同日、宇土支隊長は、多野岳に撤退することを決定、米軍と近接しているため、各部隊は分散し夜陰に紛れて多野岳に向かうことになりました。主力は同日の夕刻八重岳を出発し、19日から22日にかけて多野岳に到着しました。

　取り残されたことに気づいた農林生たちもその日の16日には撤退を開始、八重岳を経て4月23日多野岳へ到着しました。撤退の途中、重傷のため二名の生徒が置き去りにされることになりましたが、松川寛一が「こんな重傷者を捨てていったら飢え死にするじゃないか」と反対し、面倒をみるために残ることになりました。その後、重傷の二名は生き残りましたが、松川は戦死してしまったようです。

　多野岳には、4月1日に倉敷で別れた農林生たちも来ていて、糧秣運搬などの仕事をさせられていました。その生徒たちと真部山から撤退してきた生徒たちが合流し、人員は約24名になり、尚少尉の指揮下で再び行動を共にすることになりました。

　農林生らが到着した頃から、多野岳も米軍の猛攻撃を受けるようになりました。米軍による間断のない攻撃で多数の兵士や生徒が死傷しましたが、農林生からも5名（氏名不明）の戦死者が出ました。

　翌24日、宇土支隊長は各部隊に国頭北部へ転進し遊撃戦を展開するようにと命令、本部を多野岳から東方8kmの東村慶佐次の山中に退却しました。

　尚少尉に率いられた農林生らも宇土部隊とともに撤退することになり、多野岳から有銘に向かいました。退却するに当たって農林生らは、尚少尉のグループと宇土部隊配下部隊のグループの二つに分かれ行動することになりました。有銘では米軍と銃撃戦があり、2名の米兵が射殺されました。部隊はさらに北上を続け平良、川田を通って、4月27日の晩、東村内福地（現在は福地ダムの中に水没）に到着しました。

　28日、農林生らが山の中腹で待機していたところ、米軍と宇土部隊との間で銃撃戦が始まりました。銃撃戦は夕方まで続き、尚少尉以下、我部操、安次嶺幸寿、大城喜孝、仲里甚章、平良恵春、平田清、新本幸吉、狩俣栄、仲村禎信の計9名の生徒が戦

死しました。

　砲撃が止むと、生き残った約9名の生徒たちは戦死した尚少尉や学友の遺体を弔いました。その時には埋葬することもできず、ただ毛布をかけてあげるだけでした。しばらくすると宇土部隊長より「農林隊は隊長を失ったので自由行動を許す」との命令があり、3名ずつに分かれ行動することになりました。

　屋比久末晴ら3名は、その後1週間ほど付近の山中をさ迷っていましたが、中飛行場守備隊だった青柳隊と出会い、その配下に入ることになりました。それから数日後青柳隊とは別れ、生徒たちだけさらに南下し有銘に行きました。そこで二中の配属将校・高山中尉一行と出会い、その配下に入りました。

　高山中尉の下では毎日が食糧探しの日々でした。そんなある日、屋比久らは高山中尉に尚少尉の遺骨を取ってくるよう命じられ、再び内福地に戻り尚少尉の遺髪や鎖骨の一部を持ち帰って来ました。遺骨は高山中尉によって民家で弔われましたが、その後の行方はわかっていません。屋比久らはその後高山中尉一行と別れ、付近の山中をさ迷った後、米軍に収容されていきました。

農林鉄血勤皇隊足跡図

証 言

▶「召集後、中飛行場の糧秣運搬作業に従事」 大城 仁光

　　下宿屋の防空壕で避難していると、3月26日の夕方近くになって召集の伝達を受け、
すぐ避難壕へ赴いた。壕は空襲前に農林生徒が自ら掘ったもので屋良の後方、比謝川
沿い近くにあった。既に壕にも学校長を始め、職員や生徒が集まっていた。農林学校
の配属将校・尚謙少尉を隊長に、教諭4名を小隊長とする170名の鉄血勤皇隊として
編成され、陸軍の被服、軍靴、背嚢＊、水筒、戦闘帽、二等兵の階級章を支給された。
その晩から糧秣運搬作業に狩り出され、比謝川沿いに集積されている軍物資を中飛行
場の北側道路に運んだ。トラックが受領のため集結しており、兵隊に混じって民間人
も作業に従事していた。

＊背嚢：背負い型のカバン。

（『沖縄県立農林学校同窓会誌第3号』 p 321）

▶「日本軍に裏切られた」 大城 堅輝

　　4月16日ごろ、米軍はいよいよ本部半島の真部山まで侵攻してきた。昼過ぎに宇土
部隊の佐藤隊は前線防衛の命令を受け、素早く戦闘態勢。間もなく、想像を絶する激
しい攻防戦が展開された。佐藤隊に付いて真部山まで来た農林生の一人、大城堅輝さ
んは自らの体験を思い出す。

　　「空から米軍機のものすごい空襲。海の方からは艦砲の弾が次々とこちらに打ち込
まれてくる。何百メートルか先には米兵らが近づいているはずだが、姿が見えない。
このままじっとしていたら敵が見えるまでにこっちがまいってしまい、死んでしまう
と思いました」（中略）

　　「ある時、山の中腹のタコ壺に隠れていた私たち農林生たちは上の方で機関銃の音を
聞いたのです。味方の機関銃かもしれない。仲間の一人が確かめてくることになり、
じゃああんたが帰ってくるまで待っておこうね、とみんなで言ったのです。そうして
いる間も弾がどんどん落ちてきました」

　　様子を見に行った農林生の話では、味方かと思ったら敵の機関銃だった。「命からが
ら逃げてきた」という。日本軍は行方知れずになっていたのである。大城さんは言う。
「あとで知ったことですが、日本軍は既に真部山から八重岳方面に退却していたので
す。結局、農林生たちのことは見捨てたというわけです。死んでもここを守れ、と言
われた言葉を信じてその気になっていたのに…。手投げ弾を与えられ、米軍を目いっ
ぱい引き付けてから投げるんだよと教えられたばかりで、裏切られた気持ちでした」

（琉球新報 1984.11.14 ～ 1985.4.18「戦禍を掘る－第2部・学徒動員 63」）

証 言

▶「この二人はここに捨てていこう」 赤嶺　猛

　八重岳では二人の農林生が重傷を負っており、退却に当たってこの二人を担架に乗せて担いでいくことになった。部隊のあとについて出発したものの、途中、今帰仁の呉我山に差し掛かったところで先を急ぐ部隊についていけなくなってしまった。「担いできた連中で、もうこの二人はここに捨てていこうという相談をしました。かわいそうだけど、しようがない。近くには避難民もいるからかえってここに残っていた方が安全かもしれないよ、などといい加減なことを二人に言ったんです」と、赤嶺さんは仲間を置き去りにした苦い思い出を話す。

　農林生たちが出した結論に、担架を担いだ一人、松川寛一君が反対した。「こんな病人を捨てていったら飢え死にするじゃないか。僕が彼ら二人と一緒に残るよ」結局、松川君の言い出しを幸いとばかりに農林生たちは立ち去るふん切りをつけた。そして、「敵の状況はどうなっているか見て来ようね」と都合のいい言葉を残し、出発した。

　（中略）残された三人はその後どうなったか。「重傷だった伊是名君と与那覇君の二人は無事でしたが、面倒を見るため残った松川君がやがて戦死したようです。」

（琉球新報 1984.11.14 ～ 1985.4.18「戦禍を掘る－第 2 部・学徒動員 64」）

▶「学生ばかりに戦争させて」 大城　仁光

　（4 月 28 日）午前 10 時頃、山の裏手から敵トンボ飛行機がエンジン音を消して部隊の頭上に現れた。内福地辺りを低空で数回施回して姿を消した。部隊は各隊ごとに分散して海岸を離れた。農林隊は川岸より 200 メートル程奥の山手傾斜に待機した。（中略）なす術もなく固くなっていると、敵兵が川沿いの炭焼き小屋に向けて銃を発射した。銃声の音で我にかえり、敵兵の反対方向に走り出した。後方から直ぐ弾が、頭上、右耳、右足スレスレにビューンビューンと音をたてて流れていった。50 メートル程先に断崖があった。下は川が流れていた。断崖に爪をたて川に降り走って行くと、別の部隊の待機場所であった。兵隊たちは銃を私に向け伏せていた。久手堅君もそこに来ていた。狙撃兵の上等兵が待機場所を離れて行った。木の枝で擬装した兵隊が立哨していた。敵の口笛が近くにせまってきた。私は小さい岩陰をさがしもぐり込んでうつ伏した。敵は撃ち込んできた。弾は伏せている頭上を飛び、周囲の地面や木にポンポン当たる。頭をもたげる隙がない。最後だと観念した。（中略）銃声が止み夕方になったので、転進の命令が出された。私と久手堅君は自分の隊へ向かった。

　（中略）軍刀を持っている下士官と兵隊三名が小屋の前にいた。下士官が、「お前の戦友は、皆戦死したよ。」声を落して話した。「向かいの山には重機関銃隊がいたのになー。学生ばかりに戦争させて」と一人でつぶやいていたが、くやしさに耐えられなかったのか、下士官は声を出して男泣きに泣いた。

（『沖縄県立農林学校同窓会誌第 3 号』 p 325）

6. 沖縄県立水産学校
（水産鉄血勤皇隊・水産通信隊）

学校所在地	那覇市垣花
動員数	鉄血勤皇隊　27名　　通信隊　22名　　計49名
動員された部隊名	鉄　第四遊撃隊 通　第三十二軍司令部情報部通信隊
配置場所	鉄　恩納岳（恩納村） 通　第三十二軍司令部壕（那覇市首里）
犠牲者数	31名

学校の沿革・概要

　沖縄県立水産学校（通称：水産学校）の前身は1904（明治37）年に設立された糸満村立水産補習学校で、翌年には名称を「糸満村立水産学校」に改称しました。1908（明治41）年には島尻郡の14間切で学校を経営することになり、名称を「島尻郡小禄村ほか十四間切組合立水産学校」と改称し、仮校舎を那覇区垣花の民家に移転しました。その後1910（明治43）年には県立に移管され、沖縄県立水産学校と改称しました。

　同校は1911（明治44）年には文部省告示により中学校と同等以上の認可を受け、翌年の1912（明治45）年3月には新校舎を落成、その年の10月には初の実習船・龍宮丸（蒸気船、60トン）を竣工しました。大正期に入ってからは教室を増築し、八重山に鰹節製造実習場を建築、定員も60人から120人に倍増し、学校の充実が図られました。

　当初、学科は本科（修業年限3年）と別科（修業年限1年）に分かれていましたが、1923（大正12）年には別科を廃止し専修科を設置、さらに1927（昭和2）年の学則改正では本科が漁労科と製造科に分けられました。

戦争への道

　戦時体制が教育現場に徐々に浸透していく中で、1939（昭和 14）年の夏休みからは水産学校でも漁船や鰹節製造場での奉仕作業、奥武山公園の整地作業、金武村開墾事業への勤労奉仕作業などに駆り出されるようになりました。またその頃から、日本の南進政策に影響され、卒業生たちは南洋諸島などへ飛び出していくようになりました。

　1941（昭和 16）年、県下の各中等学校と同じように、新入生の制服が国防色（カーキ色）に変わり、戦闘帽*やゲートル*も着用となりました。この年には、兵員確保のために修業年限短縮による繰り上げ卒業が実施され、水産学校でも 1943（昭和 18）年 12 月卒業生までの 3 年間にわたり繰り上げ卒業が実施されました。1943（昭和 18）年になると、戦況悪化のため近海での乗船実習ができなくなり、沖縄本島や離島の沿岸での実習に切り替えられました。その年の 12 月、本土へ向かっていた湖南丸が米潜水艦により撃沈され、乗船していた 10 名近くの水産生も戦死してしまいました。水産生らは乙種飛行兵に合格し原隊に向かう途中でした。

　1944（昭和 19）年から生徒は隔日あるいは週の大半を勤労作業に動員されるようになりました。10 月 10 日の大空襲では、那覇市街のほとんどが灰塵に帰し、水産学校でも校舎が大破してしまいました。校舎が大破した後、学校の本拠地を住吉町や上泉町（教職員の住宅）に移転しましたが、十・十空襲後の混乱のため生徒の集合状況は悪くなりました。その年の 10 月初旬までには他府県出身の教職員は県外へ引き揚げて行きました。明けて 1945（昭和 20）年 1 月、軍国主義者で有名だった水産学校校長が県外へ疎開し物議をかもしました。1 月頃から 1・2 年生を対象に通信訓練が始まりました。

　2 月初旬になると、空襲下での安全確保や食糧事情などの問題から、学校を宜野湾村（現宜野湾市）にあった「宜野湾農民道場*」へ移転することになりました。県の学務課からは南部はどうせ戦場になるから北部の大宜味村塩屋辺りに移動するよう指示がありましたが、職員の中に不賛成の者がおり、また中堅職員が召集され移動が困難だったため宜野湾へ移転することになったようです。宜野湾農民道場では教職員と生徒の合宿生活が行われ、駐屯部隊の指揮で陣地構築作業や戦車壕掘り*作業などに動員されました。夜は第三十二軍の下士官が訪れ、下級生（1・2 年生）の生徒約 40 名に通信訓練（九九式有線実務訓練など）を実施しました。

　3 月 1 日、前年の徴兵検査の繰り上げ適用で合格した大正 15 年生（3 年生の一部）が現地部隊に入隊していきました。

戦時下の動向

■ 動　員

　1945（昭和 20）年 3 月 23 日頃から米軍の空襲が激しくなったため、生徒たちは空襲の度に作業を中断して防空壕に走るという状態になりました。

　3 月 26 日、米軍が慶良間諸島に上陸した夜、第三十二軍の下士官が牛島司令官・

*戦闘帽：旧日本軍が戦時に用いた略帽の俗称。
*ゲートル：厚地の木綿や革ですねを包む服装品。軍人の特徴的な服装であった。

*宜野湾農民道場：農民道場は農村の中堅指導者層を育成する精神訓練場とされ、1934（昭和 9）年ごろから全国各地につくられた。このころ、宜野湾農民道場には 40 人くらいの水産生が寝起きしていた。
*戦車壕掘り：敵戦車が通れなくなるよう妨害する穴を掘ること。

島田知事連名のガリ刷りの命令書を携え、通信隊要員の1・2年生を引き取りに来ました。その日は「空襲のため生徒が集まっていない」との理由で帰ってもらいましたが、2日後の28日にも再びやって来ました。その下士官は生徒たちをすぐにも連れて行こうとしましたが、体育担当の親川光繁先生が「このまま連れて行くのは忍びない。一度父兄の元に帰してほしい」と頼んだため、4月1日に首里の第三十二軍司令部壕に集合するよう命じ帰って行きました。

その日の晩、上級生（3年生）の鉄血勤皇隊の配置先をめぐって職員会議が開かれ、大激論が交わされました。軍命によって鉄血勤皇隊は北部へ配置されることが決まっていましたが、「軍隊のいない北部に行ってどうする」と反対する教職員がいて激論となったのでした。結局「軍命は召集令状と同じ。南部に行くのは犬死にだ」という北部行きの意見が優勢となり北部に行くことになりました。その後生徒たちは広場に全員集合させられ、通信隊要員として首里に向かう1・2年生は右側に、北部へ行く鉄血勤皇隊の3年生は左側に並ばされました。生徒たちを前に新崎寛綽教頭が学校閉校の報告をした後、分散会が開かれヤギを潰してごちそうが振舞われました。

水産鉄血勤皇隊

①恩納岳の第四遊撃隊（別名護郷隊）への入隊

通信隊要員の1・2年生は入隊前に一時帰宅して行きましたが、鉄血勤皇隊の3年生は、その日のうちに配置先の北部へ向かって出発しました。隊員は約27名（十数名という説も）、教頭と2名の教職員が引率していました。その頃の宜野湾街道は、北部に疎開する避難民や南部へ移動する兵隊でごった返していて、祭りのような騒ぎとなっていました。その騒乱の中で鉄血勤皇隊の隊列は乱れ、新崎教頭と伊良波長有書記がはぐれてしまい、新崎教頭はそのまま行方不明（戦死）となりました。

その後、たった一人の引率者となった親川教諭は、生徒を連れて北上を続け、普天間、呉屋、越来、東恩納、石川、金武を通り、4日後の3月30日には宜野座村古知屋（現松田区）に到着しました。到着後、親川教諭は本部半島の国頭守備隊本部（宇土部隊）へ生徒の連絡員を派遣し、入隊予定の1814部隊のことを尋ねさせましたが、同部隊からは受け入れの予定はないと言われました。そのため4月3日に、鉄血勤皇隊水産隊は一応解散することになりました。

その後、生徒らが得た情報によって、水産隊が入隊する予定の部隊は1814部隊ではなく恩納岳に駐屯する18814部隊（第四遊撃隊、別称第二護郷隊）かもしれないということがわかり、親川教諭と一部の生徒（14名）が恩納岳に向かいました。4月5日、親川教諭ら水産隊の一行は第四遊撃隊（通称岩波隊）に入隊しました。同隊では水産隊が来るのを待ちかねていたようです。生徒らは二等兵を命じられ各中隊に分散し、情報収集や弾薬運搬、食糧運搬などに従事させられました。

第四遊撃隊は遊撃戦を展開するために、恩納岳から石川岳へ移動していましたが、水産生が入隊した日、恩納岳へ戻って来ていました。恩納岳へ撤退して来たのは、石川岳が中部地区から後退する日本軍の通路となり、追尾する米軍の猛攻を受けたため、そこでの遊撃戦が不可能となったからでした。

②恩納岳一帯での遊撃戦

その後第四遊撃隊は、4月上旬頃までは金武飛行場や恩納滑走路、伊芸集落などの米軍駐屯地への遊撃戦を展開、4月中旬になると米軍による恩納岳への攻撃が開始さ

れました。5月に入ると米軍が恩納岳周辺から一時撤退したため、第四遊撃隊は遊撃戦を再開しました。5月1日、金武の眼鏡山の戦闘で金城邦岡が戦死しました。

　5月24日頃から米軍は再び恩納岳への攻撃を開始、27日には、石川岳から撤退して来た青柳隊（北・中飛行場守備隊）が、第四遊撃隊の指揮下に入りました。5月末になると、米軍による恩納岳一帯への攻撃が激しくなり、6月2日、とうとう恩納岳の一角が米軍により占拠されてしまいました。

　　同日の夜、第四遊撃隊は久志岳への移動を決定、移動に際して重傷者は銃殺されました。久志に向かう沿道は米軍の警戒が厳重で各所で銃撃戦になり、久志岳東方地区に到着したのはそれから約1カ月後の7月10日でした。その後7月16日に部隊は解散されましたが、生徒たちは解散後も国頭山中をさ迷い歩き、山を下り捕虜となったのはその後しばらくたってからでした。北部に向かった鉄血勤皇隊水産隊のうち11名が戦死しています。

水産通信隊
①第三十二軍司令部通信隊への入隊
　鉄血勤皇隊の3年生は、分散会があったその日のうちに配置先の北部へ向かって出発しましたが、通信隊要員の1・2年生は入隊前に一時帰宅が許されそれぞれの出身地へ帰って行きました。4月1日未明、家族と面会を終えた生徒たちは集合先の首里の第三十二軍司令部壕に集まってきました。集まったのは通信隊要員約40名のうち半数の21名（1年生16名、2年生5名）でした。集まった生徒の中には入隊に反対する親にうそをついたり、止めるのを振り切って出てきたりした生徒も少なくなかったようです。通信隊要員の生徒には引率の教師はいませんでした。

　その後、生徒たちは二等兵を命じる訓示を受けた後、軍服を支給されました。入隊後、生徒たちは昼夜交代で「監視業務」と「情報業務」に従事させられました。「監視業務」は首里城入口正面の石垣の一角に設置された監視所で、米軍機の飛来数、米艦船の数量、艦砲の状況などを情報室へ報告する業務で、すぐ近くに砲弾が頻繁に落ち、とても危険な任務でした。砲弾の下、切断された電話線をつなぐ仕事もさせられました。監視所からは米艦船に体当たりする特攻機を何度か目撃しました。「情報業務」は情報室に集まった戦闘状況や伝令を司令室に報告する任務でした。

　4月1日沖縄本島中部西海岸に上陸した米軍は、嘉数高地（現宜野湾市）や前田高地（現浦添市）で激戦を繰り広げた後、首里の軍司令部を目指し進撃を続けました。5月12日安里高地（現那覇市、通称シュガーローフ）で激しい攻防戦が展開された後、14日にはついに首里司令部足下の那覇市安里にまで侵入してきました。その3日後の17日安波茶高地（現浦添市）が米軍に占領された日、食事運搬中の大嶺盛一と東門智秀が第六坑道入口付近で艦砲の至近弾を受け戦死しました。大嶺はお腹に被弾し、東門は頭を吹き飛ばされていました。水産の通信隊員初の犠牲者でした。

　5月27日、米軍が首里の軍司令部の一歩手前にまで迫る中、生徒たちは情報室の重要書類や九九式電話器＊を壕外へ運ばされ焼却させられました。その後通信隊員の中から南部撤退の先発隊19名が選出され、一足先に摩文仁方面へ向かうことになりました。19名の先発隊のうち5名は水産生でした。豪雨の中、先発隊は30kg近くの重さの柳行李を担ぎ南部へと向かいました。

　翌28日の明け方、南風原の沖縄陸軍病院にたどり着き休憩していると、「今こそ、諸君の死に場所が決まった。本陣地を死守せよ」という命令が下され、進撃して来る

＊九九式電話機：九二式電話機か。

米軍を迎え撃つことになりました。5名の生徒たちも他の先発隊員とともに陸軍病院手前の丘に登り5m間隔にタコ壺壕を掘り、雨が降り続く中を待機していました。東の空が明け始める頃、米軍戦車が西の方を目指し進んでいくと、突然引き揚げの命令が出されました。白兵戦*の死闘を覚悟していた先発隊員たちは誰もが九死に一生を得た気持ちになりました。その晩、先発隊は再び南部への撤退を開始しました。

②南部撤退、解散、死の彷徨

その後、先発隊は与座（現糸満市）の墓で一泊した後、5月30日に摩文仁に到着しました。到着後、重要書類が濡れては大変と生徒らが柳行李を開けてみると、なんと中には下駄や着物などの将校の私物が入っていました。豪雨と砲弾の中を必死の思いで運んできた柳行李の中身を知って、生徒らは激しい憤りを覚えました。

摩文仁到着直後は、米軍機の攻撃もなく民家に宿営していましたが、数日後からは米軍の砲撃が激しくなったため摩文仁高地の南側の壕（現師範健児の塔の南側、「南冥の塔*」奥の壕）へ移動しました。摩文仁では生徒たちは食糧調達や壕調査などに従事させられました。米軍は6月5日頃から具志頭村付近に進出し、11日頃には八重瀬岳－与座岳－糸満の線にまで侵攻。16日に与座岳を、18日に八重瀬岳を占拠し、19日には日本軍の組織的抵抗は終了しました。

6月19日の夜、第三十二軍司令部の参謀たちを本土へ逃亡させるという特別任務をおびた水産生5名（宜保幸栄、根神屋盛輝、玉栄福栄、比嘉武儀、安谷屋哲雄）が、サバニを繰り出し、摩文仁海岸から与論島へと出航して行きました。その後この一行は米軍に撃沈されたのか、消息不明となっています。

翌6月20日、目前に迫る米軍に斬込攻撃を行うために、司令部壕内でも特編中隊（斬込隊）が組織されました。斬込隊は総勢29名で、その中には14名の水産生が入っていました。斬込隊はふたつの小隊に分けられ、摩文仁高地西側より喜屋武岬方面へ向かいましたが、米軍の砲撃が激しく死傷者が相次ぎました。その後斬込隊の一行は、戦果を上げることもなく夜明け前には摩文仁へ引き返して来ましたが、二つの小隊のうちひとつ（稲福栄二郎、照屋栄雄、喜屋武盛徳、玉城信一、玉那覇憲和、真喜志朝輝、上原英弘らのいるグループ）は米軍の猛攻を受け全滅してしまいました。

斬り込みから生還したグループ（金城正俊、当間嗣雄、渡名喜守敏、渡嘉敷俊彦、瀬底正賢、当間嗣冠、上前寛市ら）が摩文仁へ引き返すと、今度は摩文仁の司令部壕の壕口を死守するよう命じられました。斬り込みの翌日（21日）の正午頃、米軍が同壕に馬乗り攻撃を開始しました。機銃攻撃の後、壕入口が閉ざされガソリンがまかれ、壕内は一瞬にして火の海と化しました。続いて爆雷投下により落盤も起こり多くの者が生き埋めになりました。瀬底正賢はこの落盤で岩に体を挟まれてしまいましたが、何とか兵隊が助け出してくれました。

壕の中は死体の山と化していました。金城正俊と当間嗣雄の二名が爆風で即死、渡名喜守敏も血を流し死んでいました。渡嘉敷俊彦は頭を強く打ち、「生きてもっとお国のために尽くしたい」とうわごとのように繰り返しながら死んでいきました。瀬底は負傷しながらも牛島司令官らに状況報告に行きました。牛島司令官はご苦労さんと労をねぎらった後、どこの学校かと尋ね手帳に何か書く仕種をしていました。その後瀬底は下士官に入口を死守せよと命じられ、入口へ向かおうとしましたが、負傷していたため途中で気を失ってしまいました。

しばらくして、意識を取り戻した瀬底は生き残った他の水産生・上前寛市と当間嗣

*白兵戦：刀、剣、槍など、斬るまたは突き刺す兵器を用いての戦闘。

*南冥の塔：沖縄戦に参戦した日系二世の米兵ヤマモト・タツオ氏が摩文仁区民とともに、身元不明の兵士や住民の遺骨1万2000体を収骨して祀ったもの。1954（昭和29）年9月建立。糸満市摩文仁在。

冠の3名で壕を脱出することにしました。壕には開南中学生もいて一緒に行こうと誘いましたが、爆風で失明していて足手まといになるだけだからと壕に居残りました。瀬底らはその後摩文仁海岸に下り、海岸の岩間に隠れ沖縄出身者ら11名で行動をともにするようになりました。海岸の岩間に隠れている時、食糧を奪うために日本兵が同じ日本兵に手榴弾を投げつけ殺害する場面なども目撃しました。**7月の下旬**、瀬底らは食糧調達を終え帰る途中に地雷を踏み、爆発させてしまいました。その爆発で瀬底と当間が負傷したほか、2名が即死しました。当間はその時に負傷した足の傷が元で破傷風になり、**8月10日**海岸の岩間で死亡しました。

　10月3日、瀬底らは米軍の投降呼びかけに応じ米軍の捕虜となりました。一緒に捕虜となった上前は、負傷して体が弱っていました。瀬底は収容所の沖縄出身の責任者G氏に上前を医者に見てもらうよう頼みましたが、G氏は「学徒兵でも二等兵は二等兵。そんな言い訳は聞けない」とはねつけました。G氏は戦争前警察署長の要職にあった人で、軍部とともに学徒を戦場に駆り立てた張本人でした。その後上前は米軍病院で死亡してしまいました。水産学校の通信隊要員21名のうち生き残ったのは瀬底ひとりだけになりました。

水産鉄血勤皇隊・通信隊足跡図

「父母が『危険だから行かないで』と」　瀬底　正賢

　やっと民家の物置に居間を備えている親に会う事が出来て一応安心した。学校の状況や通信隊として入隊することなど父と話した。父母は南部の艦砲攻撃は非常に激しく首里は危険だ（から）行かないでと父母は激しく言う。金武に残るように言われた。私は軍命令に従わなければいけない、必ず行くと言う。両親と押し問答となっている所に兄正栄が入って来た。

　兄は男子師範学校附属小学校の訓導で親を金武の疎開地に送りとどける為に二日間の休暇ですぐ首里に戻って師範学校に合流するとのこと。私は兄に色々事情を話して兄からも親に話して貰うようにお願いした。兄と親同士の話し合いがなされ、やっと親もわかったらしい。二人一緒に首里に行くならよろしいと承知してくれた。兄と私の約束がとりかわされた。一緒に面会に来た下級生を絶対に誘ってはいけないと念を押され、約束を守らなければ金武に残れ（と言う）。兄の言う事は絶対である。
　（中略）

　母がつくってくれた弁当(オニギリ)の入った袋を貰って、「兄さん先に行きます。お父母様お元気で体に気を付けて下さい」と。先に出ようとした瞬間、兄さんが「一緒に行くから少しまて」(と言う)。父母に何か話している。しばらく待って父母様を見た意思の強い兄の目が赤く頬に涙がはっきり見えた。これが最後の別れになるとは。母親は幼い弟を抱いたまま「気を付けて」と言い、兄と一緒に出た約束の場所を視線をそらして過ぎ去る。

（草稿「第三十二軍司令部　嗚呼無念学徒通信隊」p 9）

「二等兵として通信隊に配属」　瀬底　正賢

　3月28日、全職員生徒、宜野湾農民道場に設置された仮校舎を閉校、3ヶ月間特訓を受けた。通信隊21名は各自出身地に帰り、親に面会し許可を得て、4月1日未明首里球部隊壕内にて再開して喜びあった。初めて見る首里城下壕の広さと大きさにただ驚くばかり。入口6ヶ所縦横に掘られ、トンネルの総延長は数千メートルとも言われ、深さ15メートル〜335メートル。幅4メートル。高さ2メートル余り。米軍の艦砲にも十分びくともしないと言う。通路の両側には二段〜三段のカイコ柵のような兵隊のベッドが並んで、台所、浴室、トイレも完備。食糧も豊富に貯蔵。外とは別世界の話も聞かされた。ただ驚くばかり。人力で構築されている（との）事で息をのんだ。しばらくして係下士官が来て、全員整列点呼。本日をもって陸軍二等兵として通信隊に配属すると申し渡され、軍服、靴が支給された。階級章のない二等兵である。

（草稿「第三十二軍司令部　嗚呼無念学徒通信隊」p 15）

証 言

「危険な監視所勤務」　瀬底　正賢

　昼夜交代制の軍務。首里城正門石垣の一角に設けられた監視所。望遠鏡、双眼鏡、電話器等（を）装備。(任務は) 敵機の来襲数、進行方向、攻撃目標、海上艦船の状況を監視して逐次、司令部壕内の情報部に報告する事であった。敵の見やすい高い所で、攻撃の対象になる最も危険な所であった。監視要員五名、壕内情報室六名軍務につく。敵の砲弾を防ぐのは擬装網*だけ。連日連夜監視所は至近弾によって電話線が切れ、一日数回線をたどって箇所を調べ結線。擬装網は吹き飛ばされ、砂煙であたりも見えない状況で息も出来ない。爆風で投げ飛ばされる時しばしば、でもうす暗い豆球の壕内にこもっているより、危険であるが気分が良かった。

（草稿「第三十二軍司令部　嗚呼無念学徒通信隊」 p 6）

*擬装網：敵から見えないようにするために擬装（カムフラージュ）した網。

「垂坑道の守備隊全員生き埋め戦死」　瀬底　正賢

　6月21日正午近く司令部の壕内、生き残った兵隊で埋め尽くす。私達第一小隊学徒兵7名は奥の片隅に集まった。何も誰一人として語ろうとしない。砲火が激しく、ただ死の恐怖が脳裏をさまよう。急に監視所の重機関銃が、タッタッタと数分間鳴り始めた。瞬間、機手2名射たれ即死。続いて中村中尉が坑道をかけ登りかけ始めた途端、戦車砲の直撃で即死。壕内は激しくゆれ、重砲火攻撃で土砂は舞い、硝煙で目も開け（られ）ない残像であった。

　完全に入口は閉ざされ、「馬乗り攻撃」(を受ける)。臭い匂いがした瞬間、ガソリンが壕内に撒かれた。一瞬に火の海と化し、せまい壕内は「パニック」状態で、続いて爆雷が投下され、壕が一瞬にして落盤。入口にいた兵隊24名ぐらい生き埋め（になり）、石の下敷に。私も体が少さくゴムマリのように意識がなくなっていく感じがして体が動かない。大声で助けを求めた。奥の方から片手に傷をおった兵隊が来て石をよけて奥の方へ消えていった。

　自力で石の割れ目から出て、隣の学友の安否が気になり、全身の力で石を取り出し、何かうわ言を言っている渡嘉敷君は口から血を吐き身動きもしない。隣の学友に呼び掛けたが返事がない。金城、当間君は頭をやられ、口から血を流して死んでしまった。恐ろしい。亡骸をどうしようという気力もない。悲痛の思いを取りなおし、周辺の死体の山。やっと我にかえり「軍務」(につく)。私は学友の死を確かめ、身体の石粉を振い落とし、小銃を取り「垂坑道の守備隊全員生き埋め戦死の報告」のため下士官に逢い、報告（した）。下士官は私を司令官室に案内してくれた。

（草稿「第三十二軍司令部　嗚呼無念学徒通信隊」 p 26）

7. 沖縄県立工業学校
（工業鉄血勤皇隊・工業通信隊）

学校所在地	那覇市首里当蔵町（現沖縄県立芸術大学）
動員数	鉄血勤皇隊　3名　　通信隊　91名　　計94名
動員された部隊名	鉄　第二十四師団輜重兵第二十四連隊 通　第五砲兵司令部通信隊
配置場所	鉄　輜重兵第二十四連隊壕（八重瀬町富盛） 通　第三十二軍司令部壕（那覇市）
犠牲者数	85名

学校の沿革・概要

*徒弟：職人の親方に仕える
　弟子。または見習い工。

　沖縄県立工業学校（通称：工業学校）の前身は、1902（明治35）年に、琉球漆器復興の目的で創設された首里区立徒弟*学校でした。コースは木工科と漆科に分かれ、修業年限は3年でした。

　1914（大正3）年、県立となり県立工業徒弟学校と改称、その2年後には建築部が加えられました。1918（大正7）年、首里当蔵（現在の県立芸大）に新校舎を建築、1921（大正10）年には実業学校新令発布により、県立工業学校（甲種）となり、建築科・家具科・漆工科の3科となりました。同校では中堅幹部技術者の養成が目標とされ、教養科目以上に実技に力が入れられました。

　その後は、1928（昭和3）年に機械工場が新築され、1929（昭和4）年には講堂が新築されるなど、徐々に学校施設の充実が図られていきました。1944（昭和19）年には、学制改革により従来の高等科2年修了者を入学資格とする3年制から、初等科6年修了者を入学資格とする4年制に改められました。科目も建築科、木材工芸科、応用化学科の3科に編成されました。

戦争への道

　1944（昭和19）年に入ると、本土からの部隊の来島が相次ぎ、いよいよ決戦間近の緊迫感が高まりました。米軍との戦闘に備え、沖縄では守備軍による陣地構築が急ピッチで進められました。多くの県民が陣地構築作業に動員され、県下の各中等学校の生徒たちも授業を返上して作業に駆り出されました。

　工業学校の動員先は、小禄飛行場や垣花の海軍兵舎、天久高射砲陣地、与那原港湾突堤埋め立て工事、南風原村内陸軍陣地などでした。その頃には工業学校にも部隊が駐屯するようになり、授業はしばしば近くの教会で行われました。

　その年の12月中旬、第五砲兵司令部から少佐以下10名の通信技術兵が訪れ、工業学校1年生全員と2年生の化学科、初修科の生徒に、通信隊要員の適性検査（視力、聴覚、体力検査）を行いました。建築科2年生と3年生は陣地構築の測量に従事していたため通信隊要員から除外されていました。約300名のうちから合格したのは107名でした。その他の生徒は鉄血勤皇隊要員となりました。

戦時下の動向

■動　員
工業鉄血勤皇隊

　1945（昭和20）年3月23日、県下の各中等学校が首里城内に集まり鉄血勤皇隊が結成される予定でしたが、当日は空襲と艦砲が激しく実現しませんでした。結成のために集合した約30名の工業学校の生徒は、そのまま首里城近くにあった学校の壕に留まっていました。しばらくして、石部隊から「生徒たちを3月29日に入隊させるので待機させておくように」との命令がありましたが、当日になっても連絡はなく、29日の晩、校長以下4名の教職員（教諭2名、助教諭1名、助手1名）と3名の生徒を残し、他の生徒は家族のもとに帰されることになりました。

　学校の壕に残った校長以下8名の教師・生徒らは、近くの部隊の壕掘り作業に協力していましたが、5月12日に首里の住民に南部への退去命令が出たため、同日の晩に首里を撤退することになりました。その後、東風平村富盛（現八重瀬町）の壕に避難しましたが、同地で教諭3名は別行動をとることになりました。残った校長、助手、生徒ら5名は、召集令状により同地在の輜重*兵第二十四連隊へ入隊しました。同部隊への入隊は校長の方から要請したようです。身体検査の結果、病弱だった校長は休養が許され、残りの者は壕の修理や炊事、糧秣運搬などの任務に従事させられました。

　6月7日、米軍の進撃により同部隊は高嶺村真栄里（現糸満市）の「岩山高台壕」にトラックで移動、同地で校長と助手は戦闘要員不適格者として除隊を命じられました。残りの3名の生徒は与座岳方面の戦闘に参加させられ戦死したようですが、詳しいことはわかっていません。

*輜重：糧秣や武器弾薬など
を運搬する部隊。

工業通信隊

①第五砲兵司令部通信隊への入隊

　1945（昭和20）年1月初旬、工業学校2年生のうち通信隊要員に合格した生徒らは、無線・有線・暗号班に分けられ、首里金城町の民家3軒に分宿し、モールス信号や無線機操作などの通信訓練を受けました。同隊には沖縄県立第一中学校（以下一中と略す）の生徒らも入隊が予定されていて、訓練は一中の講堂で一緒に行われました。時々、砂場で爆雷を背負って敵戦車の下に潜りこむ特攻隊の訓練も行われました。

　3月下旬、軍から入隊志願書が配られ、保護者の承諾印をもらってくるように命じられ、家族のもとへ帰されました。中には承諾印がもらえない生徒もいましたが、中尉の命令により那覇市内の印鑑屋で印鑑をつくり、押印させられたようです。家族のもとへ承諾印をもらいに行ったまま戻らない生徒もいました。志願書を提出した後、万一の場合の遺品として、遺髪と爪を封筒に入れ学徒通信隊の名簿と一緒に提出させられました。

　3月29日には県立一中の養秀寮の中庭で教育終了式と同時に入隊式が行われ、同部隊に76名の生徒が入隊しました*。同部隊には一中の生徒144名も配属されました（一中の生徒は後に分散配置され12名が同隊に残った）。生徒らは無線班に42名、有線班に14名、暗号班に20名が配属されました。入隊と同時に生徒たちには陸軍二等兵の階級章が与えられ、軍服や軍装品、九九式小銃などが支給されました。軍服の左胸部には「特設防衛通信隊」*と墨書された白布が縫い付けられていました。

　3月も下旬になると、米軍の空爆が激しさを増し、大空襲のあった23日からは壕生活が始まりました。第五砲兵司令部は、首里城地下に掘られた第三十二軍司令部壕の第四・第五坑道の奥に入っていました。当初、生徒らはその近くにあった自然洞窟に入っていましたが、艦砲で落盤したため、第五砲兵司令部の壕に入ることになりました。同壕には数百名の兵隊がいて、設備も整っていました。

　入隊後、生徒は、3～4名ずつ各分隊に配置され（下士官1名、現役兵2名、生徒3名で一分隊とした）、観測所のある前線の浦添（うらそえ）や砲座のある豊見城（とみぐすく）などに配置されました。暗号班は訓練半ばで空襲が始まったため暗号業務ではなく雑務につき、無線班は無線を送るための発電機回しや伝令、有線班は前線と司令部間の電話線架設が主な仕事になりました。

*107名のうち31名は疎開や事故などのため入隊できなかった。

*通信隊のことを正式にはこう呼んだのか？他の学徒隊の記録には出てこない名称である。

　どの班にも壕掘りや糧秣受領などの雑役がありました。伝令や電話線架設は昼夜を問わず行われ、米軍機が飛び交う空の下を命懸けで決行しなければなりませんでした。有線班の生徒らは「万一仲間が途中で倒れても、助けにではなくポケットから伝令文を抜き取って砲座まで運ぶことができるように」と、5分おきに時間をずらして出発させられました。壕生活が始まって3日後、夕食のため金城町の民家から食料を運搬していた生徒のひとり（氏名等不明）が艦砲の破片を受け即死しました。

　4月中旬から5月中旬にかけ、首里防衛線をめぐり日米両軍の間で一進一退の死闘が繰り

工業通信隊要員が配置された第五砲兵司令部はこの第五坑道の奥にあった。

広げられましたが、工業学校の生徒たちも通信の任務を果たすために、砲弾の中を駆けまわりました。

　米軍による連日の猛攻で、生徒の中には恐怖のあまり精神に異常をきたした者が出てきました。その生徒は壕内でわめいたり、砲弾が飛び交う中で踊ったり、壕の隅でじっと身を屈めたりするようになりました。

　宜野湾－浦添戦線でし烈な戦闘が続いている4月下旬、第五砲兵司令部のある首里金城町に砲弾が炸裂し、赤嶺朝英が戦死しました。背後から心臓に砲弾の破片が貫通し、ほとんど即死状態だったようです。無線班の大城常道も浦添村沢岻（現浦添市）で立哨中に、砲弾を受け戦死しました。

■撤　退

　5月下旬、米軍が首里に迫る中、生徒たちは夜陰に乗じ師範学校記念運動場にタコ壺を掘らされました。爆雷を背負い米軍戦車へ斬り込み攻撃をするためでした。誰もが死闘を覚悟しましたが、米軍が首里にではなく国場・南風原方面へ向かったため九死に一生を得ました*。

　5月27日、第三十二軍司令部以下各部隊は南部へ撤退することになりました。撤退の際に壕が爆破されましたが、精神に異常をきたしていた生徒は壕からどうしても出ようとしなかったため、そのまま爆破されてしまいました。通信隊も各分隊ごとに摩文仁方面へ撤退を開始しました。豪雨の中、無線機を背負っての歩行は大変過酷でした。摩文仁に移動する前に、津嘉山から米須へ幾日も急造爆雷の運搬をさせられた生徒たちもいました。爆雷は10 kgと20 kgの2種類があり、毛布で包まれ両肩にかけて運びました。毎日のように雨が降り続いていたため毛布が水を吸ってずっしりと重くなり、運び終えると泥濘と化した壕の通路に倒れるように休憩しました。ひとまず宇江城（現糸満市）の壕へ撤退し、その後、摩文仁へ合流した生徒たちもいました。

　摩文仁に到着したのは6月初めの夜半でした。撤退後は通信任務のほか爆雷の輸送、負傷者の看護、米軍の監視などの任務に従事させられました。摩文仁では第五砲兵司令部の本部は摩文仁岳中腹の岩の割れ目に入りました。暗号班と有線班は部隊本部の壕に入りましたが、無線班だけは、現在の「工業健児の塔」の裏側にあった自然壕に入りました。無線機が電波を発し米軍の攻撃の的になるという理由からでした。

　数日後、炊事場にしていた民家に直撃弾が炸裂し、その家に入っていた大村徳志郎、宮城、上原、渡名喜（3名は名が不明）ら4名が兵隊とともに戦死しました*。頭蓋骨が二つに割れたり、頭がふっ飛んで胴体だけになった生徒もいました。

　米軍は、南部各地の日本軍の拠点をせん滅しながら進撃を続け、6月5日頃には具志頭村（現八重瀬町）付近に進出し、11日頃には八重瀬岳－与座岳－糸満の線にまで進出。16日には与座岳を、18日には八重瀬岳を占拠し、19日には日本軍の組織的抵抗は崩壊しました。米軍がすぐ近くにまで迫って来ると、部隊本部にいた生徒らは監視と護衛のために、平坦地に出されました。砲弾を避けるために木切れや石で偽装が施されましたが、米軍の戦闘機によって発見され機銃掃射を受けました。その際に金城（名は不明）の喉に破片が突き刺さり即死してしまいました。そのため生徒らはまた本部の壕に戻されることになりました。

■解　散

　6月23日、米軍に包囲される中、翌朝いよいよ敵陣への斬り込みを決行すること

*同じころ師範学校男子部の生徒も同じ任務に就いていた。

*死亡者の中に師範生が1名いたようである。

になりましたが、夜半になって「部隊は分散して敵陣を突破して国頭に撤退せよ」との突破命令に変更されました。壕脱出に際し、重傷患者は残されましたが、その中には腹部に砲弾の破片を受けた工業生の志堅原良信もいました。敵中突破に際し、生徒らにも兵隊と同じように2個の手榴弾が配られました。1個は敵に投げつけるもの、あとの1個は自決用だと指示されました。

　生徒たちは兵隊とともにまず摩文仁の海岸に下り、これ以上進めなくなった所で陸に上がりました。陸に上がってしばらく進むと、先導者が地雷を踏んでしまい爆発し、それをきっかけに米軍の機銃掃射が始まり、多くの者が死亡しました。その後生き残った数名は近くの薮の中に潜んでいましたが、翌朝、米軍に発見され捕虜となりました。その際、手榴弾に手をかけようとした照屋（名は不明）が米軍の自動小銃の掃射により蜂の巣にされ戦死してしまいました。

工業鉄血勤皇隊・通信隊足跡図

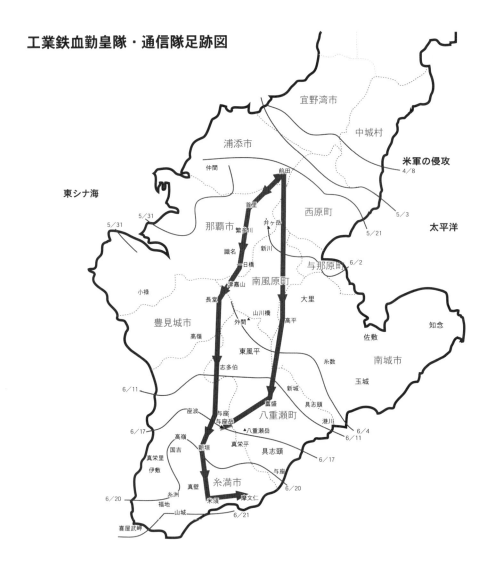

証言

「真昼の砲弾下の伝令」　新垣　安栄

　それからは下の司令部壕に移り、和田中将以下兵隊共々の生活が始まった。そして、4月下旬頃僕に初めて出陣命令が下った。場所は津嘉山の砲座だった。前線部隊と砲座の無線連絡だった。米軍が浦添前田近辺まで来た時の後方からの援護射撃の通信任務だった。着いた3日目頃、重要な電文が入って来た。その電文を300メートル程離れた山の上の砲座まで直ちに届けなければならないものだった。派遣兵は兵隊2人、学生の4人だけだったので、僕にその一番手の命令が下った。

　20分ごとに後続の人が行くようになり、道順と前者が倒れている場合には左の内ポケットから取り出すようにと皆にボタンを開いて電報を入れて見せ、壕を飛び出したのだが、真昼の2時頃だし、空には無数のグラマン*やカーチス戦闘機が低空飛行で機銃掃射をやっている。しかも砲台のある山までは木一つもない正に焼け野原なのである。敵機からは丸見えである。一機が右から左へ飛び去るのを見て走り出した。約150メートルぐらい来た時に、右手からグラマンが近づいて来たのだ。確かに僕を狙って降下してきた。僕はとっさに飛行機に向かって一文字となり耳を押えた。機銃掃射である。（中略）そのままじっと死んだふりをしていると、機はようやく飛び去り無事大任を僕一人で済ませた。

*グラマン：米軍の戦闘機。

（『エ（たくみ）の絆－弾雨下の工業健児』p 82）

「発狂した学友」　池原　盛繁

　戦争の厳しさ、恐怖は16歳の少年達にとっても耐えられなかったかも知れない。連日の空襲、砲撃で精神的に参ってしまったのか、不幸にも隊員の中に発狂者が出てしまった。彼の挙動は金城町の民家で不寝番をしていた頃から普通ではなかった。「怖い夢を見た」とか「家族が死んだ」と口走ったり、食事に人間の肉が入っているという理由で、どんなにすすめてもほとんど口にしなかった。

　ある時は軍服を脱ぎ捨て、学校のユニホームに着替え、また軍服に着替える等の行為を繰り返したりしていた。それからは司令官のところへ行き、敬礼をする等の行動が目立つようになっていた。最初の頃は正気に戻ったりもしていたが、戦況が緊迫するにつれ、手がつけられないほど重症になり、彼の今後が不憫に思われてならなかった。彼はやがて前線部隊へ配属される筈であったが、そんな理由で不可能となり彼の代りに親友の町田君が前線部隊へ配置されて行った。「頑張って、また会おう」とはりきって出て行ったが、戦争中彼を見た者もいないし、またどこで戦死したのか、誰も知らない。

（『エ（たくみ）の絆－弾雨下の工業健児』p 37）

証言

▶「敵戦車への人間爆雷の突撃隊」 新垣 安栄

*人間爆雷：爆雷を抱えたま
ま敵に突っ込む人を指す。

　そして、5月下旬米軍は那覇に進攻し東は与那原まで来た時だった。敵は明日から安里、坂下を上って首里に来るとの作戦から敵戦車を坂下方面で撃破する為に、人間爆雷*の突撃隊が編成された。第一班に又もや体の大きい僕が命令された。某一等兵、鈴木一等兵と稲福君と僕の4名だった。

　急造爆雷を背中に括られ、夜のうちに現場にて蛸壺掘り、朝一番に戦車が来るからそれに突っ込めとの事である。壕の出口にて待機中に色々と考えさせられた。果して訓練通り成功するだろうか、僕が死んだら母は一人っ子の僕だから激しく泣くだろうなーと、その姿が目に浮び、可哀想で涙を堪えるのに精一杯だった。御国の為だ、郷土の為盾となるのだと、自分に言い聞かせていた。そして、戦友達が水杯を交わしに来てくれた。そして、「僕達も後から行くからなー」と頼もしい言葉を掛けてくれて嬉しかった。夜9時、10時になっても出撃命令が出ず延期になった。その翌日も待機したけれど命令は出なかった。敵戦車は来そうにないとの前線歩哨兵の報告があった。いよいよ3日目だ、今日は最後だと思って待機している所へ南部への撤退命令なのである。

（『エ（たくみ）の絆－弾雨下の工業健児』 p 84）

▶「悲壮感漂う中で敵陣突入の命令」 池原 盛繁

　6月23日殆どの隊員は傷つき、相当衰弱していた。壕内では今夜の斬り込みのため「祖国の花と散り、靖国で会おう」と窪中尉の最後の訓示が行われ、全員で「海ゆかば」をうたった。（中略）

　午前0時を回ったところでついに出陣の命令が下された。重傷患者を壕に残したまま、清水見習士官を先頭に、皆一斉に壕を後にした。（中略）

　断崖を下りると、ポンポンと継続的にあがる照明弾の明りで、辺りは真昼のようであった。驚いたことに、海岸は右往左往する人達であふれ、波打ち際の至る所に死体が漂っていた。死体というより台風の後に浜辺に打ち上げられた海草にも似ていた。片脚を負傷していた同郷の山入端君に肩をかしながら、海岸を港川方面へ急いでいると、突然陸上からものすごい機銃掃射を浴び、多数の隊員や兵隊が離散してしまった。はぐれた者を探す余裕すらないまま、岩陰に隠れたり、腹這いになりながら前進した。海の方へ突き出た大岩のところで小休止し、人数を確認したところ残った者は兵隊、隊員合わせて僅か数名になっていた。

（『エ（たくみ）の絆－弾雨下の工業健児』 p 61）

証言

「母国の為に散って祖国を守れ」　新垣　安栄

　そして、6月23日最後の夜「母国の為に散って鬼となって祖国を守れ、三途の川^{さんず}でまた会おう」と窪中尉の訓示があり、壕内は異様に緊張した。そして通信機を粉々に打ち砕いて四方八方に放り投げた。そして、いよいよ敵陣への斬り込みなのである。鉄兜は反射するから被るな、軍靴は音がたつから履くなと、そして、手榴弾2個、内1個は敵に投げ、1個は自決用だった。そして形だけの帯剣。いよいよ出発の時間になると窪中尉、鈴木少尉と学徒の下庫理さんがいなくなっていた。そこで、渡辺軍曹が怒り、「俺についてこい」と飛び出した。(中略)

　軍曹は軍刀を抜き、兵は着剣し、我々は手榴弾を握り、軍曹、兵隊、学徒の順に突っ込めの命令である。我々も立ち上がって走り出した。約30名程度だった。しかし、10メートル程進んだ所で轟音と共に地雷が爆発し、先頭の軍曹や兵隊がふっ飛んだ。すると敵兵は起き出して来て自動小銃の乱射である。辺りが静まるのを待ってゆっくり後退し、藪の中に逃げ込んだ。生き残ったのが7人ほどいた。夜が白々明けてきた。気がつくと米兵が取り囲んで銃を向けている。身動きも出来ない。学友の照屋君が自決しようとしたのか手榴弾を振りかざすと素早く自動小銃の乱射である。体が前後に揺れ動く程蜂の巣である。そして、その後ろにいた兵隊たちも皆殺しである。

（『工（たくみ）の絆－弾雨下の工業健児』p 86）

写真提供：沖縄県公文書館

8. 那覇市立商工学校
（商工鉄血勤皇隊・商工通信隊）

野球選手（23、24期）

学校所在地	那覇市若狭
動員数	鉄血勤皇隊36名　　通信隊63名　　計99名
動員された部隊名	鉄　第六十二師団独立歩兵第二十二大隊（末永中隊） 通　第三十二軍司令部・独立混成第四十四旅団司令部通信隊・ 　　独立混成第十五連隊
配置場所	鉄　第六十二師団独立歩兵第二十二大隊（末永中隊）(那覇市首里) 通　大里国民学校（南城市大里）など
犠牲者数	73名

▌学校の沿革・概要

　那覇市立商工学校（通称：那覇商業）の前身は、1905（明治38）年に、日露戦争勝利の記念事業の一環として、商業都市那覇の商業人の養成機関として創設された那覇区立那覇商業学校で、修業年限は3年でした。

　創立間もない頃は、洋風2階建ての南陽館を改造して教室として使用していたため設備は不十分でしたが、英語と中国語の2カ国語を履修させたり、販売実習・市場調査を行ったり、日本各地や中国大陸への修学旅行を実施するなど、画期的な教育活動を展開していました。

　1922（大正11）年、那覇市立商業学校と改称。予科2年・本科3年制を廃して5年制となりました。1940（昭和15）年には昼間は働き夜間に学ぶ生徒のために、「那覇市立第二商業学校」が創設され、那覇市立商業学校と併置校になりました。その頃の校舎は、木造の1階建てで、コの字型の建物に沿って、大きな木麻黄の木が高く繁っていました。

戦争への道

　戦時体制が教育現場に徐々に浸透していく中で、1940（昭和15）年頃からは、卒業生たちの中から朝鮮や満州、大連、上海などの軍事産業に就職していく者が出てくるようになりました。

　1944（昭和19）年には、文部省通牒「教育ニ関スル戦時非常措置方策」により、那覇市立商業学校と那覇市立第二商業学校が統廃合され、「那覇市立商工学校」に改称。時局を反映して土木科が設置され、商業・土木の2学科を持つ4年制になりました。

　その年、沖縄への守備軍部隊の来島が相次ぎ、いよいよ決戦間近の緊迫感が高まりました。5月ごろからは、米軍との戦闘に備え守備軍による陣地構築が急ピッチで進められ、多くの県民とともに、県下の各中等学校の生徒たちも授業を返上して作業に駆り出されました。商工学校の動員先は、中飛行場や小禄飛行場の設営作業、垣花の高射砲陣地、那覇港の仲仕＊作業などでした。

　その年の10月10日の大空襲で校舎が消失。その後、焼け残った泊小学校や牧志町青年倶楽部などを転々と間借りし授業を再開しましたが、もはや授業らしい授業が行われるような状態ではなく、もっぱら近郊の陣地構築作業などに従事していました。

＊仲仕：荷物をかついで運ぶ作業。

戦時下の動向

■動　員
商工鉄血勤皇隊

　1945（昭和20）年3月31日頃、軍から仲里朝章校長へ「国頭（沖縄本島北部）で鉄血勤皇隊を編成するよう」命令がありました。仲里校長は、その命令を当日召集に応じられる範囲内（首里近郊）の生徒たちに口頭で伝え、1年生、4年生、5年生の16名が首里の校長住宅に集合しました。

　その後、生徒たちは首里市儀保町西森（現那覇市）にあった独立歩兵第二十二大隊末永中隊へ入隊し、中隊指揮班と迫撃砲分隊に8名ずつ配置されました。入隊と同時に生徒たちには陸軍二等兵の階級章が与えられ、軍服や軍装品、九九式小銃などが支給されました。軍服の左胸部には「鉄血勤皇隊」と墨書された白布が縫い付けられていました。

　入隊後、1週間ぐらいは、軍人勅諭の暗唱、急造爆雷・手榴弾の使用法などの訓練を受けていました。その後は、陣地構築のほか弾薬運搬や電話線の補修、大隊本部との伝令などの任務に従事させられました。

　4月中旬、儀保町西森の陣地（墓）で銃眼を開ける作業中に墓の天蓋が落盤し、3、4名の兵隊らと、山城広春が戦死しました。その後、同中隊は西森の稜線で浦添村沢岻（現浦添市）方面から進撃してきた米軍戦車と交戦し、激しい攻防戦を繰り広げました。その時の戦闘で、戦車砲により浦崎直義と瀬嵩政順が数名の兵隊とともに戦死、2名の生徒が負傷しました。

　5月27日、第三十二軍司令部は南部への撤退を開始しました。同日、同中隊も首里を撤退、31日には真壁村（現糸満市）の小波蔵に到着しました。到着後は付近の自

然壕や岩陰に潜んでいましたが、6月17日頃になって、米軍が近くまで迫ってきたため混乱状態に陥りました。2日後の19日、負傷者は小波蔵に残し、残った者は摩文仁に移動しました。命令により、同日の夕刻から20日の未明にかけて敵中突破を敢行しましたが、兵隊とともに多数の生徒が戦死しました。

商工鉄血勤皇隊が配置された首里儀保町の西森

商工通信隊

①第三十二軍司令部暗号班

　1944（昭和19）年11月中旬、第三十二軍司令部から2名の将校がやって来て、2年生46名に対し、通信訓練が開始されました。当初、訓練は学校が置かれている牧志町青年倶楽部や崇元寺などで行われていましたが、1945（昭和20）年3月下旬頃からは、首里城正殿の2階で行われるようになりました。

　同年の3月23日から上陸に向けた米軍の空爆や艦砲射撃が始まりました。25日の新聞紙上に、沖縄連隊区司令部名で「商業学校生は首里市の仲里校長宅へ集合するように」との広告が掲載され、31名の生徒が集まりました。集まった生徒らは仲里校長に引率され、首里城内の第三十二軍司令部暗号班に入隊。入隊と同時に二等兵の階級章と軍服が支給されました。その後は首里城地下の第三十二軍司令部壕で雑務に従事しました。

　5月27日、第三十二軍司令部は南部への撤退を開始、数日後摩文仁に到着しました。

　摩文仁に到着してから暗号班は雑務に従事していましたが、6月20日頃、部隊を解散し、特編中隊が編成されました。生徒も全員特編中隊に編入されました。6月23日頃、特編中隊に「摩文仁を死守せよ」との命令が下り、分隊ごとに摩文仁集落の米軍陣地に斬り込みに出ることになりました。斬り込みの際に米軍の猛攻を受け、ひとりの生徒（兼城昌棋）を除き、ほとんどの者が戦死しました。兼城はその後摩文仁海岸の岩間に潜んでいましたが、4日後米軍に収容されました。

㋐独立混成第四十四旅団司令部（商工学校3・4年生）

　1945（昭和20）年2月下旬、独立混成第四十四旅団より仲里校長に対し、商工学校2年生を同司令部情報部に入隊させるよう要請がありました。しかし、2年生は第三十二軍司令部で通信訓練を受けていたため、通信訓練を受けてない3、4年生を入隊させることになりました。

　3月4日、首里城に集合した約70名*の生徒らは、仲里校長に引率され大里村（現南城市）の第二大里国民学校へ向かい、そこに駐屯していた独立混成第四十四旅団司

*約70名：学徒隊の動きを追うために、この動員数は『沖縄戦における学徒従軍記』から引用した。この数字は正確とは言えないが、正確な動員数が不明なため、巻頭の「全学徒動員数・死亡者数」の動員数は不明とした。

令部に入隊しました。

　入隊と同時に生徒たちには軍服や軍装品、九九式小銃などが支給されました。3月10日の陸軍記念日には陸軍二等兵として記念式典に参列しました。入隊後は、無線班、暗号班、情報班の3班に編成され、毎日午前中は通信の教育や訓練、午後はそのテストが行われました。

　3月26日、通信訓練を終えた生徒たちは、独立混成第四十四旅団の「司令部通信隊」に約40名、同旅団配下の「独立混成第十五連隊通信隊」に約20名、同じく同旅団配下の「第二歩兵隊第三大隊無線班」に約10名が配属されました。

⑦司令部通信隊

　3月23日の空襲で独立混成第四十四旅団司令部が駐屯していた大里国民学校が焼失したため、同司令部は学校前の壕へ移動しました。通信隊も無線・暗号・情報の3班に分かれて移動し、通信任務、陣地構築、立哨勤務などに従事しました。

　4月下旬、第三十二軍司令部は守備軍の主力のひとつである独立混成第四十四旅団の最前線投入を決定。同隊の前線への移動とともに通信隊も識名園（現那覇市）へ移動し、一部は首里の第三十二軍司令部壕へ移動しました。移動後は首里と識名園の連絡や糧秣運搬などに従事しました。

　5月上旬には首里の大名に移動し、同じ月の下旬には「総攻撃」に参加するために前線である浦添村（現浦添市）へ向かいましたが、途中で「中止命令」が出て引き返すことになりました。同月の30日に識名の本部に合流し南部への撤退を開始、その日のうちに具志頭村（現八重瀬町）与座・仲座の壕に到着しました。

　6月14日頃には米軍は八重瀬岳一帯にまで侵入するようになり、6月20日にはついに仲座にまで迫ってきました。一帯は間もなく米軍の集中攻撃を受け死傷者が続出し、生き残った者は全員敵中突破を敢行しましたが、多くの者が戦死しました。

②独立混成第十五連隊通信隊

　3月25日、独立混成第四十四旅団に配属されていた生徒の中から、生徒約20名が玉城村糸数（現南城市）の第十五連隊通信隊同部隊配属を命じられました。生徒たちは中尉の訓示を受けた後、同隊の第一大隊、第二大隊、第三大隊の3つに配置されましたが、その後の様子はわかっていません。

⑦第二歩兵隊第三大隊無線班

　3月26日、独立混成第四十四旅団に配属されていた生徒の中から、約10名が大里村西原（現南城市）にある同隊の第二歩兵隊第三大隊(尾崎大隊)無線班に配置されました。配置後約1カ月間は、同地で発電機回しや発信受信、雑役などに従事させられました。4月下旬頃には、第二歩兵隊第三大隊が前線へ移動したのに伴い首里弁が岳周辺に移動、5月中旬頃からは浦添村（現浦添市）沢岻や宮城、前田などで「砲撃目標を砲兵陣地に知らせる」などの任務に従事していました。浦添戦線は激烈で、その戦闘で部隊の三分の二の兵員が失われ、伝令に行った新垣盛孝と大城喜幸もそのまま帰らぬ人となりました。

具志頭村仲座の108高地

その後、5月に入り、同隊は首里へ退却し、兵力が激減していたため独立歩兵十五大隊と合流しました。その頃、通信機器が通じにくくなっていたため、砲弾が飛び交う中での伝令が多くなりました。

5月27日、第三十二軍の南部撤退に伴い、同隊も真壁村真栄平（現糸満市）に撤退し、山部隊に配属替えになりました。

6月初旬頃、同部隊の配属を解かれ元の部隊に復帰。その後、与座・仲座（現八重瀬町）の108高地に移動し、「同地を死守せよ」との命令を受け、数回にわたって米軍への斬り込みを敢行しました。19日には米軍の馬乗り攻撃*を受け、手投げ弾や爆雷が次々と投げ込まれました。その馬乗り攻撃により、生徒の国吉真一以外は全員が戦死しました。国吉は死体の下敷きになって助かりました。

その後、国吉は本部の壕へ向かいましたが、大隊本部も全滅したのか、誰ひとり残ってはいませんでした。その後数日間、国吉は仲座－摩文仁付近の溝などに潜んでいましたが、気を失った後意識を取り戻したところを米兵に見つかり、捕虜になりました。

*馬乗り攻撃：沖縄戦において米軍が用いた地下陣地攻撃の戦術。

商工鉄血勤皇隊・通信隊足跡図

証 言

▶「14歳の陸軍二等兵」　国吉　真一

　昭和20年3月4日、大里第二国民学校の校庭に整列した那覇市立商業学校3、4年生たちの中に、ひときわ小柄な少年がいた。支給されたばかりの軍服を着ていたが、両腕は指の先まですっぽり隠れ、ズボンはダブダブ。戦闘帽や鉄かぶとも大きすぎて目を覆ってしまうほど。身の丈が150センチそこそこ、14歳の少年が着こなすには軍服はあまりにも大きく、ぎこちないというよりむしろ、こっけいだった。

　「生徒は全員で60人ほどいましたか。私はその中で後ろから2番目くらいの身長。変声さえまだでした。小学生と間違われることもありました。帽子は大、中、小とあり、小を支給されたのですが、それでも頭にかぶると目の前が見えなくなりました」当時、3年生だった国吉真一さん（54）は苦笑いしながら語り始めた。

　「軍隊に入ったことの悲そう感なんて全くなかったですよ。陸軍二等兵の階級章が入った軍服を着てうれしくてしかたがなかったです。こんなに小さな自分でも軍人として認められたんだという喜びでいっぱい。誇りと自信を持って、仲間と敬礼をし合っていました」

　軍服のほか、小銃と銃弾120発、手りゅう弾2個をもらった。隊長の少将から「国難にはせ参ぜよ」との訓辞を受け、胸を張ったという。

　　　　（琉球新報 1984.11.14 ～ 1985.4.18 「戦禍を掘る－第2部・学徒動員9」）

▶「軍隊のメシを食った以上は初年兵と同様に扱う」　国吉　真一

　仲里朝章校長らに引率され、大里第二国民学校に置かれた独立混成第四十四旅団司令部（通称・球一八八〇〇隊）にやって来た国吉さんたちは、隊長・鈴木繁二少将の訓示を受けたあと、情報部に入隊。無線班、暗号班、情報班の3つに配属された。

　翌5日から通信兵としての教育が始まり、無線班の国吉さんも必死になって訓練に臨んだ。十代半ばの学生たちは覚えが速く、「貴様らは優秀である。普通の初年兵が半年かかるものを1、2週間でたたき込んでやる」と教官の厳しい声が飛んだ。

　「加瀬見習士官、真山軍曹、それに古堅上等兵、教官は主にこの3人でした。毎日試験、試験で食事を取るひまもないほどでしたが、覚悟はできていたし、つらいとは思わなかったです」（中略）「貴様らは軍隊のメシを食った以上は初年兵と同様に扱う。甘えは許さんぞ」国吉さんたちは通信兵としての教育を徹底され、わずか半月後には送・受信ができるようになっていた。

　　　　（琉球新報 1984.11.14 ～ 1985.4.18 「戦禍を掘る－第2部・学徒動員9・10」）

証言

▌「攻防戦の中で親友を失う」　国吉　真一

　（前略）砲弾の飛び交う中で通信教育は一応終わり、（4月）26日、生徒たちは独立混成第四十四旅団通信班、同旅団管下の第二歩兵隊無線班、独立混成第十五連隊通信班の3つにそれぞれ配属され、正式に入隊した。国吉さんは大里村西原在の四十四旅団第二歩兵隊（通称・球七〇七一隊）へ。同級生2人とともに、その中の第三大隊（隊長・尾崎大尉）無線班に入れられた。班長は稲垣軍曹。10人の班員は発電機の操作や発信、受信に当たる一方、雑役などに従事する日が続いた。（中略）

　「無線班の任務は戦闘状況を探ること。常に敵の強力な戦車群と背中合わせで活動しなければなりませんでした。そこからさらに前田高地まで前進しましたが、敵の攻撃のすさまじさに圧倒されるばかり。3日間ほどしかいなかったと思います」（中略）

　斬り込みを続ける第二歩兵隊は、3分の2以上の200人近くが戦死。いくつかの部隊に配属されて戦っていた商業学校の通信兵たちもこのころ、数多くの犠牲者が出ている。一連の攻防戦で、無線班にいた国吉さんの親友2人が帰らぬ人となった。新垣盛孝君と大城喜幸君である。

　「4月の末ごろでしたかねえ。大隊本部の命を受けて伝令に奔走していましたが、相次いで出ていった2人がそのまま戻ってきませんでした。盛孝君は純心で、グラマンが低空してくると銃を構え、狙い打ちしておもしろがっていました。喜幸君は怖さ知らずで伝令に出る時なんか"絶対に死なんよ"と言ってたのに…」

　　　　　　（琉球新報 1984.11.14 〜 1985.4.18「戦禍を掘る－第2部・学徒動員 10」）

▌「南部撤退後、壕を転々と…」　国吉　真一

　昭和20年5月下旬、首里の司令部は南部へ撤退を始めた。国吉さんの属する尾崎大隊も首里から識名、さらに八重瀬岳東方の具志頭まで退いた。そこに陣地をしいたが、残存する兵たちはいくつかの壕に分散。国吉さんたち稲垣無線班も米軍の馬乗り攻撃に逃げ惑いながら数度、壕を転々とした。

　「やっと落ち着いたのは一〇八高地と呼んでいた丘の斜面の自然洞窟でした。無線班で生き残っていたのは稲垣軍曹、山田兵長、石丸上等兵、呉屋上等兵、関一等兵。私を入れて6人だけでした」

　米軍の攻撃はとどまることを知らない。容赦ない攻撃で全滅していく壕が相次いでいった。国吉さんのいた洞窟は入り口から急傾斜になっており、はしごをつたって下りると30メートルほどの奥行きがあったため、次々と逃げまよう兵隊たちが入り込んできたという。

　「ざっと50人くらい。壕の中でひしめき合っていましたね。年齢が若いせいか、いつも上級兵に食糧集めを命じられ、農家で焼死している豚の肉を切り取ってきてはほめられていました。命がけだったはずなんですが、ほめられたい一心でしたからねえ」

　今にして思うと、「おだてられ、利用されていたに過ぎないのに…」と国吉さん。そ

証 言

んな国吉さんの度胸も次第に発揮できない状態となってきていた。いよいよ国吉さんのいる壕にも火の手が近づいていたのである。

　　　　（琉球新報 1984.11.14 ～ 1985.4.18「戦禍を掘る－第2部・学徒動員 11」）

「悪夢の馬乗り攻撃」　　国吉　真一

　悪夢の馬乗り攻撃は、昭和20年6月19日に起こった。(中略) 国吉さんたちのいた具志頭村仲座地区の洞くつもその日早朝、米軍の近づく気配が感じられた。壕内に「気をつけろ！」という押し殺した声が響く。入り口近くにいた2、3人の日本兵が5メートルほどの高さにある入り口を目指して銃を構える。薄暗い中でみんなは息を殺し、光が差し込む上部の一点だけを見つめていた。

　何分ほどたっただろうか。突然、入り口からのぞき込む米兵の姿が視野に入った。それっ、とばかりに日本兵が発砲。その後、米兵の「オーケイ」という大声が聞こえるやいなや、手投げ弾のようなものが次々と壕内に飛び込んできた。

　「それはそれは、何ともすさまじいものでしたよ。発砲した日本兵は吹っ飛んで全員即死。こちらが対応を考える間も与えず、ひっきりなしの攻撃でした。最後にどでかい爆薬を投げ込まれた時は、壕の奥深くまで響くような、ものすごい震動がおこりました」

　なすすべを知らず「縮み上がっていた」という国吉さん。当時15歳、150センチそこそこだっただけに、爆風でやられる日本兵にあっという間に押しつぶされていった。

　「爆風が次々と襲ってくるのでじっとしていると、前から後ろからやられた兵隊にのしかかられましてねえ。5、6人の下敷きになって、横を向いたまま身動きが取れなくなりました。既に息のない兵隊たちから血がドクドクと流れてきて、それが私の顔を覆い、口の中まで入り込んできました」

　　　　（琉球新報 1984.11.14 ～ 1985.4.18「戦禍を掘る－第2部・学徒動員 12」）

9. 開南中学校
（開南鉄血勤皇隊・開南通信隊）

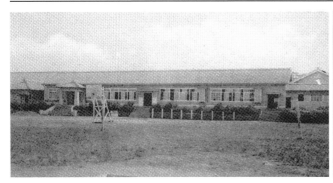

学校所在地	那覇市樋川
動員数	68名
動員された部隊名	鉄　第六十二師団独立歩兵第二十三大隊 通　第二十四師団司令部・機関砲第百五大隊
配置場所	鉄　浦添－宜野湾前線の各部隊 通　大城森の第二十四師団司令部壕（糸満市）
犠牲者数	66名

学校の沿革・概要

　開南中学校は、戦前の沖縄県で唯一の旧制私立中学校で、1936（昭和11）年、真和志村樋川原（現那覇市樋川）に創設されました。「進学率が全国最下位である沖縄県の中等学校教育を振興することと、海外に移住した県出身子弟の教育機関を確保すること」が創設の目的でした。創設者は志喜屋孝信氏（戦後初の琉球政府知事）と中谷善英氏で、両氏は私財を投じて学校用地を購入し校舎を建築しました。沖縄戦により創設からわずか9年という短い歳月で廃校になりましたが、「開南」（現那覇市）という地名だけが現在もそのなごりを留めています。

戦争への道

　開南中学校には多くの海外移民の子弟たちが学んでいましたが、1941（昭和16）年12月に太平洋戦争が勃発すると、そのほとんどが自国に帰って行きました。1942（昭和17）年頃には、東風平・具志頭を通って与那原まで行く行軍訓練も行われるようになりました。
　1944（昭和19）年に入ると、米軍との戦闘に備え、沖縄では守備軍による陣地構築が急ピッチで進められ、多くの県民が陣地構築作業に動員されました。開南中学校の

　動員先は、読谷の北飛行場、那覇桟橋の荷役作業や小禄飛行場の整備作業、識名の砲兵陣地、垣花や天久の高射砲陣地などでした。

　その年の10月10日の大空襲後は、焼け残った校舎を沖縄陸軍病院が使用するようになったため、学校本部は真和志村識名（現那覇市）の教頭住宅に移転し、生徒たちはそこを拠点に陣地構築作業に動員されるようになりました。

　沖縄戦が始まると、2年生は通信隊要員に、4・5年生は鉄血勤皇隊員として第六十二師団独立歩兵第二十三大隊へ入隊することになっていました。

戦時下の動向

■動　員
開南鉄血勤皇隊

　1945（昭和20）年の初め頃から、開南中学校の校舎は石部隊の初年兵訓練所として使用されるようになり、4・5年生の一部も一緒に戦闘訓練を受けるようになりました。2月中旬頃から、4・5年生は西原製糖工場での泊まり込みの突貫作業や城岳の防空壕掘り、波之上・真玉橋間の電話線架設工事などに従事させられました。2年生は通信隊要員として訓練を受けていて別行動をとっていました。

　4・5年生の中には、3月1日の現地部隊への入隊を控えている者が数10名おり、軍の上級学校への進学のために本土へ渡って行った者や疎開をしていた者なども数10名おり、常時出校していた者は24、5名程度にすぎませんでした。

　3月27日、4・5年生は第六十二師団独立歩兵第二十三大隊へ入隊することになっていましたが、入隊前に家族と面会することが許されました。3月25日前後、生徒たちは入隊のために教頭住宅へ集合しましたが、教頭から「空襲下で学校としてまとまって入隊するのは難しいので、各自で入隊するように」との指示を受け、各自で部隊に向かうことになりました。

　入隊先の部隊は県立血清研究所（女師・一高女東側）に駐屯していて、沖縄戦では激戦地となった宜野湾−浦添戦線に配置され多くの犠牲者を出した部隊でした。入隊した開南中学生が全員戦死しているため、同部隊に何名が入隊したのか、また入隊後の様子はどうだったのかは一切不明です。動員予定だった4・5年生24、5名のうちの何名かは、空襲のため戻ることができず、最寄りの部隊に入隊したり、家族と行動したりした者もいたようです。

開南通信隊

　1945（昭和20）年1月、第二十四師団の将校3名と軍曹3名が訪れ、開南中学校の2年生及び3年生に対し通信隊要員の適性検査を行いました。約200名の中から48名の生徒が合格し、さっそくその日から通信訓練が始まりました。訓練の場所は真和志村識名（現那覇市）の馬場で、生徒は机やイスを学校から持って行って訓練を受けました。生徒は暗号、有線、無線の3つの班に10名ぐらいずつ分けられ、電信機の取り扱い方や電話機の分解組み立て、保線*、モールス信号などの訓練を受けました。
①第二十四師団司令部（無線班に配属された金城一雄らの場合）
　3月9日、有線班から2名、暗号班から5名、無線班から5名の計12名の生徒が、

*保線：部隊間の連絡は有線（電話）や無線（無線機）などで行われたが、爆撃によって電話線はしばしば切断された。その線をつなぐ修理のことを保線と呼んだ。

第1回目の部隊配属員として、高嶺村の大城森（現糸満市）に駐屯していた第二十四師団司令部へ配属されました。同日、さっそく入隊式が行われましたが、軍服の支給もなく、学生服のまま野外訓練や情報伝達方法などの実習が行われました。

　3月22日、「2、3日うちに役所を通じて召集令状が交付される。最後の別れをするため家族と面会して来るように」という命令を受け、生徒たちは家族のもとへ帰されました。帰宅の際には「家族には部隊の状況を一切もらしてはならない。帰隊しない場合は憲兵の捜索がある」と釘を刺されました。空襲が激しくなったため配達が容易でなかったのか召集令状は届きませんでしたが、生徒らは再び部隊に帰って行きました。中には、家族と共に疎開していた中部方面で「開南生へ告ぐ」という入隊通知の張り紙を見て、入隊しにやって来た生徒もいました。一方で帰宅したまま部隊には戻らず、家族と行動をともにした生徒もいました。

　その後約1カ月の間、生徒らは同地で訓練を受けた後、浦添村（現浦添市）前田付近の戦闘が激しくなってきた5月中旬、部隊と共に首里へ移動しました。首里に移動後、生徒らは各分隊や小隊に配置されました。

　金城一雄ら6名の開南中学生が配置された無線小隊の任務は、首里久場川や石嶺辺りの戦闘状況を連隊本部に送信することでした。その頃、金城らが連隊本部へ報告に来ていた時に、同本部に配属されていた宮城（名は不明）が砲弾を受け戦死しました。爆風で体がつぶされ、砲弾の破片が体に食い込んでいました。その後砲爆撃は一段と激しさを増し、道や土手が一夜にしてなくなり畑が沼地に変わるなど、周囲の地形が毎日変わるようになりました。

　前田方面の劣勢がはっきりした5月下旬頃、無線小隊は以前駐屯していた高嶺村の大城森に撤退することになりました。同地に到着して2、3日後には真栄里集落西側に布陣していた大隊に配置替えになり、それから数週間後、今度は国吉集落西側に布陣していた大隊へ配置替えになりました。

　国吉へ配置替えになって間もなく、米軍の戦車隊が目前まで迫ってきました。その晩全員に米軍野営陣地への斬り込みが命じられましたが、多くの犠牲者が出ただけで何の戦果もなく失敗に終りました。その翌日は米軍による火炎放射器の猛攻が続き、多くの者が黒こげになってしまいました。その後生き残った者は連隊本部の壕へ退去しましたが、すぐに米軍の馬乗り攻撃が始まり、爆雷攻撃により出入り口が閉じられ生き埋め状態になってしまいました。その1週間後には壕口が開けられましたが、食糧難のため真栄里に移動することになりました。金城らが米軍に収容されたのは、8月29日で、収容の際には米軍と降伏調印も行われました。

　一方、金城らとは別の連隊本部には5名の開南生が配属されていましたが、全員戦死してしまいました。そのうちの一人は国吉集落へ移動して来た時には、「家族が来ている。友達が来ている」とつぶやきながら弾雨の中を外に出ようとするなど、精神に異常をきたしてしまっていたようです。

②第二十四師団司令部以外の部隊（賀数朝定の場合）

　第二十四師団司令部へ入隊予定だった生徒の中には、家族との面会を終え戻って来たものの、部隊が移動していたため最寄りの部隊へ入隊した者もいました。

　家族との面会を終え戻って来た賀数朝定は、3月25日に部隊に向かったものの同行していた学友が艦砲の破片で負傷してしまったため、その付き添いで首里に戻らなければならなくなりました。学友を家族に引き渡し、4月3日頃再び部隊のある高嶺村

へ向かいましたが、部隊はすでに移動した後でした。部隊が首里石嶺のアカモー（赤土の丘）に移動したのを知り同地へ向かいましたが、部隊を捜し出すことができませんでした。同地で機関砲第百五大隊の中尉から「どこで働いても同じだから自分の部隊へ入るように」勧められ同隊へ入隊することにしました。入隊後は軍服が支給され、西原村翁長〜首里〜南風原村新川間の保線の任務に従事させられました。

　5月25日、同部隊は真和志村古島（現那覇市）に転進し米軍と戦闘を行いましたが、その戦闘で部隊の半数を失ってしまいました。その後は首里城南側の自然洞窟に移動し、6月1日の夜には南部へ向かって撤退を開始しました。2日には具志頭村与座（現八重瀬町）に到着しましたが、翌日の3日には「対戦車戦闘のため真栄平の線で配備につけ」との命令を受け同地へ移動しました。

　真栄平へ移動した直後は、米軍の攻撃はほとんどありませんでした。6月8日頃、住民に肉類を配りながら「同地から南部へ撤退するよう」説得している中尉ら3名がいました。独立旅団の者と名乗っていましたが、新品の軍服を着ている上にカービン銃を持っていたためスパイだと分かり、殺されてしまいました。南方方面で捕虜になった元日本兵だったようです。

　9日頃から昼夜の別なく猛攻が続き、13日に同隊の隊長が戦死、16日には大砲も破壊され大隊の生存者も14、5名になってしまいました。その後部隊は真壁の岩陰に移動しましたが、18日には戦車が殺到したため支離滅裂状態になりました。賀数はその後摩文仁方面へ向かい、24日頃同地の海岸で捕虜となりました。

開南鉄血勤皇隊・通信隊足跡図

証　言

▶「武器といえば手榴弾と槍だけ」　金城　一雄

　開南中学は山部隊に入隊するとの話があったので、与座岳にある二十四師団の本部に向かった。そこで3人の開南中学生と合流、配属先は歩兵三二連隊（山三四七五）と聞かされる。夕方、訓練の教官だった今井上等兵に連れられて大城森にある連隊本部壕に向かった。連隊長の前で直立不動の姿勢で報告した時、何かしら一人前になったような気がした。軍服が支給され、装備が手渡された。銃弾は支給されたが銃はなかった。代わりに槍が支給された。棒の先にとがった鉄がついた槍は、160センチの金城さんより10センチほど長かった。「これで戦ができるのかな」と感じたが、戦死者が出れば銃は手にできるとも思った。その日から槍の先に油をつけて磨くのが、金城少年の楽しみの一つにもなった。

（琉球新報 1984.11.14 〜 1985.4.18「戦禍を掘る−第2部・学徒動員53」）

▶「弾に当たって死ねば楽になれる」　金城　一雄

　金城さんらの分隊は、首里の大名、石嶺付近や前田などを一カ月間、転々と移動する。周囲の地形は毎日変わっていった。一夜のうちに道がなくなり土手が消えた。畑もいつしか沼地のようになっている。移動、移動の連続に金城さんはすっかり疲れていた。「弾に当たって死ねば楽になれる」と思った。そう思うと砲弾の音に伏せるのが面倒くさくなり、そのまま歩いた。その時、分隊長が「貴様っ、そんなに死にたいんだったら、おれが殺してやる」と怒鳴り、慌てて泥の中に身を沈めた。

（琉球新報 1984.11.14 〜 1985.4.18「戦禍を掘る−第2部・学徒動員55」）

▶「頭がおかしくなった学徒」　金城　一雄

　（前略）金城さんは分隊配置だったため、中隊本部にいた5人の行動を詳しくは知らない。戦死のもようを知っているのも〝第一号〟の宮城という先輩だけだ。「他の4人は神里という先輩と同級生の神田、稲嶺清二郎。どうしてももう一人は思い出せない。一期先輩だったと思うが…」。4人との最期は真栄里の大隊から国吉の大隊に向かう時だった。一人は頭がおかしくなっていた。「家族が来ている」「友だちが来ている」と昼間から壕を出ようとしていたから副官の准尉が付きっきりだった。他の3人は元気だった。

　次に中隊本部壕に行ったのは連隊本部が降状する前だった。中隊本部の壕は、岩が真っ黒くなっている。火炎放射器を浴びたのは一目りょう然だ。声をかけても返事がないから壕内に入ることもなかった。通信中隊から生き残りがないことは捕虜収容所で聞かされた。

（琉球新報 1984.11.14 〜 1985.4.18「戦禍を掘る−第2部・学徒動員59」）

証言

◤「息絶えぬ間に埋葬」　金城　一雄

　金城一雄さんが丹野班長を見つけたのは壕の真上付近だ。岩と岩の間にあお向けになっている。鉄かぶとが吹っ飛び、頭の半分がなくなっている。脳は露出していたが、不思議なことにまだ生きていた。呼吸はしていたが、呼び掛けても返事はない。

　「これは助からない」と言ったのは軍医准尉だった。黙って丹野班長の腕を取って注射をうった。一本目、同じような調子で呼吸している。そして二本目がうたれたが死ぬ気配などなかった。

　「もう見込みがないんだからそのまま埋めろ」。殺すことをあきらめた軍医は金城さんら無線中隊の数人に命じた。崖下の畑のそばに埋めた。大きな体格の人だったから長くは掘ったが、土が固かったから深く掘ることはできなかった。金城さんは連隊本部に引き揚げる途中、「わかもと」のビンに、ぎっしり詰まったたばこを拾ったので、たばこ好きの丹野班長への線香代わりとした。一本火をつけ供えると盛り上がった土が呼吸に合わせて上下するように感じた。

（琉球新報 1984.11.14 ～ 1985.4.18「戦禍を掘る－第2部・学徒動員59」）

◤「首里での保線任務」　賀数　朝定

　首里の石嶺では、空襲、艦砲が激しく各部隊とも壕内に待機しているので、壕廻りを続け司令部を探したが、簡単に探すことが出来ず、同地の球一二五二六部隊（機関砲第一〇五大隊）第二中隊（木戸口中隊）の壕入口で歩哨から誰何*され、学徒隊員で部隊を探している旨告げたら、木戸口中尉が出て、斯ういう状況下で無闇に行動すると危いから、何処で働いても同じだから自分の部隊に入るよういわれ同部隊に転入した。

　同部隊で初めて軍服、軍靴、鉄帽一切が支給された。同部隊では賀数が有線教育をうけていたことを知り、保線の任務に当らしめた。保線は中隊司令部から小隊間で、小隊の配置は南風原の新川、首里の虎頭山・西原の翁長高地にあった。保線の傍ら陣地構築にも当った。

　5月中旬から砲弾による断線が激しくなり保線が不能となり、機関砲は地上戦闘の対戦車に利用するようになった。5月25日部隊は首里石嶺から真和志村古島に転進して同地の墓穴内に機関砲四門を据付け、天久方面から進攻する米軍戦車を攻撃したが、5月27日米軍偵察機に発見され、空爆と戦車砲により墓穴入口が破壊され戦死傷者も続出して、中隊本部24名位のうち生存者は負傷者を合わせて約半数であった。

（『沖縄戦における学徒従軍記』p 59）

*誰何：「誰か」と声をかけて名前をといただすこと。

10. 沖縄県立宮古中学校
（宮古中鉄血勤皇隊）

学校所在地	宮古島市平良西里（現沖縄県立宮古高等学校）
動員数	不　明
動員された部隊名	第二十八師団通信隊
配置場所	城辺村更竹（現宮古島市）。離島出身者は各離島に配置。
犠牲者数	不　明

学校の沿革・概要

　沖縄県立宮古中学校（通称：宮古中）は、1928（昭和3）年4月、沖縄県立第二中学校の宮古分校として、宮古支庁内の仮校舎に開校しました。翌年4月には県立宮古中学校として独立し、定員も100人から250人に増員しました。戦時中は、校舎を城辺村更竹に移転、戦後は学制改革により廃校となりました。学校跡地は現在の宮古高等学校に引き継がれています。

戦争への道

　宮古島に本格的な戦争の足音が聞こえるようになったのは、1943（昭和18）年8月に、特設警備隊という二個中隊の郷土部隊が編成されたころからでした。同じころ海軍の設営隊も宮古入りし、海軍飛行場の建設が始まりました。

　1944（昭和19）年3月沖縄守備軍が編成されると、宮古島の臨戦態勢もいよいよ本格化しました。同年5月には第二〇五飛行場大隊、要塞建設勤第八中隊が宮古入りし、陸軍中飛行場（下地村字野原・現宮古島市）や陸軍西飛行場（同村字与那覇）の建設が始まりました。6月には独立混成第四十五旅団（8月には八重山へ移動）が、7月には二十八師団が宮古入りし、県立宮古高等女学校に戦闘司令所を開設しました。8月から9月にかけては独立混成第五十九旅団と独立混成第六十団も宮古入りし、宮古にはおよそ3万にのぼる将兵が駐屯することになりました。

　学校などの公共施設や大きな家屋などは軍に接収され、また18世紀以来の美林を誇った大野山林の松の大木は陣地構築用材のため次々と伐採されていきました。

　1943（昭和18）年の夏頃から、中等学校生はもとより国民学校の児童までもが飛行場建設や陣地構築に駆り出されるようになりました。宮古中学校の生徒たちは、1943（昭和18）年には海軍飛行場建設へ、1944（昭和19）年4月頃からからは陸軍の中飛行場、西飛行場の建設へ動員されました。中飛行場では、穴掘りの作業中に土砂が

崩れ落ち、4名の生徒が生き埋めになったこともありました。幸い命に別状はありませんでしたが、生徒のひとりはその後遺症で長い間学校を休まなければならなくなりました。

　9月の中旬には、校舎が海軍警備隊の兵舎に接収されたため、生徒たちは学校裏の民家（富名腰集落）を借りて勉強しなければならなくなりました。机と腰掛けは学校から運んだものの、授業はほとんど行われなくなり、毎日のように飛行場の滑走路づくりやえんたい壕*づくりに動員されました。作業のために日曜日も隔週しか休めなくなり13日間ぶっ続けで作業するという状態になりました。飛行場建設の作業が終わると、ニャーツ（現宮古島市）の海軍輸送部隊の防空壕掘りにも動員されました。

　作業に出た生徒には賃金の代わりに一人当たり米一合、押し麦一合が支給されました。それらの食糧は非常食用として学校が保管し、後で配給することになっていました。しかし、卒業間近になっても学校側が支給しなかったため、生徒らの不満が高まり、ストライキ問題にまで発展しました。

　その頃、学校には警備隊のようなものがつくられ、警戒警報が発令されると、一部は学校の警備につき、他の生徒は警察に合流して行動することになっていました。登校前に警報が出ると、そのまま警察署へ直行することもありました。また生徒10名による御真影の警備隊もつくられました。御真影はふだんは校長先生の間借り先に置かれていましたが、空襲警報が出ると、生徒たちは飛んで行って校長から御真影を受け取り、防空壕に奉安して警護につきました。

*えんたい壕：射撃を容易にするとともに敵弾から射手を守るための壕。

戦時下の動向

■動員

　1945（昭和20）年2月頃、第二十八師団本部が宮古高等女学校から野原岳の戦闘司令所に移ったため、師団通信隊もそのふもとの更竹に移動しました。その際、宮古中学校の1年生から3年生までの生徒が、鉄血勤皇隊員として同通信隊に編成されることになりました。

　更竹での生徒の宿舎は学校の校舎を解体して作ることになり、3月2日晩、生徒らは約8kmも離れた更竹まで、解体した木材などを運ばされました。城辺街道では空襲にも遭いましたが、けが人もなく全員無事に到着することができました。

　その後、生徒らは無線班と有線班の二つに分けられ、毎日壕掘りや電話線を引いての通信訓練、モールス信号・手旗信号の訓練などを受けました。二等兵ということでしたが、軍服や軍靴も支給されませんでした。生徒たちの大半は自宅から通勤していましたが、中には出身地別に民家を借りて下宿住まいをしたり、更竹の壕に泊り込んだりする者もいました。戦争が激しくなって実家からの送金が途絶えた生徒の中には、家畜の餌の草刈りをして下宿代をまかなう者も出てきました。

　訓練が続くある日、午後4時になっても昼食の知らせがないので、生徒たちが許可を受けずに食事を始めたことがありました。すぐに上官に「誰が食事をするように命じたか」と見とがめられ、その後生徒同士で互いにビンタの張り合いをさせる制裁を受けました。

　3月4日、正門横の庭で卒業式が行われました。繰り上げ卒業のため、5年生と4

年生の合同の卒業式となりました。5年生の卒業生110名のうち進学、予科練、兵役、疎開などのため、この日卒業証書を自分で手にしたのはわずか20名足らずでした。卒業した4、5年生は、その後宮古測候所などの軍の各部署に動員されて行きました。

動員後の1年～3年の生徒の様子は、記録が詳しく書き残されてないためはっきりしたことはわかっていません。**8月末頃**までは、軍と行動をともにさせられ、その後家に帰されたようです。軍の各部署に動員された4・5年生らは、6月下旬には突然、更竹の防衛隊に召集され、戦車壕掘りや手榴弾投げの訓練をさせられました。手榴弾投げの訓練とは、タコ壺壕から10kgぐらいの爆薬を抱えて飛び出し、敵戦車に投げ込むという訓練でした。しかし、米軍の上陸がなかったので、実戦することもなく1ヶ月後には再び元の勤務場所に帰されました。

米軍が上陸しなかった宮古では、生徒たちは壕掘りや訓練に明け暮れる毎日で、地上戦を経験せずに終戦を迎えました。

証 言

「ザラツキ（更竹）の通信隊での訓練」　垣花　義夫

翌（昭和）19年には鉄血勤皇隊に編成され、ザラツキの通信隊に配置されました。二年生だけで百人近くはいたように思います。教科の勉強はなく、無線と有線の二班に分けられて、歩兵操典_{ほへいそうてん}*や戦陣訓_{せんじんくん}なんかを教えられました。通信といってもかたちばかりで、有線の方は送話器をかつぎ直接線をひいてやりました。至って近距離で連絡できるかどうかの訓練。無線はモールスと手旗信号をやりました。指導には宮中の教官もあたったが、教官も軍の指揮下に入っていたように思います。兵隊と一緒に通信隊の兵舎に住みこんでいました。（中略）

起床は兵隊と一緒で、起床ラッパで起こされました。生徒は、島尻勝太郎先生など宮中の教官によって整列させられ、そのあとで部隊に連絡をとる。そこへ指揮官がやってきてその日の日程を説明する。ほとんど作業と通信訓練。無線組は午前中モールス訓練をうけると、午後はザラツキ周辺から、西城校の西側近くまで防空壕掘り。四人で一つぐらいずつタコツボ壕を掘ったと思います。

（『沖縄縣史第10巻沖縄戦記録2』p 345）

*歩兵操典：歩兵の基本教練、歩兵小隊、中隊の基本動作などを標準化した上で解説したもの。

122

証 言

▶「兵役拒否は斬っても良い事になっている」 池間 俊夫

　昭和20年4月。上級生は学徒動員を受けて学校からいなくなり、3年生の私たちが最上級生となりましたが、間もなく私たちにも学徒勤労隊として動員令が来ました。クラスを半分に分け、半数の者は陸軍歩兵二等兵として入隊し、残り半数は飛行場作業に動員されました。私は台中軍司令部の高射砲陣地に配置されましたが、しばらくすると、全員が飛行場作業にまわされました。

　初めのうちは空襲があっても、午前中は整地作業をする事が出来たのですが、そのうち、作業開始後、30分もたたないうち、空襲を受ける様になりました。逃げられるだけ滑走路から逃げて2キロぐらい走り続けた頃、さっきまで作業をしていた場所に爆弾が落ちるのです。もう、日中は作業が出来なくなり、夕方、空襲が止んでから作業を始める事になったのですが、過労と栄養失調からクラス50名のうち、30名がマラリア*に患り、親もとへ帰されました。(中略)

　20年8月1日。入隊のための召集令状が来ました。15歳の時です。マラリアの熱はまだ続き、やせ細って歩行にも目まいがする状態です。8月1日に入隊しませんでした。10日後、保里の憲兵隊から出頭命令が来ました。父に支えられるようにして憲兵隊まで行きました。兵役拒否だとどなりつけるので、高熱で動けない状態にあった事を説明すると、這ってでも入隊すべきだと云うのです。兵役拒否は斬っても良い事になっていると、日本刀を抜き二人庭先きに並べと云うのです。ソ連が昨日参戦し、日本人は天皇のため戦って死ぬべきだのに何事かと言うのです。ピカピカ光る日本刀を目の前につきつけられ、ほんとに殺されると思ったが、「高い熱があるのに、入隊したら、隊で病気を悪くするだけで、隊に面倒をかける事になるではないか」と反問したのです。にらみつけていた憲兵が刀をおさめました。改めて召集令状を出す。その時は絶対に行けといわれ、2時間ばかり、父と二人でさんざんにしぼられ、おどされました。それから2日後、8月20日に入隊せよと改めて召集令状が来ました。だが、8月15日には敗戦、弱った体で入隊せずにすみました。

（『沖縄縣史第10巻沖縄戦記録2』 p 353）

*マラリア：ハマダラカの媒介するマラリア原虫の血球内寄生による伝染病。沖縄戦中、とくに八重山群島においてマラリアの発生する地域へ強制疎開させられ、罹患し多くの死者が出た。八重山では戦争による死亡者より多い。

11. 沖縄県立八重山農学校
12. 沖縄県立八重山中学校
（八重農鉄血勤皇隊・八重山中鉄血勤皇隊）

学校所在地	農学校　石垣市大川 中学校　石垣市新川
動員数	不　明
動員された部隊名	独立混成第四十五旅団司令部
配置場所	八重山農学校・八重山中学校・於茂登岳山中（現石垣市）
犠牲者数	2名

学校の沿革・概要

　沖縄県立八重山農学校（通称：八重農）は、沖縄本島にあった水産・商業学校と同じ実業学校のひとつで、県立第一中学校などと同じような中等教育機関のひとつでもありました。当初、中等教育機関のなかった八重山では、1929（昭和4）年ごろから学校設立の運動が展開され、1937（昭和12）年になってようやく開校されることになりました。学校敷地は現在の八重山農林高等学校、生徒は男子55人、女子32人で、沖縄中等教育界初の男女共学でした。

　当初は2年制の乙種農学校でしたが、1943（昭和18）年に3年制の甲種農学校に改正されました。

　沖縄県立八重山中学校（通称：八重山中）は、県立第一中学校と同じような中等教育機関で、1942（昭和17）年に開校しました。校舎が落成したのは、翌年の1943年で、それまでは八重山支庁養蚕室や裁判所などの建物を借りて授業を行っていました。

　八重山における中学校、高等女学校の設立運動は1941（昭和16）年に起こりましたが、その背景には「進学のため沖縄本島や台湾などへ流出する学資が巨額に上っていたこと」や「昭和15年から出張試験制度が廃止され島外へ出て受験しなければならず、その負担が大きくなったこと」などの理由がありました。開校の1年前に中学

校と高等女学校の誘致運動が新川（現石垣市）と登野城（現石垣市）の両地区で展開
されたため、中学校は新川に、高女は登野城に設置されることになりました。
　戦後の学制改革で廃校となり、敷地・校舎は新制の石垣中学校に引き継がれました。

戦争への道

　八重山に本格的な戦争の足音が聞こえるようになったのは、1943（昭和18）年12
月に、平喜名飛行場（海軍北飛行場、現石垣市大浜国際農林産業センター）に観音寺
部隊が配備されたころからでした。それまで八重山には西表島の船浮要塞に小規模
な兵備があるだけでした。観音寺部隊の主な任務は、南方から日本本土に資源を輸送
する船団を護衛することや敵の潜水艦を攻撃することなどでした。
　1944（昭和19）年2月には平得飛行場（海軍南飛行場、現石垣空港）も着工され、
3月に沖縄守備軍が編成されると、八重山の臨戦態勢もいよいよ本格化しました。同
年8月には宮古島から独立混成第四十五旅団が移駐してきました。その後第四十五旅
団配下の各大隊が続々と来島し、八重山にはおよそ8千にのぼる将兵が駐屯すること
になりました。学校などの公共施設や大きな家屋などが軍に次々と接収され、八重山
農学校がその年の8月旅団本部に接収され、年末には八重山中学校も接収されました。
そのため学校は付近の民家を借りて、教室を確保しなければならなくなりました。
　大部隊の移駐で深刻となったのは食糧問題でした。陣地構築への動員で食糧増産が
進まない上に、空襲のため沖縄本島や台湾からの食糧の供給が途絶えたため、石垣島
の食糧事情は悪化の一途をたどりました。軍は島民に食糧供出を幾度となく強要し、
時には強奪し、挙句の果ては、自分たちの食糧を確保するために島民をマラリア有病
地の白水や外山田などへ強制移住させたのです。そのために3,647名もの島民が病死
したといわれています。
　1944（昭和19）年の初頭から、中等学校生はもとより国民学校の児童までもが飛行
場建設や陣地構築に駆り出されるようになりました。八重山農学校や八重山中学校の
生徒たちは、1944（昭和19）年1月からは平喜名飛行場建設へ、同年2月頃からは平
得飛行場建設や各陣地の構築作業へ動員されました。生徒たちは連日、滑走路の整備
や茅取り、えんたい壕掘り、タコ壺壕掘りなどの作業をさせられました。作業の合間
には、軍事教練や防空訓練などをさせられました。その頃、生徒の中には飛行予科練
習生や陸軍特別幹部候補生などへの進学のため学校を去る者も出てきました。
　その年の10月12日と13日の両日、米機動部隊による戦闘機が八重山を襲い、飛
行場や船舶、港湾施設などが砲爆撃を受けました。その時の空襲では沖縄本島のよう
な大きな被害はありませんでしたが、八重山の人々に迫りくる決戦を実感させるもの
となりました。

戦時下の動向

■動　員

　1945(昭和20)年3月29日午前9時、八重山農林学校(男子)と八重山中学校の2年生以上の生徒200名余が、八重山農学校の校庭に集められ鉄血勤皇隊が編成されました。入隊先は独立混成第四十五旅団(以下旅団と略す)でした。勤皇隊の本部は八重山中学校に置かれ、生徒らは通信班、対空監視班、迫撃班の3つに分けられ、通信班はさらに有線班、無線班、暗号班に分けられました。

①通信班

　有線班(12名)の訓練は、電話線の架設や撤収などでしたが、「緊急時に時間がない場合は自分の体に電流を通して直結する」という危険な訓練もありました。当初は墓地周辺で訓練を受けていましたが、空襲が激しくなると、八重山農学校前の旅団司令部の壕に移動しました。そこでは撃墜された米兵の捕虜を監視する任務もさせられました。

　無線班(14、5名)は入隊の後、2、3日の間は、兵舎となった登野城国民学校に宿営していましたが、その後は戦況の悪化でしばらくは自宅から通うようになっていました。そこでは、旅団司令部東の墓の近くでモールス信号や通信機器の取り扱いなどの特訓を受けていました。帽子から服、弁当箱一切は自前の持ち物でした。

　6月上旬、突然の移動命令で、有線班は無線班と合流して開南に移動しました。兵舎は集落の西南、相思樹の林の中にあって、移動後は起床ラッパに明け消灯ラッパに終わるという、さらに厳しい軍隊生活が待っていました。飯盒なども支給され、二等兵待遇の給料も支給されましたが、それは金額が記入された紙切れに過ぎませんでした。最悪の食糧事情の中、多くの生徒がマラリアやパラチフス*に罹っていきました。重症の者は家へ帰されましたが、軽い者はキニーネ*を飲まされ、何十kgもある弾丸などの武器弾薬を於茂登岳まで運搬するという重労働を続けさせられたのです。

　その後7月上旬頃、また移動命令が下り、生徒は徒歩でさらに山の奥へ移動させられました。その後各班はバラバラの行動になり、連絡も途絶えてしまいました。有線班が行動を共にした旅団本部は食糧事情がよく、1日3回の輪番の飯上げ当番以外は上官のマラリア解熱の看護やドラム缶の風呂焚き程度の任務が日課となりました。

　8月12日、広島に新型爆弾が投下されたニュースが入り、有線班の生徒らに「当分の間自宅に帰って待機するよう」命令が下りました。生徒らはその後於茂登岳を下り家族のもとへ帰っていきました*。

②対空監視班

　当初、対空監視班(20名)は八重山農学校にあった旅団本部の監視哨に配属されました。生徒らは農学校の南(現在の畜産試験場)にある高さ15mほどの琉球松の上方に据えられた監視台の上で、毎日双眼鏡で空をにらみ監視していました。午前8時から午後6時までの間、2名1組の1時間交代で米軍の来襲を見張り続けるその仕事は、文字通り死と隣り合わせの危険な任務でした。監視の途中、米戦闘機の銃撃を受けた生徒は機銃掃射、爆弾投下の雨の中で「神様、お父さん、お母さん、僕をこの松

*パラチフス：パラチフス菌によって起こる急性伝染病。
*キニーネ：マラリア原虫に特異的な毒性を示すため、第二次世界大戦頃まではマラリアの特効薬として使用された。

*7月には軍の食糧が欠乏したため生徒らは自由に除隊してもよくなったという証言もある。無線班に帰宅命令が出たのは8月8日だと言われている。

の上で死なせないでください」と祈ったそうです。その後の行動の記録は残っていませんが、通信班とほぼ同じような行動をとったと思われます。

③迫撃班

　迫撃班は、現在の石垣中学校裏の墓地で、タコ壺壕の中に 10 kg の重さの爆弾を抱えて潜み、敵戦車が来ると体当たりするという特攻訓練を受けていました。生徒らは訓練の後、旅団本部や各部隊に配属されました。幸いにも米軍の上陸がなかったため、体当たり攻撃が実践されることはありませんでした。その後の行動の記録は残っていませんが、通信班とほぼ同じような行動をとったと思われます。

④暗号班及びその他

　暗号班の行動は証言文を手に入れることができなかったため分かっていません。またそのほかにも指揮班や自活班などがあったという証言もありますが、よく分かっていません。農林学校の生徒の中には、3 名の米兵捕虜が無残な処刑のされ方をした「石垣島事件」の戦犯として死刑判決を受けたものの、恩典によって死刑を免れた者もいます。

八重農鉄血勤皇隊・
八重山中鉄血勤皇隊足跡図

証　言

「演習は実戦、実戦は演習なりの毎日」

榎本　博武（八重山中学校）

　入隊は昭和20年3月1日で、時の旅団長宮崎閣下の命令が学校を通じて下った。(中略) その後、隊員は有線班、無線班、暗号班、迫撃班、対空監視班に細分化され、そのうち有線班は12名で、私もその一員に加えられた。有線班の訓練は、電話の「点検異常なし」で始まり、電話線の架設、撤収、あるいは電話線の切断された場合の応急処置（緊急時は線をつなぐ時間がないので、自分の体で直結する）等々、弁当持参の猛特訓が続いた。「肩にかかるは一軍の、命の綱よ電話線…」は、その頃私たちが歌わされた通信隊の歌だった。

　私たちはまだ少年で、体は小さく、その上食糧も乏しく、電話機は「陸軍九一式」という箱型の第一線用の代物で、「演習は実戦、実戦は演習なり」の標語どおりの毎日だった。そのうち、敵機の来襲は日増しに激しくなり、野外での演習もできなくなり、現在の県立八重山農林高等学校の前の大きな防空壕に場所を移した。

（『市民の戦時・戦後体験記録　第一集』p 93）

「通信隊無線班に配属」　瀬名波　昇（八重山中学校）

　昭和20年に入って、確か3月だった。私たちは学徒召集されて鉄血勤皇隊通信隊無線班に配属された。二等兵待遇の身分として、モールス信号の特訓を受けた。わずか2、3か月の教育で、1分間に、受信70字から75字、送信50字から55字ほど打てるようになっていた。私も通信隊無線班に配置されたが、級友たちも皆それぞれの分野に配置され、顔を合わす機会も次第になくなっていた。

　通信隊でも、有線班、無線班、暗号班とそれぞれ分れ、他の多くの男生徒は地上班や敵機の来襲をいち早く知らせる任務を負わされた対空監視班に配置されていた。その監視員はいつも高台か、高い松の木の上に登り、双眼鏡を手にし、常時、空とにらめっこしていた。

（『市民の戦時・戦後体験記録　第一集』p 98）

証 言

「資材運搬でオモト岳を1日2回往復」

山田　善照（八重山中学校）

（前略）しかし、いよいよ旅団司令部がオモト岳へ移動するようになった時、我々も各部隊への資材運搬にかりだされた。6月の上旬だったろう。一寸先も見えない程の闇の夜、開南から資材をかついで小雨降る中、兵隊に引率されてダブダブぬかるむ田圃のあぜ道を通り川を渡り畑を横切り林を抜け宮良牧場の中の陣地へ辿りついた時の苦しさ。その陣地で差しだされたにぎり飯一個のおいしかったこと。また、開南からオモト山の奥の司令部まで鉄線一巻を1日2回運ばされた時の疲れ。梅雨あけの6月、小道はぬかるみ坂道はうっそうと繁るジャングルの中、羊腸の如く曲りくねる。ころびつ起きつ友と励まし合いつつ何日か続いたことか。

資材運搬が済んだら今度は無線班山奥へ引越し。その間に生徒の中に次々とマラリア患者がでた。食糧不足、過労で弱り切った体にマラリアは悪化する。軽い者はキニーネを飲み2、3日休んで作業に出役、重症の者は家庭へ、残った者は家からの差し入れ、父母の手作りのにぎりめしが命の綱。山奥へ引越した時は何人残ったろうか。

（『沖縄縣史第10巻沖縄戦記録2』p 66）

「米兵捕虜虐殺事件」　小浜　正昌（八重山農学校）

昭和20年4月第二次大戦末期、日本海軍が守備する石垣島に米軍機一機が撃墜され、その搭乗の将兵3人はパラシュートで降下して、日本軍の捕虜となった。（中略）

3名の捕虜が逮捕されて本部に連れて来たのは午後2時頃であった。捕虜は両手を後に縛り両足も縛りつけ、防空壕にほうりなげたままの監視だった。3日位続いたと思う。3日の間、敵の情報をキャッチするために厳しい追及の質問が繰返され、その質問者は副官の井上勝太郎大尉であった。捕虜は疲れていたと見えて、多くしゃべらなかった。（中略）

私たちは、捕虜が処刑される前日の事だったが台湾からの輸送船が（軍の必需品を積んだ）石垣に入港した。その荷揚げ作業のため、朝食ぬきの朝7時頃荷揚げ仕事中、敵の空襲にあい、無防備のダイハツ船で命からがら陸地へ避難することができたが、残念な事に、戦友3名が目の前で銃撃を受けて死亡した。3名の戦友を介抱する寸暇がない程のはさみ撃ちの襲撃であった。

その事件があって隊員は、捕虜に対する殺意をむきだしにし、なお、かかる戦局の中で興奮している最中なので捕虜の処刑には積極的に参加せずにはおれない状態にあったことは確かである。

処刑当日は、先任下士官の指揮で処刑現場に行った。処刑現場は警備隊本部から南東約600メートル位離れた位置であった。現在はパイン畑となっている。処刑現場は殺害後、埋葬すべく深さ1.5メートル、縦1.5メートル、横2.5メートル位の穴が準備されてあった。処刑は、午後10時頃から始まった。最初はデボ中尉とタグル兵曹

の処刑が行われた。2人とも処刑場へ連れてくる途中相当暴行を受けた様子で穴の
側まで歩ききれず、引きずられて、穴の前に、ひざまずきされた。手は縛られ目かく
しされていた。最初の一人デボ中尉は幕田大尉が斬首し、スグル兵曹は、田口少尉が
斬首した。

　そして準備されている穴の中に落され2人の処刑は終った。2番目のトラックか
らロイド兵曹が乗せられて来た。10時30分頃だった。ロイド兵曹は穴の側で準備さ
れてあった棒に目かくしのまま縛りつけられた。榎本中尉の指揮による刺殺である。
榎本中尉は「教えられたとおり一人ずつ突け、下士官は誰か出て模範を示せ。」と命
じた。藤中兵曹が進み出て突いた。つづいて成迫兵曹、途中で榎本中尉の模範突きが
示され、各小隊は順番通りつぎつぎと刺突をした。

　処刑には約50余人が参加し、刺突は、30分程つづいて11時過ぎ3人の処刑は終っ
た。そして昭和20年8月15日終戦、日本は敗けた。処刑に関する一切の書類を焼却
した。3人の遺体も9月に発掘し椋本少尉の指揮で火葬され空罐に納骨して、西表島
近海の海底に沈めたようです。

（『沖縄縣史第10巻沖縄戦記録2』　p 188）

写真提供：沖縄県公文書館

爆撃を受ける平得飛行場周辺と平得集落　1945（昭和20）年5月9日
（『八重山写真帖』より）

13. 沖縄師範学校女子部
14. 沖縄県立第一高等女学校
（ひめゆり学徒隊）

学校所在地	那覇市安里
動員数	師範女子部　157名　県立一高女　65名　計222名
動員された部隊名	沖縄陸軍病院・第三十二軍司令部経理部
配置場所	沖縄陸軍病院（南風原町）、糸数分室（南城市）、一日橋分室（南風原町）、識名分室（那覇市）、第三十二軍司令部経理部（南風原町）
犠牲者数	師範女子部　81名　県立一高女　42名　計123名

学校の沿革・概要

　沖縄師範学校女子部（通称：女師）の前身は、1886（明治19）年師範学校内に設置された「女子講習科」でした。当時、師範学校の生徒は男子のみでしたが、そこの教室を間借りするという形で、沖縄の女子教育は始まったのです。女子講習科は修業年限2年の短期速成の教員養成機関でした。

　同校は14年後の1910（明治43）年には「師範学校女子部」と名称変えし、さらに5年後の1915（大正4）年には「沖縄県女子師範学校」となりました。1943（昭和18）年には、師範学校が全国的に国立の専門学校に昇格したため、「沖縄師範学校女子部」と名称を変更しました。

　沖縄県立第一高等女学校（通称：一高女。女師と合わせた通称は女師・一高女）の前身は、1900（明治33）年に沖縄教育会によって設置された「私立高等女学校」でした。同校の修業年限は3年で、当初は師範学校内に置かれていました。同校は1903（明治36）年に県に移管され、「沖縄県立高等女学校」に名称を変更、修業年限も4年に変更されました。

　5年後の1908（明治41）年には真和志村（現那覇市）安里に新校舎を建設し移転、

その 8 年後の 1916（大正 5）年には沖縄県女子師範学校も同じ敷地に移転し、両校は併置校となりました。その後、1928（昭和 3）年に、那覇市立高等女学校が沖縄県立第二高等女学校になったのに伴い、名称が「沖縄県立第一高等女学校」に変更されました。

　女師・一高女のキャンパスは現在の那覇市安里の栄町市場から大道小学校、真和志中学校に至る広大な敷地を有し、講堂や体育館、図書館、寄宿舎、農園、県内唯一のプールなど充実した設備が整っていました。現在の那覇市立大道小学校は、師範女子部の附属小学校でした。1944（昭和 19）年当時、生徒の定員数は、師範 300 名、一高女が 800 名、師範専攻科が 10 名でした。

戦争への道

　アメリカ軍の沖縄上陸が必至となった 1944（昭和 19）年の 5 月ころから、授業に代わって食糧増産や陣地構築などの労役作業に駆り出される日々が続くようになりました。緊迫した情勢の中で、動員学徒の人員確保が学校当局の重要な課題になりました。その年の夏休みには、離島などへ帰省していた生徒らが電報で呼び寄せられ、十・十空襲後相次いだ生徒の疎開願いも阻止されるようになったのです。

　軍と学校当局は 1944（昭和 19）年の半ばごろから男女学徒の戦場動員の打合せを始めていました。11 月には、学校内で軍医や衛生兵による看護教育が始まり、翌年の 1945（昭和 20）年 2 月にはいよいよ南風原にあった沖縄陸軍病院での実地訓練が始まりました。

戦時下の動向

■動　員

　1945（昭和 20）年 3 月 23 日、上陸に向けた米軍の猛爆撃と艦砲射撃が始まった日の夜、女師・一高女の学徒たちに沖縄陸軍病院への動員命令が下されました。月明かりの校長住宅前で、一高女校長（兼師範女子部長）西岡一義は、「敵はいまこの沖縄に上陸しようとしている。いよいよ国のために尽くす時がきたのだ。女師・一高女の学徒の誇りを持って、頑張ってほしい」と訓示しました。学徒たちは夜半の道を、南風原へと急ぎました。

　動員されたのは学徒 222 名、引率教師 18 名で（そのうち学徒 12 名・教師 3 名は後から合流した）、当初動員の対象になったのは上級生だけでしたが、激しい空襲で大混乱になったため、実際には寮にいた下級生もまるごと動員されることになりました。

　沖縄陸軍病院は、当初那覇市内の開南中学校と済生会病院に開設されていましたが、前年の十・十大空襲で病院が焼け、南風原の国民学校へ移転していました。さらに空襲が激しくなった 3 月末には、国民学校南側の丘（通称：黄金森）に掘られた病院壕へ移動することになりました。到着後の数日間、学徒たちは国民学校近くに建てられた三角兵舎に入っていましたが、陸軍病院の壕への移動に伴い、22 号壕、23 号壕、

第二外科20号壕

24号壕の3つの壕に移ることになりました。南風原に来た当初、学徒たちは本部指揮班、炊事班、看護班、作業班に分けられ、もっぱら未完成の壕掘り、炊事、衛生材料の運搬等の作業に従事していました。

3月29日の夜9時ごろ、黄金森東側の三角兵舎で卒業式が行われました。艦砲弾が地響きをたてる中、緊迫した状況で行われた卒業式は、送辞や答辞もなく、代表の学徒に卒業証書を手渡しただけの慌しいものになりました。式に参加したのは卒業予定の師範本科2年生と一高女4年生、そして在校生代表の一部の学徒だけで、ほかの学徒はそのまま勤務を続けていました。その前日の28日、一高女4年生らは津嘉山（南風原町）の司令部壕内にある経理部に転属されていましたが、卒業式に出席するために南風原へ戻って来ていました。

南風原の黄金森には、本部1、第一外科20、第二外科7、薬剤用1の計29本の壕が掘られていました。また少し離れた南風原国民学校向かいには4つの第三外科壕が（そのうち一つは勤務者壕）、製糖工場の近くにも3つの兵器廠壕があり、南風原一帯には全部で40近くの病院壕がありました。

学徒たちが沖縄陸軍病院へ配置されてから10日後の4月1日、米軍は、沖縄本島中部への上陸を開始しました。米軍上陸後、戦況が日増しに悪化し負傷兵が激増したため、陸軍病院は4月中旬、これまでの外科を第一外科に、内科を第二外科に、伝染病科を第三外科に編成変えしました。この編成変えに伴い、これまで作業班や炊事班に配属されていた学徒たちも全員看護の任務につくことになりました。

各壕に配置されてからの学徒たちの仕事は、包帯交換、食事の世話、汚物の処理等の患者の世話が主なものでした。手術室に配置された学友は、照明用のローソク持ちや切断する手足を押さえる仕事、手術用具の準備などをさせられていました。また、砲弾の飛び交う中での飯上げ*、食糧調達、水汲み、死体埋葬、伝令などは、命懸けの仕事でした。勤務は初めのうちは二交代制でしたが、患者が多くなるにつれぶっ続けでやることもあり、杭木によりかかったり、しゃがんだりして仮眠をとることもありました。

戦況が悪化するにつれ南風原一帯への砲爆撃は激化し、4月26日には学徒たちの中から最初の犠牲者が出ました。師範予科2年生の佐久川米子が、壕入口で機銃掃射を受け右足に被弾し、出血多量のため、その日の夕方亡くなりました。

その後5月4日には本科1年生の上地貞子が壕入口で頭部に被弾し即死、同じ日、師範本科1年生の嘉数ヤスも砲弾による壕落盤で生き埋めになり亡くなりました。5月11日には本科1年生の島袋ノブが迫撃砲を受け死亡し、5月16日には同じく本科1年生の嵩原ヨシが壕入口で全身に破片を受け、腕に重傷を負い死亡しました。

戦況悪化による負傷兵の増加に対応するために、陸軍病院は内科・伝染病科に編成変えしただけでなく、各地に分室を開設しました。まず4月中旬、黄金森北側の一日橋に分室を設置、それから十数日後には識名に分室を設置、4月28日には南風原後方の玉城村糸数（現南城市）にも分室を設置しました。一日橋・識名分室には一高女3年生が、糸数分室には師範生が配置されました。南風原西側の津嘉山経理部にはすでに3月28日に、一高女3・4年生が配置されていました。

一日橋分室*はL字型の手掘りの壕で、入口は首里側と国場側に向いていました。

*飯上げ：軍隊用語で食事を受け取りに行くこと。

*一日橋分室：全長約10mの手掘りの壕。収容患者数約40名。

4月中旬、黄金森の陸軍病院から一高女3年生21名、引率教師4名が配置されました。それから十数日後、一日橋分室から学徒9名、教師2名が識名分室へ転属していきました。

　米軍の猛攻が続く中、5月9日一日橋分室にガス弾が投下され一高女3年生の波平節子と前田シゲが即死し、徳田安信先生と石垣実俊先生、そして座間味俊子が重傷を負いました。またその砲撃の後遺症で一高女3年生の安里千江子と前川静子が精神に障害を受けました。重傷の教師と学徒は南風原の陸軍病院へ運ばれましたが、後日死亡しました。引率の教師が重傷を負ったため、識名分室へ配置されていた新垣仁正先生が一日橋分室へ戻ることになりました。

　識名分室*は、識名園南東側の斜面に造られ、陸軍病院の中では一番前線に近い分室でした。そこには、5～6本の壕があり、いずれも急ごしらえで、奥行きは短く、貫通していませんでした。それらの壕のうち、ひとつが学徒の控え用で、残りが患者壕として使用されていました。

　糸数分室は、南風原より南へ約7km後方、玉城村糸数（現南城市）のアブチラガマ*と呼ばれる自然洞窟の中にありました。米軍の上陸地点を沖縄本島中部西海岸と南部の港川付近と予想していた沖縄守備軍は、港川近くの糸数アブチラガマに美田連隊を配置していました。しかし、米軍が本島中部へ上陸したため同部隊は中部戦線へ移動していき、その後アブチラガマは軍の食糧・衣料倉庫や住民の避難壕として使用されていました。

　4月下旬、戦線の悪化にともない負傷兵が増加したため、アブチラガマの半分に陸軍病院の分室を設置することになりました。4月28日、師範生14名、教師1名がアブチラガマへ向かうため南風原を出発、喜良原の自然壕に2日滞在した後、5月1日糸数に到着しました。

　壕内には、茅ぶきの家が7、8棟建てられ、地下水が音をたてて流れ、ポンプのついた井戸や大きなかまども作られていました。到着直後は発電機による電灯がこうこうと灯っていましたが、2、3日後には撤去されてしまいました。5月中旬、西岡一義女師部長他学徒2名が合流してきました。糸数分室の収容患者数は約600名でした。

　津嘉山経理部は、南風原の西側、高津嘉山と呼ばれる小高い丘の津嘉山軍司令部壕の中にありました。この壕は、沖縄最大の手掘りの壕*で、当初、沖縄守備軍司令部の陣地として使用される予定でした。しかし、戦場の展望がきかない、壕の強度に不安があるなどの理由で、司令部としての使用が中止され、第三十二軍司令部の経理部、軍医部、法務部、兵器部の各部が使用することになりました。当初、学徒たちの任務は水汲みや食糧調達（夜間）等の雑役でしたが、5月ごろから負傷兵が急増したため、軍医部での看護の介助が主な任務となりました。5月27日、守備軍司令部の牛島満司令官、長勇参謀長一行が、南部撤退の途中、同壕へ一時立ち寄っています。

■撤　退

　5月下旬、米軍は沖縄本島中部での激戦の末、沖縄守備軍司令部のある首里戦線へ侵攻を開始しました。首里での決戦か、本島南部に撤退して持久戦を戦うかの岐路に立たされた日本軍は後者の道を選択、5月下旬から撤退の準備を始めました。

　5月25日には、沖縄陸軍病院にも撤退命令が下されました。そのころ、南風原には、米兵が間近に迫っていました。

　突然の撤退命令を受け、学徒たちは大慌てで衛生材料などの荷作りをしなければな

*識名分室：5～6本の壕からなり、各壕の奥行き約10m、収容患者数約20名。

*アブチラガマ：全長約270m。

*津嘉山軍司令部壕：全長2,000m。

りませんでした。その様子を察した重傷患者が「自分たちも連れて行ってくれ」と騒ぎ出しましたが、「重傷患者は、後からトラックや担架で運ぶ」と言う衛生兵の言葉を信じ、学徒たちは重傷患者を残して壕を出ました。

その日は大雨で、南部への道は泥濘（ぬかるみ）と化し、雨水を吸った荷物は相当の重量になっていました。泥に何度も足をとられ、飛んでくる砲弾に身をひそめながら、学徒たちは南部への道を急ぎました。陸軍病院本部の学徒たちは、この泥濘と砲撃の中を、負傷した3名の学友を担架に担いで運ばなければなりませんでした。

砲弾が炸裂する道には多くの死体が転がり、両足のない負傷者が泥んこ道を這いずり、助けを求めていました。学徒たちは前の人を見失わないよう進むのが精一杯で、手を差し延べてあげることができませんでした。撤退の途中、与座川の近く（現糸満市）で、師範予科2年生の大城ノブが砲弾の破片を受け、死亡しました。

撤退時、陸軍病院壕には多くの重傷患者がいましたが、青酸カリの入ったミルクが配られ自決を強要されたようです。その現場を目撃した学徒もいますが、多くの学徒は戦後になってその事実を知りました。

撤退直前に、師範本科2年生の狩俣キヨは二度被弾し、壕内に残されその後死亡しました。5月中旬ごろ死体埋葬中に被弾し足を負傷した本科2年生の渡嘉敷良子は、撤退の時、担架で運ぶため学友が背負おうとしましたが、激痛を訴え動かすことができず壕内に残されました。その後米軍に収容され一命を取りとめたようですが、衰弱が激しく9月に米軍病院で亡くなりました。

撤退の翌日の**26日**にはほとんどの学徒が伊原一帯（いはら）（ひめゆりの塔付近）に到着し、翌27本部は山城本部壕へ、第一外科は波平第一外科壕と伊原の大田壕へ、第二外科は糸洲第二外科壕（いとす）へ、第三外科は伊原第三外科壕へ、糸数分室は伊原第一外科壕へとそれぞれ分散配置されました。到着したころの南部は、まだ爆撃もなく南風原とは別天地と思えるような静けさでした。撤退後、陸軍病院はその機能を失ってしまったため、食糧調達や水汲み、伝令などが学徒たちの仕事になりました。

6月に入ると、米軍の前線が糸満方面にまで進出し、爆撃も激しくなりました。

＊照屋家：師範予科2年生照屋キクの実家。

6月4日、糸洲第二外科壕近くの照屋家＊で休憩していた一高女4年生の町田愛子が砲弾を受け死亡しました。**8日**には、糸洲第二外科壕の裏山で、本科2年生の吉川米子が砲弾を受け死亡しました。

津嘉山から撤退後、真栄平（まえひら）で解散命令を受けた津嘉山経理部の学徒が、6月10日伊原第一外科壕へ合流、11日にはそれまで伊原一帯をさまよっていた一日橋・識名分室の学徒が伊原第三外科壕へ合流しました。

14日には山城本部壕が直撃弾を受け、伝令に来ていた師範予科3年生の宜保春子が即死、広池文吉病院長と予科2年生の安座間晶子が重傷を負い15日未明に死亡しました。広池病院長が死亡したため、佐藤悌二郎庶務科長が病院長に就任しました。米軍の攻撃で波平、山城一帯が危険になったため、翌16日、山城本部壕の学徒は伊原第一外科壕、大田壕、伊原第三外科壕へ分散移動しました。一番安全な壕だと言われていた伊原第三外科壕には、本部の学徒のうち、じゃんけんで勝った者が入ることになりました。同じ日、波平第一外科壕の学徒の一部も伊原第一外科壕へ移動しました。

それから2日後の**17日**、伊原第一外科壕入口近くに砲弾が落ち、師範本科1年生の荻堂ウタ子、予科3年生の古波蔵満子、一高女4年生の牧志鶴子ほか、多数の陸軍病院関係者が死亡しました。

18日朝、糸洲第二外科壕が米軍の"馬乗り攻撃"に遭い、師範予科2年生の宮城

美智と予科3年生の和宇慶八重子が負傷しました。その日の夜、糸洲第二外科壕の学徒は壕を脱出し、その多くが伊原第一外科壕へたどり着きました。

■解 散

　6月18日昼過ぎ、山城本部壕に呼ばれた学徒隊責任者の西平英夫先生は、佐藤病院長より学徒隊の解散命令を受け、夕刻、大田壕にいた学徒に伝えました。伊原第一外科壕では、西平先生から伝令を受けた仲宗根政善先生が学徒に解散命令を伝えました。糸洲第二外科壕は米軍の馬乗り攻撃の最中で伝令に行くことができず、学徒らは伊原第一外科壕に合流した時に解散命令を知りました。伊原第三外科壕の学徒らは、その日の夜、引率教師からではなく宮崎婦長から解散命令を受けました。

　解散命令を受けたものの壕の外は砲撃が激しく、伊原第一外科壕と大田壕に集まった学徒たちは、当初壕から出て行くのを躊躇していました。しかし米軍が迫る中、「ここにいては全滅だ」と兵隊に急き立てられ、学徒たちは壕を出ていかざるを得ませんでした。伊原第一外科壕には、負傷した9名の学友（石川清子、伊波節子、神田幸子、知念芳、照屋貞子、浜元春子、比嘉勝子、比嘉ヨシ、吉田浩子）がいましたが、そのうち、師範予科2年生の伊波（旧姓石川）節子と本科2年生の吉田（旧姓上江洲）浩子だけが生き残りました。

　解散命令で伊原第一外科壕が大混乱に陥っている時、伊原第三外科壕では壕のつくりが強固だということもあって、分散会をするなどの余裕がありました。解散命令が出て数時間後の19日の明け方、伊原第三外科壕に米軍が進撃してきました。最初、米軍は「出てこい。出てこなければ攻撃するぞ」と投降を呼びかけていましたが、誰も出ていこうとはしませんでした。しばらくして黄燐弾*が投下され、伊原第三外科壕内にはガスが充満し、「先生、助けて。」「苦しい。殺して…」という叫び声で阿鼻叫喚の世界と化しました。この攻撃によって、4名の教師（東風平恵位・新垣仁正・親泊千代・奥里将貞先生）と38名の学徒（金城貞子、波平貞子、大湾敏子、瀬嵩文、玉城伸子、仲里光子、仲村初子、外間安子、安里千江子、金丸節子、桑江伸子、幸地悦子、平良美恵子、玉城孝子、知念春子、照喜名登美、仲間美代子、長浜妙子、比嘉ツル子、前川静子、宮城照子、山里久子、屋良初子、平田香美子、宮城藤子、山城芳、屋良ヨシ、伊集芳、亀谷ノブ子、儀間久美子、比嘉ヨシ、上間道子、喜屋武信子、津波古トシ、野里末子、照屋キク、仲本好子、新垣昭子）が死亡しました。

*黄燐弾：用語集参照。

　伊原第三外科壕にいた51名の学徒のうち、生存者は師範本科1年生の宮崎（旧姓大城）好子、宮良（旧姓守下）ルリ、予科3年生の大城（旧姓山城）信子、一高女4年生の崎間恵子（旧姓座波千代子）、一高女3年生の城間（旧姓金城）素子の5名だけでした。玉代勢秀文先生と師範本科2年生の仲田ヨシ、予科2年生の又吉キヨ、一高女4年生の真志喜ツルは壕を脱出したものの、その後消息不明となりました。

　与座－八重瀬岳を結ぶ日本軍の最前線を突破した米軍は、新垣－真栄平一帯で激しい攻防戦を繰り広げ、その一部が伊原近くの小波蔵・米須の集落まで迫っていました。6月18日夜の解散命令後、ほとんどの学徒は、19日の未明になって、伊原南方にある山城丘陵へ向かいました。山城丘陵は、沖縄本島最南端に位置する小高い丘で、その先にはもう海岸しか残っていませんでした。

　ちょうどその19日朝から、米軍は山城丘陵への攻撃を開始しました。それは掃討戦に入る前の最後の猛攻撃といった様相を見せ、丘陵にいた多くの人々が死傷しました。師範本科1年生の比嘉静枝と宮城フミは丘陵に向かう途中、砲弾の破片を受け死亡し、

丘陵の西側の束辺名では一高女３年生の与座昭子が爆風を受け即死しました。丘陵の頂上付近でも一高女４年生の町田トシが砲撃により即死し、そのほか多くの学徒もこの激しい攻撃によって重軽傷を負いました。

　６月19日の米軍の猛攻撃から辛くも生き延びた学徒たちは、やがて喜屋武、摩文仁の海岸に出ました。海岸一帯はゴツゴツした岩が続き、そのほとんどは断崖になっていました。目の前の海には米軍の黒い軍艦が並び、マイクでしきりに投降を呼び掛けていました。

　学徒たちは、海岸伝いに包囲網を突破しようと試みましたが、砲弾と大波のために、ほとんどが成功しませんでした。６月20日、摩文仁海岸から東へ向かった師範本科１年生の阿波根俊子と仲里順子が、波にさらわれ死亡しました。20日の昼頃からは、砲爆撃は止みましたが、火炎放射器や自動小銃による掃討戦が展開されました。陸軍病院という組織を失った学徒たちは、入る壕もなく、昼間はソテツやアダンの茂みに身をひそめながら、攻撃が弱まる夜間になると海岸へ海岸へと向かいました。

　山城－喜屋武一帯を彷徨しているうちに、学徒の中には、日本兵によって住民が壕から追い出されるのを目撃したり、スパイだといって虐殺される住民の叫び声を聞いたり、暗い壕内で泣き止まない幼児が殺されたらしい現場に居合わせたりした者もいました。一方で「女は殺さないから、早く投降しなさい」「滅私奉公の時代は終わったんだよ」と日本兵から諭され、投降を勧められた者もいました。

　６月21日、日本軍の組織的抵抗が終わり、喜屋武・荒崎海岸一帯では、米軍が敗残兵の掃討戦を繰り広げていました。その日の正午、学徒らが隠れていた荒崎海岸の岩陰にも米軍が迫り、日本兵が逃げ込んだのをきっかけに米軍の乱射が始まりました。その攻撃で岩陰に隠れていた師範本科２年生の安富祖嘉子、仲本ミツ、予科２年生の上地一子が即死したほか、３名の学徒が重傷を負いました。また、その騒ぎの中で、パニックに陥った平良松四郎先生をはじめ、一高女４年生の板良敷良子、普天間千代子、宮城貞子、宮城登美子、一高女３年生の金城秀子、座間味静枝、浜比嘉信子ら８名の学徒と卒業生の瀬良垣えみ、二高女生の比嘉美津子が手榴弾で自決を図り即死しました。その日の夜、師範学校男子部を引率していた野田貞雄校長は、摩文仁東隣のギーザバンタ海岸で砲弾を受け死亡しました。　海岸まで追い詰められた学徒たちに残された道は、砲弾の飛び交う前線をくぐり抜け戦闘の終了した地に逃げ延びることしかありませんでした。「敵中突破」「国頭（本島北部）突破」が学徒たちの合言葉になりました。

　６月22日、糸満北側の国吉まで逃げ延びた師範本科１年生の大城貴美と平安名貞子は、隠れているところを米兵に見つかり、「私たちは皇国女性だ。早く殺せ」と詰め寄り、射殺されてしまいました。翌23日、沖縄守備軍の牛島司令官が摩文仁の壕内で自決しました。

　解散命令後も、伊原第一外科壕には負傷し歩けない学徒らが残されていました。残された学徒らは、暗い壕内で次々と息をひきとっていきました。22日頃には師範本科１年生の神田幸子が、23日頃には本科２年生の石川清子が、24日頃には本科２年生の知念芳と濱元春子が死亡しました。６月19日の山城丘陵の猛攻撃で負傷し、仲間たちと別れた本科１年生の渡久山ヨシは、４日後の23日に息をひきとりました。

　このように学友によって最期が確認された者以外にも多くの学徒が、解散命令前後の猛攻撃の中で消息不明となり、死亡しました。

　学徒たちの多くは、６月の20日から23日の間に米軍に収容されましたが、なかに

は、それから 2 カ月以上も逃げ回り、日本の降伏も知らずに 8 月 22 日になって収容
された学徒もいました。
　師範本科 2 年生の渡嘉敷良子、本科 1 年生の上原幸子、島袋静子、高江洲美代、山
里美代、師範予科 3 年生の黒島幸子、一高女 4 年生の比嘉勝子の 7 名は重傷を負い米
軍病院に収容されましたが、その後手当てのかいもなく死亡しました。また、嘉手苅
峯子は終戦後、戦争後遺症のため死亡しました。

ひめゆり学徒隊足跡図

証　言

「脳症患者と破傷風患者」　渡久山（旧姓　古堅）ハル

　その死体片づけが大変でした。死んで何日も放置された死体は膨れ上がって大き<ruby>膨<rt>ふく</rt></ruby>いのです。それを担架に乗せ、艦砲の合間を縫って、艦砲穴に一、二、三の掛け声で投げ込み、全身が隠れる位まで土をかけて埋めていました。私たちは栄養不良で痩せ細っていますし、2人でフラフラ落っことしそうになりながら足を踏ん張り、作業を続けました。

　(中略)「便器下さい。尿器下さい」「水をくれ」とあっちからもこっちからも呼ぶんですよ。患者の手当てや尿便の処理だけでも手不足なのに、看護が行き届かないと怒鳴りつける人もいるありさまで、「包帯を代えてくれ。治療してくれ」と言われても、衛生材料は全く足りないのです。(中略) 傷口は必ず蛆が発生しました。生きた人間に蛆が湧くんです。膿でジクジクになった包帯の中でムクムク動いてギシギシと肉を食べる音まで聞こえるのです。ピンセットでつまみ出しても包帯の中に引っ込んでしまったりです。(中略) 毒が脳に回った脳症患者*は、絶えず訳の分からないことをしゃべり続けていました。時々、私達の足を掴まえたりしますので、転びそうになったりします。それにうっかり尿でも傍に置いておこうものなら、それも飲んでしまう有様です。

*脳症患者：重病または高熱の疾病が原因で意識障害の起こる病状。病院壕では脳症になった負傷兵が暴れ出すことがあった。

（『ひめゆり平和祈念資料館ガイドブック』2004　p 62）

「麻酔なしの手術を申し出る患者」　仲里（旧姓　豊里）マサエ

　手術は敵の砲撃が途絶える夜間にしますが、照明はカーバイトランプ*だけでは足りないので、直径3センチくらいの大蝋燭で軍医の手元を照らします。蝋燭持ちも私<ruby>蝋燭<rt>ろうそく</rt></ruby>たちの仕事でした。人間燭台と呼んでいました。溶けたろうそくが手に流れて、も<ruby>燭台<rt>しょくだい</rt></ruby>う非常に熱く、泣きたくなるくらいでした。その他、軍医や看護婦の額の汗拭き、切断する時その手や足を持つ仕事、手術後の器具消毒、骨片や切断した手足、汚物や肉片の後始末など。これらがすむと綿棒や綿球つくりといろいろでした。

　(中略) 麻酔剤も足りなくなり「麻酔なしでもよいです。早くお願いします」と申し出る患者が優先されるようになりました。

　(中略) その人は手の上膊部を切断する兵隊でしたが、脂汗をいっぱいかいて、手<ruby>上膊<rt>じょうはく</rt></ruby>は強く握りしめ、歯もぷちぷちならして、さぞ痛かろうにと思ったのですが「自分は帝国軍人であります。痛くありません」と息も絶え絶えに堪える光景には胸が痛みました。

*カーバイトランプ：炭化カルシウムランプ。周りを非常に明るく照らした。

（『ひめゆり平和祈念資料館ガイドブック』2004　p 66）

「重傷者でひしめく糸数分室」　島袋（旧姓　屋比久）淑子

　手術の時の兵士たちの断末魔の叫び声は今でも耳にこびりついているんです。地

証　言

獄そのものでしたよ。薬品も充分にありませんから、麻酔薬も気休め程度しかうって
くれないんです。患者は「もういい、殺してくれ。軍医殿、殺してくれ」と叫ぶんで
す。軍医は、「貴様、日本軍人だろう。これぐらいのことが我慢出来なくてどうするん
だ」と言って叱るんです。

　(中略) 切断された手や足の入った汚物籠を外に捨てに行こうとすると、狂った兵士
が「それを煮てくれ。焼いてくれよ」本当に恐ろしい光景です。

(『ひめゆり平和祈念資料館ガイドブック』2004　p 72)

▶「青酸カリを混ぜたミルク」　　津波古 (旧姓　岸本) ヒサ

　(前略) 4、5人の衛生兵が入って来て、そこらの空缶を集め、木箱の上に並べ、練
乳缶を開けて中に水を足しています。「お手伝いしましょうか」とかけ寄りました。そ
したら凄い表情で私を睨んで、「まだいたのか。今頃そんな所にいたらたたっ斬るぞ!
敵はそこまで来ているんだ。何しているか」と怒鳴ったのです。私は壕入口に後ずさ
りしました。衛生兵は私たちに背を向け、ミルクを調合し、両手に4、5個ずつ持っ
て壕の奥や横壕に入って行きました。壕内はシーンとしていましたが、しばらくする
と急に興奮した叫び声が響いたのですよ。「これでも人間か。お前達のやることは。」
両足切断の患者がわめいているんです。衛生兵はその患者を引きずって、奥の方へつ
れて行きました。ミルクには青酸カリが入っていると感づいて、騒ぎ出したのだと思
います。

(『ひめゆり平和祈念資料館ガイドブック』2004　p 80)

▶「山城本部壕が艦砲でやられた」　　比嘉 (旧姓　伊波) 文子

　山城本部壕に直撃弾が落ちたのは6月14日でした。10数人も戦死者が出る惨憺た
る状況でした。壕の外に出ていた病院長を始め歩哨兵や衛生兵が瞬時に吹き飛ばさ
れました。その日、糸洲第二外科壕から命令受領に来ていた宜保春子さん、第三外科
壕からの安座間晶子さんがやられたのです。(中略) 突然、ドドン、パーンと物凄い音
と爆風で下げていた足が顔の辺りまで吹き上げられたので、足が吹っ飛んだのかと思
うほどびっくりしました。

　(中略) 安座間晶子さんはすでに板の上に寝かされていました。手の指が切れ、お腹
もやられて息をする度に、腸がブクッブクッと飛び出すんです。包帯を巻き三角巾で
くるんで、「晶ちゃん、大丈夫だから頑張ってね」と言ったら、指の切れた手で私の手
を強く握るんです。悲しくなって胸をしめつけられる思いでした。「お腹をやられた
ら死ぬと教えられたでしょう。どうせ駄目だから水を頂戴」と欲しがるんです。

(『ひめゆり平和祈念資料館ガイドブック』2004　p 100)

証言

▶「当美ちゃん…足が無い」 上原（旧姓 上原）当美子

（前略）それで私は壕に入りました。わずかばかり歩いた曲がり角でピンを落としてしまって、探そうとしゃがんだそのとたん、至近弾が炸裂したんです。しゃがんだために助かったんですね。ほんとに一瞬の差でしたよ。「当美ちゃん、足がないよー」と牧志鶴子さんの叫び声が聞こえたんです。私はびっくりしましたが、入口から駆け込む人たちに壕の中に押されました。中は大変です。古波蔵満子さんは手も頭もだらんと垂れて、血まみれで死んでいました。石川節子さんはお魚を裂いたようにふくらはぎが裂けているし、知念芳さんは目をやられ、比嘉ヨシさんは胸を、神田幸子さんは足をやられ、皆わめいているんです。荻堂ウタ子さんは腹をやられていました。「もう私は駄目よ。あの人たちから先に早く治療して」と言って、しばらくして息をひきとりました。

（『ひめゆり平和祈念資料館ガイドブック』2004　p 96）

▶「患者に構うな、出ろ」 仲本（旧姓 島袋）とみ

18日、伊原壕に着いてみたらいきなり、「解散命令だ」という話ですよ。仲宗根政善先生が皆を集めて伝えていたんです。皆最初はどういう意味なのか状況が理解できず、ただぼんやりしていましたよ。軍医たちは「早く脱出せよ」と急き立てています。（中略）横たわっていた同級生の知念芳さんは、私のモンペを引っ張って言うのです。「逃げないでくれ。私たちを捨てて逃げないでくれ」と。私がお椀に水を溜めて飲ませたりして、迷っていますと軍医たちは「患者は自分たちが看る。構わずに早く出ろ、ここにいたら全滅だ」と殺気立っているんです。（中略）与那嶺先生や内田先生と一緒に勇気を出して壕を後にしました。方角も全く分からず、ただ人が行く方向について行くだけでした。

（『ひめゆり平和祈念資料館ガイドブック』2004　p 101）

▶「こんなところで死んでたまるか」 宮良（旧姓 守下）ルリ

（解散命令が）言い渡されたのは6月19日でした。（中略）刻々と時間は過ぎていきます。どうせ出るなら夜が明けない中に出ようと、脱出準備を始めたのです。（中略）その時でした。「足音がする」と誰かが言ったんです。入口にいた通信兵が梯子を登り、見に行ったんです。「敵だ、敵だ」と慌てて降りてきました。（中略）ピーンと糸を張ったような緊張感でした。足音は次第に近付いて来たんです。「この壕に住民はいないか。兵隊はいないか。いたら出て来い。出ないと爆破するぞ。いいか」とぶっつづけに言ったと思います。それからコツコツと足音は遠のいて行きました。（中略）突然パアーンパアーンと音がして、真っ白い煙がもくもくと立って、一寸先も見えなくなっ

証言

てしまったんです。「ガスだー。ガスだー」*と言う叫び声が、あっちでもこっちでも上がりました。全然見えない。誰が側にいるのか分からないんです。首がぎゅぎゅっと締められていくのです。息も絶え絶えになり、苦しい苦しいと言って石のごつごつした所に顔を突っ込んで…。少しでも顔を上げたら、もう息が出来ませんでした。「苦しいよー、苦しいよー」「お母さん、助けて。お父さん、助けて」とあっちこっちで叫んでいるのです。

（『ひめゆり平和祈念資料館ガイドブック』2004　p 101）

* そのガスは黄燐弾ではないかという指摘がある。

◤「山城が一番激しかった」　川平（旧姓　辻野）カツ

　先輩たちからはぐれたら大変だと、もう無我夢中で弾の激しく飛んでくる中を走りました。敵機はトンボの群のように、低空で縦横無尽に飛び交います。そして機銃で狙い撃ちを浴びせ、爆弾を落とすんですよ。ブスーブスーと砲弾や破片が周りに落ちてきます。至近弾が落ち、炸裂する度に吹き飛ばされた岩石がブルルーンドサッと落ち、アダンの中の人たちが埋まりました。悲鳴が上がり、あっちこっちで助けを求める声ですよ。草原を腹這いで逃げ回り私たちは散りぢりになりました。耳も押さえ伏せました。隠れようにもアダンの下は避難民でぎっしり埋まっています。手をやられた、耳がないという声で、怪我人がいっぱいでまるで地獄です。町田トシさんは大きく息を吸いこみ、ドタッと倒れました。山入端初子さんも血だらけでした。

（『ひめゆり平和祈念資料館ガイドブック』2004　p 109）

◤「地獄の果て－荒崎海岸」　宮城（旧姓　兼城）喜久子

　（前略）その時です。突然私の所に血だらけの兵隊が転がり込んできたんです。米兵に手榴弾を投げつけたため、逆にやられてこちらに逃げ込んできたのです。「敵だ」と言う叫び声が起こると同時に、平良先生が反射的に9名のいる穴の方へ飛び込んでしまったんですよ。（中略）次の瞬間、どこから現れたのか、米兵が私たちに自動小銃で乱射しました。目と鼻の先の至近距離からです。凄い轟音でした。あそこもパーン。こちらもパーンです。側の安富祖嘉子さんはウーンと唸って私に寄り掛かりました。仲本ミツさんと上地一子さんの2人も即死。右側の曹長も即死して私の顔の上に倒れてきました。島袋とみ・比嘉園子・大兼久良子さんの3人も大怪我でした。

　ちょうどその時、9名のいる穴へ飛び込んだ平良先生が、あっという間に手榴弾自決を遂げてしまったのです。平良先生は腸が全部出て、真中にうつ伏せになっていました。3年生が一番酷い様子で判別できない位でした。（中略）4年生は皆きれいな姿で残っていましたが顔面のあっちこっちにポツンポツンと穴があいていました。

（『ひめゆり平和祈念資料館ガイドブック』2004　p 112）

15. 沖縄県立第二高等女学校 （白梅学徒隊）

学校所在地	那覇市松山（現松山公園付近）
動員数	46名
動員された部隊名	第二十四師団第一野戦病院
配置場所	八重瀬岳の病院壕・東風平分院壕・新城分院壕（八重瀬町）
犠牲者数	17名

学校の沿革・概要

　沖縄県立第二高等女学校（通称：二高女）の前身は、1905（明治38）年那覇市に設立された女子講習会（同年私立那覇女子技芸学校となった）で、当初は那覇市在住の女子を対象に和洋裁、家事などの技芸教育を目的とした学校でした。

　同校は1921（大正10）年に那覇市立実科高等女学校となり、1924（大正13）年には那覇市立高等女学校*、そして1928（昭和3）年には沖縄県立第二高等女学校となりました。

*その時点で普通女学校へ組織変えとなった。

　同校の校舎は那覇市の松尾山高台（現那覇商業高校付近）にあり、周辺には知事官舎や那覇市長官舎、県立病院などの公共建物が多くありました。

　校舎は、1940（昭和15）年に新築されたばかりで、白壁が美しい木造二階建てのモダンな建物でした。1944（昭和19）年当時、生徒数は634名でした（1学年約150名の松・竹・梅の3学級編成）。

戦争への道

　戦線が中国大陸から太平洋へと拡大していく中で戦時体制はますます強化され、他の県下の女学校と同じように二高女でも、英語科が廃止され、薙刀や木刀に加え竹槍訓練も始まりました。

　その頃から学年や学級を中隊・小隊・分隊と呼称するようになり、体操や作業でも隊別行動をとるようになりました。夏休みには学校を災難から未然に防ぐために、分隊交替で、正門前で歩哨に立つこともありました。

　出征兵士留守宅の農作業や保育の手伝い、製菓工場での菓子作り、県庁での葉書書きなどの勤労奉仕作業は以前からありましたが、1943（昭和18）年頃からは小禄飛行場の陣地構築作業が始まり、1944（昭和19）年からは垣花・ガジャンビラの高射砲陣地、上之屋の高射砲陣地、明けて1945（昭和20）年には首里・弁が岳の電波探知機陣地の構築作業に従事させられました。

　1944（昭和19）年に入ると、沖縄が決戦場となる公算がいよいよ高くなり、戦時事故も相次ぎました。8月22日の疎開船対馬丸の沈没では、多くの学童たちに混じって、二高女の生徒1名も亡くなっています。10月10日の大空襲では校舎が焼失してしまい、離島や遠隔地の生徒は帰省し、最寄りの軍の陣地構築作業に協力することになりました。

　同年12月12日には、南風原村神里（現南風原町）付近で軍用列車が爆発、乗っていた二高女の生徒2名が一瞬にして飛散、1名が両手に大火傷を負いました。

　翌年2月6日の昼過ぎには、久米島から那覇へ向かっていた小型客船が米軍機に襲われ、沈没し、二高女の生徒1名が亡くなりました。その生徒は十・十空襲後久米島に帰省していましたが、卒業証書をもらうために学校へ帰る途中でした。

　その頃、「学校に復帰しなければ卒業を認めない」とか「看護隊に入隊しなければ認めない」という通知が学校から来たという噂が流れていました。

戦時下の動向

■動員
①東風平国民学校の第二十四師団野戦病院での看護訓練

　1945（昭和20）年2月、沖縄県立第二高等女学校の稲福全栄校長は、第三十二軍司令部に出頭を求められ「生徒に看護教育を受けさせるように」との要請を受けました。早速、十・十空襲で焼け残った知事官舎で、最上級生の4年生70名ほどに看護教育が始まりました。

　2月中旬頃、再び軍司令部から看護教育を受けるために第二十四師団第一野戦病院（通称：山三四八六連隊）看護教育隊へ入隊するよう要請があり、家庭の事情や健康状態に問題がない56名の入隊が決まりました。

　3月6日、入隊が決まった二高女生56名のうち約50名は指定場所の国場駅（現那覇市）に集合し、2名の教師に引率されて、部隊のある東風平国民学校（現八重瀬町）

へ向かいました。その他の生徒は直接向かったり、先発隊として既に出発したりしていました。

　看護教育は積徳高等女学校生と一緒に受け、1〜3班までは積徳、4・5班が二高女、6班が衛生兵で編成されていました。講義では衛生兵教程に則った衛生看護学をみっちり教えこまれ、午前中に受けた内容は午後にはテストされました。

　生活全般にも軍隊式の規律が求められ、たたんだ毛布が少しでも歪んでいると目茶苦茶にひっくり返されたり、少しの落ち度でも、身がすくむほど怒鳴られビンタが飛びました。「軍隊に入ったからには女であるとは思うな」と口癖のように言われました。

　3月23日には卒業式が予定されていて、学校側から生徒を式に出席させてほしいと軍と交渉していましたが、許可は下りませんでした。

②八重瀬岳の第二十四師団第一野戦病院壕への動員

　看護教育期間は3月いっぱいの予定でしたが、3月23日から上陸に向けた米軍の猛爆撃が開始されたため、その日の夜は、看護教育を受けていた東風平国民学校の裏手の壕に避難し、翌24日東風平村（現八重瀬町）富盛の八重瀬岳に置かれていた第二十四師団第一野戦病院に配置されることになり、連絡をうけた教師によって軍属としての正式な入隊手続きがとられ、「生徒は軍が責任を持つから」と、ふたりの教師は生徒引率の任務を解かれました。

　翌25日、教師とともに2名の生徒が病弱のため除隊し、27日にも家庭の事情・健康上の都合で7名の生徒が除隊し、残りは46名になっていました。

　入隊後数日は三角兵舎で内科患者の看護を行っていましたが、爆撃が激しくなったため八重瀬岳中腹に掘られた壕に移動しました。病院壕には約500名の患者が収容可能で、軍医・看護婦・衛生兵あわせて193名のスタッフがいました。

　3月28日頃、初めて港川方面から負傷兵が運ばれ、それからは次第にたくさんの負傷兵が寝台を埋め尽くすようになりました。

　生徒の仕事は、他の学徒隊と同じく負傷兵の看護や手術の手伝い、水汲み、飯上げ、排泄物の処理、死体埋葬などでした。

　4月下旬、病院壕に直撃弾が炸裂し、落盤したために、壕中央部で執務中の中尉と2名の兵隊が死亡しました。

　それから数日後、負傷兵の激増のため、同壕の80メートル上に手術場壕（通称：上の壕）を増設し、また3km北東の具志頭村新城（現八重瀬町）の自然洞窟（ヌヌマチガマ）に分院（通称：新城分院）を設置しました。

八重瀬岳の手術場壕

　「上の壕」には軍医や看護婦、衛生兵の他5名の生徒が配置されました。当初は二交代勤務でしたが、人手不足のため次第に24時間勤務の状態になっていきました。手術室では連日夕刻から明け方まで凄惨な手術が行われました。場所が丘の上部にあるため上の壕からの水汲みや飯上げは命がけでした。

　「新城分院」は全長500mもある自然洞窟で、地元の人は分院が置かれた所をヌヌマチガマ、反対側をガラビと呼んでいました。この分院にも軍医や看護婦などの他5名の生徒が配置されました。洞窟内には収容人数をはるかに上回る負傷兵がひしめき合い、勤務は富盛と同じように激務

でした。

　6月に入り、近くの前川集落まで米軍が迫ってきたため、同月3日、分院は閉鎖されました。その頃は毎日のように雨が降り続き、洞窟内は川のようになり治療どころではなくなっていました。

　生徒は軍医らとともに八重瀬岳の本院へ帰ることになり、患者にも退院命令が出されましたが、歩けない患者には自決命令が下されました。前夜、青酸カリとブドウ糖の粉末を混合した毒薬が、衛生兵たちによって分包されていました。生徒たちもそれを配るのを手伝わされました。

　毒薬を受け取った患者たちは覚悟の上か取り乱すこともなく服薬し、飲めない患者や死にきれない患者には注射が打たれ、また銃で撃たれた患者もいました。この惨劇に立ち会わされた生徒たちはいたたまれず外へ飛び出し声をあげて泣きました。ここで「処置」された者は500名ともいわれています。

　新城分院開設から10日後の5月上旬、東風平国民学校裏手の丘に「東風平分院」が開設されました。ここには負傷兵を収容する3つの壕と生徒が仮眠・休憩する本部壕がありました（いずれも人工の壕）。ここにも病院関係者他5名の生徒が配置され、激増する負傷兵に、不眠・不休の勤務が続きました。

　米軍が迫ってきたため、この東風平分院も6月3日には閉鎖されました。ここでも撤退時には重傷患者には青酸カリが注射されました。

■解散命令、死の彷徨

　各分院から病院関係者や生徒が八重瀬岳に戻って来た日の翌4日、病院長から第二十四師団第一野戦病院の解散命令が下されました。米軍に追い詰められた軍司令部は、5月末、既に首里を放棄し、南部への撤退を完了していました。

　病院長は「戦局はもはや病院管理ができる状態ではない。米軍は2～3日後にはここまで来る。これより衛生兵はむろん、動ける患者すべての者が戦闘員となって敵陣に突入するように」という解散命令を告げた後、学徒隊には「今日までよく働いてくれた。自分は今国家に代わって君たちに礼を言う」と労いの言葉をかけました。生徒たちは口々に「最後まで、軍と一緒に行動させて下さい」と訴えましたが、命令が撤回されることはありませんでした。

　生徒たちは負傷兵たちに病院の解散を伝え回りましたが、動こうとしない患者もいて、そんな人には「壕に残っていたら処置されるかもしれない」ことをそっと教えました。

　その日も雨が降り続き、八重瀬岳は激しい砲爆撃にさらされていました。外に出ると、大雨のため泥濘と化した道で生徒たちは何度も転倒しました。泥んこの坂道を這いずり回っている重傷患者がいました。そんな患者に生徒たちは水筒の水を飲ませたり、「兵隊さん、頑張って」と声をかけたりしながら南部への道を急ぎました。

　生徒たちはそれぞれ数名ずつ班をつくって南部へと向かいました。6月5日から9日の間に八重瀬岳の野戦病院を撤退した45名の生徒のうち、16名が高嶺村真栄里（現糸満市）の通称ウテル原にたどり着き、再び第一野戦病院の部隊と行動を共にすることになりました。

　国吉には同部隊の壕があり、負傷兵が収容されていたので、それらを看護させるために生徒たちが呼び寄せられたのでした。衛生兵の多くは他の部隊に転属したり斬込隊として出動したりして、病院機能は失われていました。

国吉には通称「上の壕」「下の壕」と呼ばれる壕があり、「上の壕」は食糧や弾薬の倉庫、そして生徒の仮眠所として、「下の壕」は負傷兵の看護場所として使用されていました。

　6月9日、国吉に到着し、茅ぶき小屋で仮眠をとっていた生徒の1人が直撃弾を受け死亡しました。

　6月18日、国吉の丘で米軍の司令官バックナー中将が日本兵に射殺され、そのためか、国吉一帯では米軍による猛攻撃が始まりました。米軍の攻撃は戦闘員・非戦闘員を問わない手当たり次第の無差別攻撃で、辺りは一大殺りく場と化しました。

　21日には下の壕が馬乗り攻撃を受け、手榴弾や黄燐弾が投げ込まれ、火炎放射に襲われ、勤務していた6名の生徒が負傷兵とともに死亡しました。翌22日、上の壕も同様の攻撃を受け2名の生徒が死亡、4名が大火傷を負いましたが、そのうち1名は米軍の収容所で家族に引き取られた後死亡し、3名は奇跡的に生還しています。

　戦後、下の壕には「自決之壕碑」が建てられました。自決した人数や生徒の様子などについての詳細は分かっていません。

　八重瀬岳の野戦病院を撤退し国吉に行かなかった残りの30名の生徒は、それぞれ数名ずつ一緒になって南部へ向かいました。生徒たちは砲弾の炸裂する中で死の彷徨を続け、30名のうち8名が死亡しました。ほとんどの生徒が6月下旬には米軍に収容されていますが、中には重傷を負い糸洲の壕に残され、8月31日になって壕をはい出し米軍に収容された生徒もいます。

白梅学徒隊足跡図

証 言

▶「軍隊には女はいない」　崎山（旧姓　真玉橋）麗子

　「軍隊に入隊したからには女であると思うな」「軍隊では軍隊用語を使え」と最初の訓話の中で聞かされた。つまり、女学生らしい言葉は使用厳禁なのである。午前5時起床。床上げ、洗面、朝礼、人員点呼、軍人勅諭朗読、飯上げ、衛生看護教育、軍歌演習、非常呼集、不寝番。まさしく分刻みの生活に訓練されて行った。

　最初に体験したことで、一番驚いたのは飯上げ当番だった。炊事班から各内務班に、ご飯、お汁、おかずなどを（桶型の入れ物だったと思う）二人で組んで運び、班長に届ける係りのことである。（中略）ひとりでお膳を持って班長の部屋の前に行った。入り口には毛布が垂れ下がっていて中が見えない。手がふさがってノックが出来ないので外から声を掛けてみた。「あのう、班長さんのご飯を持って参りました」「貴様は何か」「はあ？」私はすっかりどぎまぎして、ただおろおろしていると、「ここには女はいないッ。ここは軍隊だ。軍隊言葉がある。もう一度言い直せ」すごくいきり立ったような声だった。「はい、どう言ったらいいのでしょうか」「第四内務班真玉橋麗子以下何名、米田軍曹殿に飯を持って参りました。そう言え」言われた通り、少々びくびくしながらも気を付けてやり直した。「他の班長よりわしの飯が遅くなった。食わん」「………」（どうしよう。これはビンタだ）「とにかく食わんから持って帰れ」

　急いで内務班に帰ってみんなに報告した。結局、食べない…と言われたんだから仕方がない。きっとビンタが飛ぶだろうから、私たちは早く食べておこうと言うことになった。食べ終わったころに班長がすっ飛んできた。二列横隊で待機の姿勢で待っていると、『パン、パン、パン、パン』とビンタが飛んだ。

（『平和への道しるべ－白梅学徒看護隊の記録－』 p 68）

▶「傷の痛みと高熱に喘ぎ苦しむ患者」　中山（旧姓　津波）きく

　病室の中は日々悲惨さを増して行った。包帯交換は5～6日越しとなり、化膿した傷には蛆が湧く有り様であった。顔と言わず体中に蛆が這い回っても自力では払うことも出来ない患者。傷の痛みと高熱に喘ぎ苦しむ患者。脳症を起こして喚き散らし暴れ回る患者。「痛いよー。看護婦さん、包帯を交換して下さい」「学徒さーん、尿器を……」「便器を……」「水ー、水をくれー」と、同時に幾人からもせがまれて、体が幾つあっても追いつかなかった。

　収容能力を超えて患者は運び込まれる。生存の見込みのない負傷者は、軍医の指示で壕入り口の擬装小屋に放置された。まだ声を上げることの出来る患者は、小屋へ汚物処理に行く私たちの足音を聞きつけ、「看護婦さん、傷の手当てをして下さい」と、哀願するように訴えるのだった。その度に身を切られる思いをし、戦場なんだから…と割り切ることは出来なかった。私たちは、軍医や衛生兵の目を盗んで、擬装小屋で負傷者の傷の手当てをした。蛆を払い、消毒をし、マーキュロを塗り、三角巾や包帯を施した。助からないかもしれない…気休めかもしれない…と思いながら、そうせず

証 言

にはいられなかった。

（『平和への道しるべ－白梅学徒看護隊の記録－』p 122）

「苛酷を極めた手術場勤務」　真栄田（旧姓　長嶺）ミヨ子

　患者は殆ど手や足の切断だった。内田和三郎上等兵（医者の卵だと聞いていた）が患者の腰椎に全身麻酔を注射すると、数分で意識がなくなった。局所をアルコール消毒して、石黒信芳軍医中尉が執刀、メスを入れた途端ムクッと白い脂肪が飛びだす。皮膚を上下から切り肉をえぐり骨を糸鋸でゴシゴシ切り落とし、血管や神経を引っ張って奥で結び、皮膚で包むようにして縫合して行く。看護婦は器具を軍医や衛生兵に手渡す役目で、学徒はもっぱら灯り持ちだった。二名の学徒はローソク4本を両手の指の間にはさんで、手術の局所を照らす役目だったがローソクをたらしたりゆらゆら揺らし、その上連日の睡眠不足でついうつらうつらすると、軍医に肘で小突かれ足で蹴飛ばされると、ハッと我にかえった。その事をローソク踊りと呼んでいた。切断された大きな手や足を「捨ててこい」と手渡された。体から離れた手や足のずっしり重い事…。ひと先ず壕の入口に置かれてあるブリキの乾パンの空罐に入れて置く。一晩で4～5人の切断手術が行われ、終了する明け方には満杯になった。

（『平和への道しるべ－白梅学徒看護隊の記録－』p 125）

「與那覇文さんの最後」　金城（旧姓　真栄城）節子

＊榴散弾：弾体内に多数の散弾（多数の細かい弾があられのようにとび散る仕掛けの弾丸）が詰めてあり、炸裂して人馬を殺傷する砲弾。

＊盲貫：盲管、銃創のこと。銃弾が身体を貫通せず、体内にとどまっている傷。

　全員岩穴から出て休んでいると、榴散弾＊が落下し破片が飛び散って、みんな傷を受けてしまった。私は、左手中指の第一関節と右手の甲に傷を受け、あまりの痛さに息も出来ないほどだった。焼けただれた鉄を付けられたような痛み、それに手が重くて持ち上げられない。みんなで傷の手当てをしてくれて本当に有り難かった。包帯で手を岩に吊してようやく落ち着いた。與那覇文さんと平良百合子さんが重傷を負った。文さんは胸に盲貫＊を受け、咳をするたびに血痰が出て苦しそうだった。平良さんはお腹の盲貫で苦しんでいた。文さんの側にいた兵隊さんは、両足のかかとがふっ飛び出血多量で亡くなってしまった。

　その夜、爆撃が静かになってから、近くにいた兵隊さんに手伝ってもらって、二人を戸板に乗せ一路山第二野戦病院へと急いだ。壕入り口に着いたとたん、またも艦砲弾が炸裂し破片が飛び散った。文さんが再負傷してしまった。「足がもげたようー」と叫んだ文さんの声が、今も脳裏に焼き付いている。文さんは腹部貫通の大きい傷を負い、軍医の手で処置はされたが、出血多量で「もう駄目だから、思う存分水を飲ませて上げなさい」とのことだった。水筒の水をおいしそうに飲んだ後は断末魔の苦しみで、見ておれない程の凄まじさだった。色白で細面の文さんが苦しい顔になって、暫くして安らいだ顔に変わり帰らぬ人となった。

証 言

(『平和への道しるべ－白梅学徒看護隊の記録－』 p 172)

▶「生ける屍のような壕生活」　平良（旧姓　平良）百合子

　夜になって学友と兵隊が民家から戸板を調達して来て、文さんと私を、近くの壕へ運んでくれることになった。お腹をやられたら助からない…と、捨鉢な気持ちになっていたので、文さんに先を譲った。夜の闇をぬって運ばれた所は、山第二野戦病院の糸洲の壕だった。友達の肩を借りて壕の奥へ軍医を探した。傷口は化膿し始め痛みも激しくなり熱も出て来た。やっと軍医を見つけたが、「器具の消毒が出来ないので手術は出来ない。表皮が化膿すれば弾は自然に出て来る」と言われた。

　これまでの経験から死刑の宣告に等しいと感じた。枕元に座っている友達の顔が次第にぼやけて、長い昏睡状態へと落ちていったようだ。まる二日間の眠りから覚めて、友達が壕から出て行ったことを兵隊から聞かされた。そのときから傷の手当てをする気力も失って、生ける屍のような長い洞窟生活が始まった。(中略) 傷の痛みと高熱に死ぬ苦しみを味わったり、地下水の増水で流されそうになったり。孤独の淋しさに気も狂いそうなほど泣いたこともあった。その度に、死んでしまいたい…と思った。死んで楽になりたい…と思った。何度も死線をさ迷いながら強運で生き延びて、8月31日、80日余の壕生活に別れを告げて、眩しい太陽の下外界への第一歩を踏み出した。

(『平和への道しるべ－白梅学徒看護隊の記録－』 p 174)

▶「米軍の馬乗り攻撃を受けた国吉の壕」　大城（旧姓　金城）政子

　運命の日が来た。6月21日頃だったか、下の壕が米軍の馬乗り攻撃を受けている…との伝令で、次はきっと、この上の壕が攻撃されると覚悟した。下の壕勤務の学友の事を案じながらじっとしていると、そこへ、幼児を含む15人程の一般の人がぞろぞろ入り込んできた。間もなく、「壕から出て来い」と、米軍の投降呼び掛けが2度～3度とマイクを通して聞こえて来た。壕の中からは誰も答えない。不意に十発位の手榴弾を投げ込まれ、目の前で十数人が呻き声を上げながら倒れた。続いて黄燐弾が打ち込まれた。辺りは一寸先も見えなくなり何がどうなったか判らない。気がついた時には畳二畳程の小さな壕に入っていた。

　それでも私たちは壕を出て行かなかった。今度は『ボーッ』と音がしたかと思うと、激しい炎が壕内を襲った。火炎放射である。外側にいた人々は焼け死に、幼い子供たちは泣き叫び呻き、やがて声がしなくなって死んでいった。学友の上原テル子さんと安森信子さんも、その日に帰らぬ人となってしまった。テルちゃんと信ちゃんが、生前「お母さんに会いたい」と泣きながら小さな声で話していた。思い出すとたまらなくなる。

(『平和への道しるべ－白梅学徒看護隊の記録－』 p 221)

16. 沖縄県立第三高等女学校
（なごらん学徒隊）

学校所在地	名護市
動員数	10名
動員された部隊名	沖縄陸軍病院名護分院
配置場所	八重岳の病院壕（本部町）
犠牲者数	1名

学校の沿革・概要

　沖縄県立第三高等女学校（通称：三高女）の前身は、1920（大正9）年に名護町（現名護市）の旧沖縄県立農業学校跡に創立された国頭郡各村組合立の「実科女学校」で、当初は機織・染色・裁縫を主要教科にした実業補修学校でした（開校は翌1921年4月）。中等教育機関が那覇などの都心に集中していたため、同校の開校は国頭郡域待望の開校となりました。

　開校から3年後の1924（大正13）年には、「高等女学校令」による高等女学校に昇格し、名前も「国頭高等女学校」と改称しました。それからさらに6年後の1930（昭和5）年、国頭郡各村組合の解散に伴い同校は県立に移管し、「沖縄県立第三高等女学校」になりました。

　創立当時は1・2学年合わせて85名ほどの小さな規模の学校でしたが、23年後の1944（昭和19）年には生徒数は総員440名に増加しました。校舎は木造平屋建てで、名護の町が一望できる高台にあり、周囲は緑の木々に囲まれていました。生徒が北部一円から集まってくるので寄宿舎の設備もありました。

戦争への道

　中国大陸での戦線が行き詰まる中、1941（昭和16）年に太平洋戦争が勃発すると、戦争への国民の総動員態勢はますます強化されていきました。三高女でも、県下の他の女学校と同じように学園が急速に軍事化されていき、鍛錬や勤労奉仕作業に明け暮れる毎日となりました。

　三高女では毎月8日の「大詔奉戴日」*には藤野憲夫校長*の掛け声の下に、近くの護佐喜宮で戦争の必勝祈願をした後、八重岳登山を行うようになりました。また高所から飛び降りる訓練なども行われていました。いずれも決戦に向けた生徒の体力鍛錬が目的でした。

　1942（昭和17）年からは英語や機織の授業が廃止され、翌1943（昭和18）年からは、救護法や手旗信号の訓練が行われるようになりました。その年から防空壕掘り、ダム工事などにも従事させられるようになり、また制服がモンペに変わりました。食糧増産の一助にと、校庭も耕されジャガイモ畑へと変えられました。医療薬材のコカ摘み、飛行機の燃料になるヒマシ油栽培にも従事させられました。

　1944（昭和19）年の3月には、卒業生11名を「女子挺身隊」として兵庫県の軍需工場へ送り出しましたが、戦後になってもその11名の消息はわかっていません。その年には陣地構築作業も本格化し、第二歩兵隊（宇土部隊）が守備することになっていた本部半島の山岳地帯の陣地構築作業に駆り出されるようになりました。

　十・十空襲では、本部港や運天港に停泊していた海軍の船が猛攻撃を受け、多くの負傷兵が出ました。そのため三高女の寄宿舎が急きょ負傷兵の収容施設に当てられ、4年生全員が治療の手伝いに駆り出されました。その頃名護町内に住む3、4年生は教師を長として空襲などの際に消火や看護の応援にあたる「補助隊」という組織を結成していました。その補助隊が、十・十空襲で中・南部から避難民がどっと押し寄せてきた際には、受付や炊き出しなどに大活躍しました。

　その後、体育館の一角も通信兵が使用することになったため、寄宿舎にいた生徒は町内の二つの旅館に分宿するようになりました。

*大詔奉戴日：用語集参照。
*藤野憲夫校長：1942（昭和17）年には沖縄県立第一中学校の校長に就任した。

戦時下の動向

■動　員
本部・八重岳の沖縄陸軍病院名護分院

　1945（昭和20）年1月から、三高女4年生の中から10名の生徒を選び、八重岳（現本部町）の沖縄陸軍病院名護分院で、約20日間、看護の実習訓練が行われました。同病院の本部はひめゆり学徒隊が動員された南風原の沖縄陸軍病院でした。

　同分院の病棟は山から切り出してきた丸太を組み立て、屋根や壁は茅でふいた掘建て小屋でした。小屋の中には十・十空襲で負傷した兵隊たちが収容されていました。

　その実習が終わると、さらに別の10名の生徒が選抜されて約20日間の訓練が行われましたが、3月24日、その第二陣が学校に帰って来ると、前年に新装されたばか

りの講堂が米軍の砲弾により焼失していました。職員・生徒をはじめ兵隊や消防団などが消火に努めたようですが、焼け落ちてがれきの山となってしまいました。

その日の晩、職員会議がもたれ、生徒の処遇について話し合われ、ひとりの教員が生徒を家に帰すべきだと主張しましたが、「4年生だけは防衛要員として残しておきましょう」と校長が譲らなかったため、3年生以下は家へ帰され、4年生は学校と行動をともにすることになりました。翌25日に行われる予定だった卒業式は取り止めになりました。

しばらくして、軍から看護訓練を受けた生徒の中から10名を陸軍病院に送るようにと命令があり、その日の夜、生徒たちは軍のトラックに乗せられ、以前、訓練を受けた八重岳の陸軍病院へ連れて行かれました。10名のうち7名は病院に、2名は医務室に、ひとりは連隊本部へ配属されました。*

当初、病院には十・十空襲や艦砲射撃による負傷兵が入っていましたが、4月8日から10日にかけ、上陸した米軍と第二歩兵隊との間で激しい死闘が繰り広げられ、多数の負傷兵が運び込まれるようになりました。 一日一日と、戦闘は熾烈をきわめ、負傷兵の数が激増していき、衛生兵も看護婦も生徒も不眠不休の看護が続きました。病棟内は人いきれとともに、血や膿の悪臭がただよい、麻酔なしで手足を切断する患者の泣き喚く声が響いていました。

4月10日頃、手榴弾を持って宇土部隊長のところへ押しかけてくる兵長を中尉が斬り殺すという事件が起きました。その兵長は米軍の激しい爆撃にもかかわらず高射砲での応戦の命令を出さない部隊長に腹をたて、酒を飲んだ勢いで抗議しようとしたようです。部隊長は反撃すれば集中攻撃を受け、かえって犠牲者が出ると考えていたのかもしれませんが、その事件を引き金に「部隊長はスパイではないか」とささやかれるようになりました。

4月16日、米軍の掃討戦が始まり、このままでは全滅すると考えたのか、その夕方、第二歩兵隊に多野岳（現名護市）への撤退命令が出されました。真部山（本部町）に配属されていた生徒も合流し、深夜になって陸軍病院も多野岳へ撤退を開始しました。

撤退の際、歩行可能な負傷兵は行動を共にしましたが、重傷者には自らの処置のために手榴弾が渡されたようです。出発の前に生徒にも2個の手榴弾が配られ「1個は敵が来たら投げろ、1個は自決用」と言いつけられました。

その後撤退していく道中で、米軍の猛攻撃に遭い、みんな散り散りになってしまい、それぞれ死の彷徨を続け、数日後には米軍に保護されました。撤退の途中、負傷してしまった生徒もいました。また自決しようと試みながらあと一歩のところで思いとどまった生徒もいます。ひとりの生徒が伊豆味（本部町）で砲弾に倒れ亡くなっています。

学校の防衛要員として学校と行動を共にした生徒十数名と校長をはじめ職員とその家族の約10名を合わせた総勢二十数名は八重岳の陸軍病院へ10名の生徒を送り出した後、教育勅語を奉置するためにあらかじめ手配していた大宜味村謝名城の民家に向かいました。 到着した翌日から自分たちが入る防空壕掘りと小屋づくりがはじまりましたが、数日後、民家のすぐ近くでふたりの生徒がハブに噛まれてしまいました。生命に別状はなかったものの、その後山奥へ避難する時にも負ぶっていくことになりました。

やがて米軍の侵攻により謝名城も危険になったため、そこからさらに4，5km先の、

*医務室と連隊本部は4月1日に近くの真部山へ移動

山奥へ避難することになりました。避難先は川の上流の渓谷にある炭焼き窯で、窯の中に茅を敷き、その上で寝起きしました。山奥の避難生活は悲惨でした。衣服に虱がわき、寝ている間に葉ダニやブヨに血を吸われたり、まただんだん食糧が乏しくなり、蘇鉄はおろか蛙やバッタ、木の芯、ねずみなど、目につく食べられそうなものは全部食糧になりました。

　やがて食糧事情が最悪の状態になってしまったため、このまま二十名余の者が集団生活を続けていては共倒れになることが予想されたので、解散することになり、それぞれ家族や知人のもとへ帰ることになりました。

八重岳野戦病院（なごらん学徒隊・上原米子さん画）

なごらん学徒隊足跡図

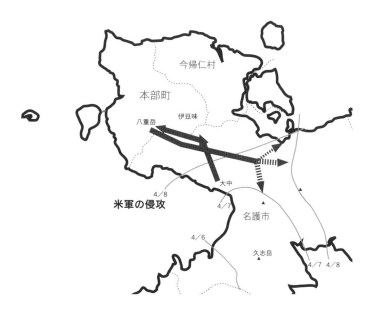

証　言

▶「天皇陛下に捧げた御足だ」　大城（旧姓　富原）信子

　（十月十日米軍の空襲の日の）その晩から四年生は、看護の仕事を手伝うことになった。私は仲村渠和子さんと手術室の当番をおおせつかった。そこは、元寄宿舎の玄関で、灯がもれないように、内側から黒い布を張り巡らせ、夜のうちに治療がなされた。

　手術の際に、懐中電燈を手に渡された。手術台の兵は切断することを気付き、上半身起き上がり「僕の足、切るんですか？」と云って大腿部を両手で押さえた。「何、君の足ではない。恐れ多くも天皇陛下に捧げた御足だ。」と、患者の両手を払いのけた。

　「いや、お母さんからいただいた大切な僕の足です。」と嘆いたが、すぐ上半身を押さえられ、太股部から切断された。男の太い足が手術台の下へ無造作に放り捨てられた。私は、初めての経験で、手術中も冷汗をかき、何度も血の気が引く思いをしたが、電燈で患部を照らす役目なので、逃げることもできず、最後まで電燈を握りしめていた。

（『戦時下の学園記』 p 179）

▶「麻酔薬も使わずに切断手術」　内間（旧姓　大湾）通子

　1日1日と戦争は熾烈をきわめ、それに伴って負傷兵の数も増加していった。病棟内は、人いきれとともに、血のにおいや悪臭がただよっていた。今以て私の脳裏深く刻み込まれていることは、手や足の大手術をしなければならない兵士たちのことである。大手術を施すというのに麻酔薬の使用は一切しなかった。生身のまま切断するので、その苦痛、その残虐さは到底筆舌に尽くせるものではなかった。

　軍医は、「弱音をはくな。」と大声で怒鳴り「みんなも、しっかり押さえつけろ。」と命令する。私たちが腕や足・頭・などを押えているその前で切断された。「痛い！ウウウウ」と泣き喚く兵士達の悲痛な叫び声は、いまだに私の耳に残っている。

　そのように足を切断される者、腕を切断される者が多数いた。あまりの恐ろしさに身体が、わなわな震え、気が遠くなりそうだった。幾日もそのような惨状が続くと、その苛酷さにも少しずつ順応していった。

（『戦時下の学園記』 p 122）

▶「兵隊と共に切り込みに」　山川（旧姓　岸本）敏子

　何百人もの人が隊列を組んで、岩陰や木立伝いに進んでいると、伊差川の薬草園あたりで敵襲に会い、大勢の戦死者が出た。私たちは土手脇に伏せていたら、腕に火の粉がかかったぐらいで助かった。その後は皆散りぢりになり、私は、女6名に男は大尉殿の当番兵の嘉数さんの一団に加わっていた。

　4月16日に真部山で手榴弾を2個ずつ渡されていた。「一つは敵を倒し、一つは自決に使いなさい。女の子は絶対に辱しめを受けないように、捕りそうになったら自決し

証 言

なさい。しかし、その前に敵を一人でも多く殺すように－。」といわれた。隠れて進みながら、近くで米軍の声が聞こえると、子供だった私たちは、すぐにその戒めを実行しようとすると、お姉さんたちは、「相手にぶつかってからでも遅くない。相手の一人ぐらい殺してから死なないことには、国の為にならないでしょう。だから、もう少し我慢しなさい。」と言って止められた。

(『戦時下の学園記』 p 156)

「死にたかったら一人で死んでください」

上原（旧姓　糸数）米子

「もう、けが人はいないか。」と言われ、はじめて自分の足の痛みに気づいた。右足が棒でなぐられたような痛みだった。地下たびをぬいで見ると、白い靴下がまっかに染まっていた。小指と薬指の間に破片がくいこんでいた。抜き取ろうとしたが、びくともしない。消毒だけして三角布でつつんだ。応急処置もひとまず終わったので、みんな我先にと安全地帯を求めて逃げて行った。

　私は、みんなと一緒に逃げるのをあきらめて、その場に残ることにした。大湾さんと仲村渠さんも残ると言うので、私はどうなってもいいから先へ行くようにすすめたが、「あんた一人を残して行くわけにはいかない。」と言って残ってくれた。背に破片を受けた看護婦の比嘉信子さんと患者の中山さんの五人が残った。(中略)

　日は暮れかかり山は、ひっそりしてきた。物音をたてないようにじっと息をのんでいると、衛生班長がやってきた。その班長が、「もう、われわれは助からないから、いっしょに死のう。」と言ったかと思うと、手榴弾の安全弁を抜いて鉄かぶとに、たたきつけようとした。その危機一髪のとき、仲村渠さんが班長の手にしがみつき、「班長、そんなに死にたかったら一人で、どこかへ行って死んでください。」と叫んだ。捨てばちになっていた私は、仲村渠さんの態度に勇気づけられた。

(『戦時下の学園記』 p 106)

17. 沖縄県立首里高等女学校
（瑞泉学徒隊）

学校所在地	那覇市首里桃原町
動員数	61 名
動員された部隊名	第六十二師団野戦病院
配置場所	ナゲーラ壕（南風原町）・仲間分室壕（浦添市）・首里高女分室壕（那覇市）
犠牲者数	33 名

学校の沿革・概要

　沖縄県立首里高等女学校（通称：首里高女）の前身は、1897（明治30）年に朝武士干城（当時首里区長）が、首里尋常高等小学校女子部に付設した「首里区立女子実業補修学校」で、当初は「学齢を超過し、婚期前にある女子に小学校教育の補修と女子一般の技芸を授けること」を目的とした学校でした。

　同校は、3年後の1900（明治33）年には、首里区立女子工芸学校として独立しましたが、開校当時は生徒数が19名、教員が3名の小規模な学校でした。その後、機織・裁縫・染色を中心とした職業教育に努め、規模も次第に拡大し、1934（昭和9）年4月には県立に移管し、沖縄県立女子工芸学校と改称しました。

　同年7月、校舎を首里桃原町内に新築移転しましたが、このころ定員が300名で、修業年限3年の本科をはじめ1年の別科・補習科の3コースがありました。1943（昭和18）年には沖縄県立首里高等女学校*と改称、校舎は首里の城下町にあり、付近は古都のたたずまいで、近くには師範学校男子部や県立第一中学校、県立工業学校などもありました。

* この名称は1943年～1945年までの2年間しか使われなかったので、当時の中等学校生たちには、この名称よりは工芸学校という名称のほうがなじみ深い。

戦争への道

　1943（昭和18）年ごろから、首里高女でも県下の他の女学校と同じように、農村の幼児保育や農作業の手伝いなどの勤労奉仕作業に駆り出されるようになりました。その翌年の1944（昭和19）年には、西原飛行場や津嘉山司令部壕、小禄飛行場、識名高射砲陣地などの構築作業に動員されました。

　同年4月には、校舎が軍の宿舎として接収され、授業は二部制となり、下級生は飛行場などの構築作業に、上級生の4年生は軍の被服工場となった機場で、毎日ミシンを使って軍服の補修や病衣、戦病死兵の死衣装づくりに従事させられました。

　その年10月10日の大空襲後、米軍の沖縄侵攻がにわかに現実のものとなり、生徒の間にも動揺が広がるようになりました。

戦時下の動向

■動　員
①看護教育のために首里赤田町の民家へ

　1945（昭和20）年1月25日から、疎開のため空き家となっていた首里赤田町の山城家（元眼科医院）に生徒を合宿させ、第六十二師団野戦病院の飯塚少尉の下、本格的な看護実習訓練が始まりました。　訓練に参加したのは4年生61名でした。

　実習は、昭和女学校生と一緒に行われ、皮下注射の仕方、包帯の巻き方、傷に応じた様々な応急処置の仕方などを徹底的に教え込まれ、手術のある日は生徒を見学させるなど、一日も早く看護婦として役立つようにと、毎日ハードスケジュールの特訓が行われました。また、早朝起床、点呼、飯上げなど初年兵と変わらない訓練も行われ、夜には不寝番の当番までありました。飯塚少尉は戦争が終わったら、生徒たちに甲種看護婦の免許を与えると、話していました。

　首里高女では、看護教育が始まる前から、校長が「一旦緩急ある時*は沖縄の若い者一名残らず国のために尽くすのだぞ」などと、生徒に従軍の覚悟を促していました。その頃、疎開の手続きをしようとした生徒が学校当局に「何を！この売国奴！」と罵倒された例もあったようです。 ***緩急ある時：危険が迫った時。**

　3月6日、校長より「今度こそ本当に女性も国のために働く時期が到来した。疎開などと言わずに自分の郷土を守り、兵隊の看護に当たるのが使命である。今後は合宿して兵隊同様の訓練をするから、家の人とよく相談して学校に戻ってきなさい」という訓示があり、父兄の許可をもらうために生徒たちは一時帰宅させられました。

②ナゲーラ（現南風原町）の第六十二師団野戦病院

　米軍の沖縄上陸がいよいよ間近に迫った1945（昭和20）年3月15日ごろ、生徒たちは山城家から首里南東の新川（現南風原町）にある第六十二師団野戦病院に配置されました。この辺りの丘陵は通称・ナゲーラ*と呼ばれ、その丘陵に掘られた病院壕もナゲーラ壕と呼ばれていました。 ***ナゲーラとは、流れたりくずれたりする危ない地形をさす言葉。**

ナゲーラ壕でも昭和女学校生と一緒に勤務することになり、1～6班までが首里高女生、7・8班が昭和女学校生となっていました。当初は庶務、薬室、看護、作業と任務によって配置分けされました。3月中旬ごろまではそれほど空襲も激しくなく、警報が出ると壕へ避難し、解除になるとまた任務につくという状況でした。

　3月27日、ナゲーラ壕前の広場にテントを張り、卒業式が行われました。校長先生や2、3名の先生方、部隊長の渋谷少佐のほかには父兄の列席もなく下級生の見送りもない、さみしい卒業式となりました。「海ゆかば」を歌い、校歌を歌い始めたころには生徒のすすり泣く声が聞こえていました。生徒たちには、例年よりも小振りの、工芸学校時代の用紙を使った卒業証書が渡されました。

　4月1日、本島中部に米軍が上陸し戦線が激化するにつれ、負傷兵の数も増加しました。4月下旬からは8時間勤務が24時間勤務となり、睡眠をとる時間さえなくなって通路に座り込み仮眠をとるような状態になりました。5月に入ると、アメーバ赤痢*が流行し、生徒は心身ともに疲労しきっていました。

＊アメーバ赤痢：赤痢アメーバの感染による消化器伝染病。

　生徒の仕事は、他の学徒隊と同じく負傷兵の看護や手術の手伝い、水汲み、飯上げ、排泄物の処理、死体埋葬、伝令などでした。出血多量の負傷兵のために生徒からの輸血も行われました。

　4月12日頃、負傷兵の激増に伴い、前線に近い仲間(なかま)(現浦添(うらそえ)市)に野戦病院の分室(仲間分室)が設置され、地勢に詳しいということで、中頭出身の生徒13名が配置されました。仲間分室壕は激戦の前線に近く、不安がる生徒もいましたが、「中部の生徒は戦争が終わったらそこからそのまま自宅へ帰ってよい」と甘い言葉をかけたり、行きたくないと拒む生徒には、「君らは学徒動員でなく軍属だから命令に服従するように」などと高圧的に命令したりしました。

　仲間分室壕は浦添国民学校のすぐ近くにありました。嘉数高地(かかず)(宜野湾(ぎのわん)市)での戦闘が激化するなか、病院壕には毎晩たくさんの負傷兵が送りこまれるようになりました。激戦を物語るかのように負傷の状態はむごたらしく、多くの患者が手足を切断したものの、亡くなっていきました。仲間分室壕でも作業班の生徒は未完成の壕掘り作業をさせられました。

　4月23日の晩、患者を収容するために仲間分室壕を出た真栄城信子が、砲弾の破片で左の腰骨に負傷しました。真栄城は壕内に運ばれ手当てを受けていましたが、出血がひどく「お母さんは神様だのになんで助けないね」と、亡き母に助けを求めながら、級友に看取られる中、亡くなっていきました。

　米軍が急迫してきたため、真栄城が亡くなった翌24日には、仲間分室壕の生徒は、病院本部のあるナゲーラ壕や首里高女の学校内にある別の分室へ撤退することになりました。

　仲間分室が設置されたころ、首里高女内の壕にも分室(首里高女分室)が設置されました。この分室壕でも仕事の内容は他と同じで、配属された約10名の生徒たちは、負傷兵のうめき声と衛生兵の怒鳴り声が交差する壕の中で、汗と血と膿の悪臭で吐きそうになりながらも、懸命に立ち働きました。

　4月24日には米軍の侵攻に追われるように、仲間分室壕の一部の生徒たちが首里高女分室壕に退避してきましたが、5月中旬ごろからは、首里高女分室壕も危な

ナゲーラ壕

くなってきたため、生徒たちはナゲーラ壕へ移動していきました。

　分室壕はそのほかにもハ号陣地壕*や安波茶分室壕などがあったとされていますが、その壕の状況は不明です。安波茶分室壕と仲間分室壕は同一ではないかという見解もあります。

＊ハ号陣地壕：墓を改造してつくった陣地。現在の南風原町新川のゴミ処理施設近くにあった。

■解　散

　5月下旬、米軍が守備軍司令部のある首里にまで迫ってきたため、5月下旬第六十二師団野戦病院は南部へ撤退することになりました。撤退するまでにナゲーラ壕では熱病（多和田ヨシ）や脳症（金城郁）、直撃弾による腹部貫通（山里富子）により3名の生徒が亡くなっていました。撤退は20日ごろから29日にかけて行われました。

　撤退にともない、生徒たちには負傷兵を識名（現那覇市）から武富（現糸満市）まで運ぶ任務が待っていました。生徒たちは大雨で泥濘と化した道なき道を、負傷兵に肩を貸し南部へ向かいましたが、中には負傷兵護送のために砲弾の降りしきる中を2回も往復させられた生徒もいました。また識名では歩けない重傷患者は、モルヒネやクレゾール液*で処置されました。

　武富の壕へは負傷兵だけを収容し、生徒はすぐに米須の壕（現糸満市の米須小学校から500m離れた所にある）に向かわされました。武富では2名の生徒（大城ヨシ、宮城英）が亡くなっていますが、詳細は不明です。武富の壕には、首里で包帯洗いの最中に重傷を負った外間マサが運び込まれていましたが、撤退の際壕に残され、その後消息不明となりました。

＊クレゾール液：重症患者の処置にクレゾール液が使われたという証言は、この瑞泉学徒隊の証言にしか出てこない。

　米須に着いたのは6月1日の晩でした。米須の壕はかなり大きな壕でしたが、すでに住民や他の部隊が入っていて第六十二師団野戦病院全員を収容するのは無理な状態でした。生徒たちは隣の集落にある伊原の壕（現糸満市。梯梧の塔のある丘陵の北側下方）に移動することになりました。

　伊原で生徒が入っていた壕は壕とは名ばかりで、岩間の前方に石垣を積んだだけの簡単なものでした。到着してしばらくは米軍の砲撃もなく小川で頭を洗ったり、洗濯をしたり久しぶりに人間らしい感覚を取り戻しました。　その数日後、再び米軍の猛攻撃が始まり、6月7日に伊原の庶務班の壕が直撃を受けて落盤し、全員生き埋めになってしまいました。しばらくして数名の衛生兵と生徒が這いだしてきましたが、生徒の一人の武富シゲは生き埋めになったまま亡くなってしまいました。

　6月10日、野戦病院関係者は米須の壕に集められ解散命令が言い渡されましたが、生徒がいまさら放り出されても行く所はないし、最後まで行動をともにするのが当然ではないかと騒ぎ出したので、命令はいったん取り消され、また各自の壕に戻ることになりました。

　やがて米軍が間近に迫って来たため、伊原の壕に入っていた生徒たちも、野戦病院の本部がある米須の壕に集まりました。米須へ移動する際、町田ヨシの腰に付けた手榴弾に、飛んできた砲弾の破片が当たり爆発、町田は死亡しました。戦況が逼迫する中、6月19日、伊原の壕入口で食事をしている最中に砲弾の破片を受け、石川節が重傷を負いその後死亡しました。この伊原の壕では、日にちは不明ですが、砲爆撃により安室博子や山城キク、比嘉孝子も死亡しています。同じ日、2回目の解散命令が出され、兵隊たちは最後の斬り込みに行くことになりました。

　翌々日の6月22日、生徒たちも国頭突破するために壕を出て行きましたが、米軍の厳しい包囲網の中で果たすことができず、再び米須の壕に戻って来ました。壕内に

は生徒たちとは別に南部に避難していた首里高女の石川由紀先生と泉川澄子先生が来ており、生徒たちとの再会を喜びあいました。

　6月23日午前、米須の壕は米軍の馬乗り攻撃に遭い、火炎放射器で焼かれた後、黄燐弾らしきものが投げ込まれ、銃撃が行われました。壕内には入口近くにいた重症者が焼かれる肉の匂いが立ち込め、手榴弾で自決する者が出るなど、悲惨な状況になっていました。

　火炎放射や黄燐弾攻撃により生徒たちは呼吸困難になり、中には包帯で首を絞めて自決しようとする者もいました。そんな状況の中で石川先生が「外へ出ましょう」と声をかけてくれたため、生徒たちは外へ出ることにしました。まだ炎の残る壕内から外に出て、そして「水をいっぱい飲んでから死にたい」と井戸に向かってふらふらと歩いている途中で米軍に囲まれ、収容されました。一緒に収容されたのは石川先生と生徒19名でした。手に負傷していた泉川先生は「私は動けないから壕に残る」と出てこず、そのまま消息不明になりました。

　動員された61名の生徒のうち、撤退前に4名、撤退時に3名、米須で8名、伊原で17名、国頭の米軍病院で1名の生徒が亡くなっています。

瑞泉学徒隊足跡図

東シナ海

宜野湾市

中城村

浦添市

米軍の侵攻
4/8

前田

那覇市

首里

西原町

5/3

仲間

5/31

5/31

弁ヶ岳

5/21

太平洋

識名

新川

国場 一日橋

津嘉山

南風原町

与那原町

6/2

小禄

長堂

山川橋

高平

大里

豊見城市

外間

高嶺

武富

東風平

糸数

南城市

佐敷

知念

志多伯

玉城

6/11

賀数

新城

富盛

具志頭

八重瀬町

座波

与座岳

港川

6/4

6/17

▲八重瀬岳

6/11

高嶺

新垣

真栄平

具志頭

6/17

国吉

真栄里

与座

伊敷

真壁

糸満市

摩文仁

6/20

6/20

糸洲

伊原

米須

福地

6/21

山城

喜屋武岬

証 言

「便所に入っている最中、機銃掃射が…」

宮城（旧姓　伊波）巳知子

　ところで私に大へん困ったことが起った。下痢をしてお腹が痛くなったのだ。便所は壕の入口の左側にあるけれど作業する人達が出入りするので丸見えだし、外に出れば爆撃がはげしいし、がまんしているともらしてしまうしで勇気を出して小高い丘を登って裏の浦添小学校の便所に行った。そしたら敵の飛行機に見られたらしく便所に入っている最中低空飛行して機銃掃射を浴びせてくる。前の壁、後の壁にパチンパチンと音がする。それでも立たずにお腹を押して坐って「神様助けて下さい。」と祈らずにはおれなかった。便が全部出盡くすまで死んでもいいから坐っておこうと決心してのことだった。

　しばらくしたら飛行機は遠ざかって行った。其のスキを見て下の壕へ走って行った。友人の敏子さんは、首を長くして待っていたらしく私の顔を見るなり「あ、よかった生きていたのね。あの低空爆撃でやられたのかと思って心配しているところだったよ」と入口で迎えてくれた。

（『首里高女の乙女たち』p 236）

「学友から最初の犠牲者が…」

池原（旧姓　小橋川）良

　いよいよ、学友からも犠牲者が出ました。四月中旬、金城郁子さんが病室に入ったという事を聞き、とんで行きましたが、「面会謝絶」だといって面会は許されませんでした。何日か経って金城さんが亡くなった事を知り、担架に乗せられたままの遺体が、多数並べられたテント小屋に行き、悲しい最期の別れをしたのでした。日が暮れていましたので、防衛隊員が、丸太を組み合わせた小さな橋を渡り、広い畑だった墓地に金城さんを埋葬して下さいました。

　ドドドドーン。ヒュードカーンと、物凄い艦砲射撃や空からの爆撃が一層激しくなり、私達は五月上旬、とうとうナゲーラの壕を追われ、歩ける患者の手をひきながら、兼城村武富の大きな洞窟壕へ後退しました。広い壕の中はそれはそれは、凄まじい光景でした。足や腕が残酷にもぎとられた人、頭と顔が繃帯でまかれた人、傷口からは、うじが湧き繃帯には、しらみがつき痛々しい何百人とも知れぬ負傷兵が、ひしめき合っていました。

　更に驚いたのは、そこに同郷出身の正看護婦の池原カメ子さんが居た事です。池原さんは片足が切断され重傷でした。私は、「ああ、無惨に傷ついたこの人達も平和な村や街でそれぞれの希望にもえ、頑張っていた方々なのに。何て気の毒だろう」と、言い知れぬ悲しみと、憤りを感じるのでした。（中略）「水をくれー。水がほしい。」と、うなる患者の間をぬって、私達は患者の傷の手当てや芋あさり、水汲みや繃帯洗いなどを懸命にやりました。

（『首里高女の乙女たち』p 39）

証 言

「生死は紙ひとえの運命」　大川（旧姓　平敷屋）トヨ

　4月12日、中頭出身者は中部の地勢に詳しいということで私も浦添の安波茶に第二陣として配置された。米軍が嘉数高地あたりを集中攻撃した頃、負傷兵は毎晩送りこまれ手、足を切断する負傷者が多かった。切断する手足の支えやローソク持ちまたは医師の顔の汗ふきなどをやりながら貧血をおこして倒れたりした。安波茶ではガス壊疽*にかかった患者は2回も切断する場合もあった。

　安波茶では負傷兵の臨終が多かった。殆どの人が「お母さん。」「お母さん。」と何回も叫び、力つきて静かな眠りにつくのであった。

　4月23日の晩、患者収容をするため、安波茶の壕を出て行き、その際砲弾の砲片で真栄城信子さんが負傷した。信子さんは左の腰骨をやられ（中略）壕内に運ばれ軍医の手当てを受けていたが、「お母さんは神様なのになんで助けないね。」と、大きな声で亡き母親に助けを求めていたがとうとうその晩級友に看取られながら亡くなった。信子さんの傷は手のひらの大きさの傷であったが、ショックと出血多量で生きぬくことができず残念でたまらなかった。学徒看護隊から戦死者が出たのは信子さんが最初であった。

（『首里高女の乙女たち』 p 39）

*ガス壊疽：患部が壊疽（体の組織が死ぬこと）を起こし、悪臭あるガスを発生している状態。

「兵隊達が青い炎でジリジリと燃え始め」

比嘉（旧姓　比嘉）スエ子

　6月19日（米軍は）壕の入口から機関銃射撃、その後短刀を投げて反応がないので、後はぞろぞろ入って来て、並んで寝ている負傷兵を次々と短刀で刺して行った。その時の悲鳴が今も脳裏の中に深く刻まれ、思い出すだけでもぞっとする。その後に火焔砲を打ち込まれ、じめじめどろどろの中で火がパチパチはじきながら燃え始めた。短刀で刺された兵隊達が青い焔でジリジリと燃え始め、死体が延びたり縮んだりして燃えるのも目のあたりに見て戦争のおそろしさが忘れられず、今なお、戦争物のテレビなど絶対見ることができない。両方の入口から火攻めに合い、壕の中央あたりに集まり石川先生を含めて皆輪になった。だれかが手榴弾を放そうね、と言ったけど先生が「二つの手榴弾では全員は死ねないから待って」と言うことで助かった。しかし火は両方から迫ってくる。後は窒息状態になり何時の間にか燃える炎の中から出入口へと行き助かった。

（『首里高女の乙女たち』 p 157）

18. 沖縄積徳高等女学校（積徳学徒隊）

学校所在地	那覇市久茂地
動員数	25名
動員された部隊名	第二十四師団第二野戦病院
配置場所	豊見城城址の病院壕（豊見城市）
犠牲者数	3名

学校の沿革・概要

　沖縄積徳高等女学校（通称：積徳高女）の前身は、1918（大正7）年、那覇市松山町大典寺内に、住職管深明によって和裁、家政などの技芸を教える私塾として開設されました。1919（大正8）年から京都本願寺より補助を受けることになり、1925（大正15）年には大典寺隣に校舎を新築。1930（昭和5）年には沖縄家政実科高等女学校と改称し、1932（昭和7）年には那覇市美栄橋町に校舎を移転し、1936（昭和11）年には沖縄家政高等女学校という名称に変わりました。1943（昭和18）年には大典寺の本山である西本願寺管長の号にちなんで沖縄積徳高等女学校*と改称されました。

*この名称は1943〜1945年までの2年間しか使われなかったので、当時の中等学校生たちには、この名称よりは家政女学校という名称のほうがなじみ深い。

　同校のすぐ前には久茂地川が流れ、川を隔てて向こう側は線香屋や食堂などが建ち並ぶ下町的な店先が続いていました。大典寺内には学生寮があり、遠隔地や離島の生徒たちが入っていました。1944（昭和19）年当時、生徒数は450名で（補修料の50名を含む）、1学年100名の定員でした。

戦争への道

　1944（昭和19）年になると、小禄飛行場や垣花・ガジャンビラ*の高射砲陣地の構築作業に従事させられるようになり、明けても暮れても作業作業の日々となりました。

　同年10月10日の大空襲では校舎と学生寮が全焼してしまい、その日の夜、寮の生徒は寮長の教師とともに本島北部へ避難しました。数日後、北部から帰っては来たものの、校舎と学生寮が全焼していたため、寮生は女師・一高女の学園の近くにあった先生の自宅に寄宿させてもらうことになりました。数ヶ月後には、その寄宿していた寮生全員がそのまま第二十四師団野戦病院に動員されることになりました。

　積徳高女では、「看護隊に入隊しなければ卒業を認めない」というような話はなかったようですが、疎開を願い出ると「非国民と言われるぞ」と脅かされた生徒もいました。生徒たちは十・十空襲後の混乱の中で、半強制的に野戦病院に動員されることになったのです。

*ガジャンビラ：那覇市の小禄と垣花を分ける坂道。

戦時下の動向

■動員

①東風平国民学校の第二十四師団野戦病院での看護訓練

　1945年（昭和20）年2月、軍医中尉が来校し、生徒たちへの看護教育の要請があり、同月23日、4年生60名余りが二高女生とともに、東風平国民学校へ行くことになりました。

　引率した2名の女性教師も生徒と一緒に合宿していましたが、1カ月後の米軍の上陸作戦が始まった3月23日、部隊長（小池勇助少佐）から「学徒は皆、今日から入隊させますので、先生方は学校に報告して下さい」と言われ、那覇に戻ることになりました。

　3月31日には卒業式が行われる予定でしたが、米軍の猛爆撃のため中止されました。

　東風平国民学校では二高女生と同じ様に、生活全般に軍隊式の規律が求められ、少々のミスでも激しく怒鳴られたり、ビンタを受けたりしました。午前中に行われた看護教育の講義は午後にはテストされましたが、一緒に訓練を受けていた二高女生との競争意識をあおられ、死に物狂いで勉強させられました。

②八重瀬岳の第二十四師団第二野戦病院壕への動員

　3月23日、上陸に向けた米軍の猛爆撃が開始されたため、その日の夜、56名の生徒は豊見城村（現豊見城市）の豊見城城址にある第二十四師団第二野戦病院に配属されました。到着後、入隊を希望するか否かの調書がとられ、結局56名中25名だけが入隊することになりました。

　日頃から忠君愛国*、滅私奉公*と教育されていた生徒たちは、戦争に参加することは当然のことと思っており、神国日本の勝利を信じていました。健康や家族の事情などで除隊を希望する学友が部隊を離れる時も、涙も流さずあっさりしたものでした。

*忠君愛国：君主のために身命を惜しまず国を愛すること。

*滅私奉公：私利私欲を捨てて国家社会のために力を尽くすこと。

豊見城城址野戦病院壕

配属された豊見城城址は、樹木がうっそうと生い茂り、横穴式にいくつもの壕が掘られていました。病院には生徒以外に軍医・衛生兵・看護婦あわせて194名のスタッフがいました。

生徒の仕事は、他の女子学徒隊と同じく負傷兵の看護や手術の手伝い、水汲み、飯上げ、排泄物の処理、死体埋葬、伝令などでした。

最初の頃、負傷兵の数は少なく壕内は静かでしたが、4月中旬頃から宜野湾（ぎのわん）や浦添（うらそえ）などの前線から負傷兵がどんどん運ばれて来るようになりました。運びこまれて来る内臓破裂の患者や腕や足がもぎとられた患者、下顎のない患者などは、悪化する戦線をそのまま物語っていました。

やがて医療品の数も少なくなり、患者の傷口からは蛆がわき、脳症を起こした兵隊が暴れ回ったりするなど、壕内は阿鼻叫喚の地獄と化してきました。生徒の勤務も不眠不休に近い状態が続き、疲労が極度の域に達していました。

5月下旬、首里（しゅり）の軍司令部まで米軍が迫ってきたため、同野戦病院も糸洲（いとす）（現糸満市（いとまんし））の自然洞窟に移動することになりました。移動の際、「重傷患者は青酸カリで処置するよう」という命令があったようですが、命令を受けた軍医は「本来なら患者を治してやるべき医者が、たとえ戦時下であろうと命を奪うことは忍びない」と判断し、患者一人ひとりに励ましの言葉をかけ、「敵が攻めてきたらこれで戦うように」と言い残し、手榴弾を渡し撤退しました。

＊雑のう：肩にかける布製のカバン。

大雨の中を、衛生兵は医療品を担ぎ、生徒は雑のう＊を背負って、ひたすら南部へ向かいました。撤退の途中、何度か「やられた」という負傷兵の声を耳にしましたが、後ろ髪を引かれながらも黙々と前進するだけでした。照明弾や砲弾が飛び交う中、生徒は泥濘（ぬかるみ）と化した道を必死に歩き続け、ひとりの犠牲者もなく翌朝南部へたどり着きました。

■解散命令、死の彷徨（ほうこう）

移動した頃の南部はとても静かでしたが、次第に砲爆撃が激しくなり、砲弾が炸裂するから入口は危険だということで、6月の中旬頃、生徒は奥の方へ移動させられました。洞窟内の配置は入口に衛生兵、中間に隊長と軍医、そして一番奥が生徒という割り当てになっていました。

奥の方は天井が高く中央部に地下水が流れ飲み水には不自由しませんでしたが、飯上げや用足しの度に水につかるため足の裏は白くふやけ、血がにじむようになりました。

奥に移動してから数日後、ガス弾が投げ込まれ入口から轟音とともに爆発が起こり、白い煙がむくむくと洞窟内に流れました。「ガスだ。ガスだ」という兵隊の合図で、皆大急ぎで水をたっぷり含ませた布を口や鼻に当てました。その後幾度か、ガス弾攻撃が続きましたが、洞窟内を流れていた水にタオルを浸すことができたため、命を救われました。

6月26日の夕方、生徒は全員洞窟の入口に集まるように言われました。そこで小池隊長から労いの言葉と訓示を受け、今日限りで全員解散すると命令されました。小池隊長は「必ず親元へ帰りなさい。決して死んではいけない」と命の尊さを強調し一人

ひとりと握手を交わしました。

　小池隊長はその後、洞窟内で自決したようですが、「決して死んではいけない」という最後の言葉は、多くの生徒たちの心に残り、解散後を生き抜くための大きな力となったようです。

　生徒たちは洞窟を出ていくことに大きな不安を抱いていましたが、中に留まることが許されない雰囲気だったので、数名ずつ連れだって出ていきました。

　出発する間際、衛生兵から「大通りを避けて目立たない所を通って行きなさい。遠い所に敵を発見したら、そっと回り道をして行きなさい。右手の山裾を行くとよい」とアドバイスされたり、「米軍は勝ち誇っているし、女尊男卑の国だから女・子どもには決して手荒なことはしない。安心して行きなさい」と励まされたりした生徒もいました。

　洞窟を出た生徒たちは、猛攻撃の中、死の彷徨を続け、ある者は傷を負い、ある者は無傷のうちに米軍に収容されました。積徳学徒隊のうち、3名の生徒が死亡しましたが、そのうちひとりの生徒は米軍に狙い撃ちされ重傷を負い米軍に保護されましたが、収容所で亡くなりました。

積徳学徒隊足跡図

証言

「生きていてウジ虫が湧くのか」

真喜志（旧姓　山里）光子

（前略）4月の中旬頃から事態は一変して浦添方面から負傷兵がどんどん運ばれてきました。

　頭をやられた兵隊、手足を負傷した兵隊、腹部をやられて虫の息の兵隊と、さまざまな負傷兵が担架で担がれてきました。壕内は負傷兵の高熱とムンムンした熱気、血の臭い、膿の臭い、排泄物の臭い、うめき声とまさに此（こ）の世の生き地獄でした。「水、水」と要求すれば水を持って行き、パインの空き缶で尿を、便器をと目の廻る忙しさでした。（中略）

　医薬品も少なくなり包帯交換も2、3日おきになって、早く治療をと訴えていたが、交換の日がきて、包帯を取ると傷口からはうじ虫がうようよ動いている状態で、これを隣りの負傷兵が「生きていてウジ虫が湧くのか、きたない」と罵声をあびせていたが、その兵隊も同様にウジ虫が湧いていました。痛みに堪え静かな兵隊は良い方で、脳症をおこし「棒をのんだ、棒をのんだ」と大声をだして暴れる兵隊がいて、衛生兵が「お前の家族がこの様を見たら悲しむだろう、しっかりしろ」となだめすかしたりしていたが喚きちらすばかりでした。素裸になり明るい入口めがけて走り出しては衛生兵に連れ戻される脳症患者もいました。首が硬直し歯がかみ合い口の両端から泡を出して飲むことも食べることもできず、眼は何かを訴えている破傷風患者はとてもまともには見られない気の毒な症状で、完治しないまま亡くなっていきました。

（『積徳高等女学校昭和二十年記念誌　平和を祈って』p 92）

「国頭のほうへ突破して親元へ帰りなさい」

名城（旧姓　座間味）文子

　それから暫（しばら）くした6月の27日頃、米軍にがまの上にある穴から爆弾投下され、下にいた兵隊は即死したり両手やられたり大変でした。その後、米軍に馬乗りされたらしく、とうとう、そこから200メートルくらい奥の、水が膝上まで浸（ひた）る所まで移動しました。

　将校当番の時、食糧は醤油樽に入れて水に浮かして運んでいました。ありがたい事に1日1回ちゃんと食事が配られました。薪はずっと遠い糸洲の部落から、家の軒柱や戸板などを運んできました。二人でがまの奥へ長い物を運ぶのに、土手にゴッツン、ゴッツンぶつかり、暗い水の中をザブンザブン転げそうになったりしました。そんな湿った所でどうして、薪が焚けたのか今でも不思議に思います。

　入口からガス弾が投げ込まれ、「ガス！ガス！」の叫びとともに、鼻やのどがひりひり痛み、咳き込むなど大変でしたが、防毒マスクも無いので、急いで土手の角にあるカボチャの形をした泉へかけ寄り、タオルや衣服を浸して頭へ被り、暫くじっとガスが去るのを待っていました。こんなことが1日に2、3回ありました。（中略）

証　言

　それから暫くして、小池隊長のところへ集められ「今までご苦労さまでした。君た
ちはこれから国頭のほうへ突破して親元へ帰りなさい。是非生き残って、若い世代に
こんな悲惨な戦争は二度と起こしてはいけないと語り継いでくれ。」と諭されました。
その後少量の非常食がひとりひとりに配られ、隊長と握手して別れを惜しみました。
小池隊長はそのあと、自決なさったようです。

（『野戦病院　血と涙の記録』 p 22）

「どうぞ神様、お友達を助けてください」

仲里（旧姓　下里）ハル

　「さあ突破しよう。」激戦地では、照明弾の炸裂で明るく飛び交う砲弾の中を一歩一
歩前進しなければ、目標の北部へ行けない。時々声をかけあって無事を確認しつつ前
進しました。
　4日間は、無事でしたが5日目の朝疲れて寝ていると、「皆んな起きて！」大仲さん
の叫び声。飛び上がると敵兵の声が聞こえ、あっという間に数人の敵兵が目前に立っ
ていました。どうしようと顔を見合わせていると、近くにいたと思われる日本兵が、
手榴弾を敵兵に投げたので（それ今だ）と反対側へ無我夢中で逃げましたが、そこは、
敵陣地の真只中。それこそ雨が降るように集中攻撃を受けましたので、すぐ伏せてい
ると後の方で「やられた。やられた。逃げないで、助けて。」と紀久ちゃんの悲痛な
叫び…。なんと全員倒れて血の海となっていました。"どうしよう、どうしよう。" 私
は自分の体をさわると、血は出ていない。しかし髪の左の三つ編が無い。吃驚したが
体は無事でしたので「二人を助けよう」と思っているけど、どうしてよいかわからな
い…暫くして、敵兵の車が来たので「助けてください。」と私は拝み続けました。
　怪我をした二人を乗せて、治療車は走り去って行きました。「どうぞ神様お友達を助
けてください。」私一人取り残されました。私は怖いやら寂しいやら泣き出している
と、アメリカのMP *が私を車に乗せ、収容所へ連れて行くとの事。ぶるぶる震えて
いると、優しく水を飲ませてくださいました。でも、これからどこへ連れていくので
しょうと思うと恐ろしく泣きだし、"お母さん助けて" と心の中で叫び続けているうち
に、収容所に着きました。

（『野戦病院　血と涙の記録』 p 36）

*MP：ミリタリーポリスの
略称。軍の警察。

19. 昭和女学校（梯梧学徒隊）

学校所在地	那覇市泊
動員数	17名
動員された部隊名	第六十二師団野戦病院
配置場所	ナゲーラ壕（南風原町）・識名分室壕（那覇市）
犠牲者数	9名

学校の沿革・概要

　昭和女学校＊は、1930（昭和5）年に八巻太一氏が設立した、戦前の沖縄で一番若い私立女学校でした。八巻氏は山梨県の出身で、同県内の小学校校長をしていましたが、森川辰之助・山梨師範学校校長の計らいで、1911（明治44）年に読谷山小学校校長として沖縄に赴任、県立一高女の教諭を退職した後、昭和女学校を設立しました。八巻氏は、女子中等教育の普及・啓発、公立女子中等学校の入学難の解消に情熱を燃やし、人格教育（知育・徳育）と商業教育を柱にした特色ある学校経営のために私財を投じて昭和女学校を設立しました。設立当時、学級数は5、生徒数152名でしたが、1943（昭和18）年には、学級数6、生徒数320名となっていました。

　学校は崇元寺の近くにあり、校舎は安里川とデイゴの並木に挟まれ、前には泊高橋に通じる大きな道路が走っていました。

　昭和女学校は誕生したばかりの若い女学校でしたが、沖縄戦の戦火に巻き込まれ、開校から13年という短い命を終えることになりました。

戦争への道

　1943（昭和18）年ごろから、昭和女学校でも農村の幼児保育や出征兵士留守宅の農作業の手伝いなどの勤労奉仕作業に駆り出されるようになり、翌年の1944（昭和19）年には、ガジャンビラの高射砲陣地、小禄飛行場、上間高射砲陣地などの構築作業に動員されました。

　1944（昭和19）年7月には、校舎が軍の弾薬倉庫に接収されたため、近くの崇元寺の境内に仮校舎を建築し、陣地構築作業の合間に授業が続けられました。

　その年10月10日の大空襲（十・十空襲）によって、多くの県民が米軍の沖縄侵攻をにわかに現実のものと意識するようになり、生徒の間にも動揺が広がるようになりました。十・十空襲後、昭和女学校に第六十二師団野戦病院から軍医、下士官ら4, 5人が来校し、4年生に対し、毎日午後から予備看護教育を実施するようになりました。

戦時下の動向

■動　員
①看護教育のために首里赤田町の民家へ

　1945（昭和20）年1月25日から、疎開のため空き家となっていた首里赤田町の山城家（元眼科医院）と宮城家に昭和女学校と首里高女の生徒らを合宿させ、第六十二師団野戦病院の飯塚少尉の下、本格的な看護実習訓練が始まりました。訓練に参加したのは4年生約80名でした。

　実習は、首里高女生と一緒に行われ、皮下注射の仕方、包帯の巻き方、傷に応じた様々な応急処置の仕方などを徹底的に教え込まれ、毎日ハードスケジュールの特訓が行われました。また、早朝起床、点呼、飯上げなど初年兵と変わらない訓練も行われ、夜には不寝番の当番までありました。

②ナゲーラ壕（現南風原町）の第六十二師団野戦病院

　米軍の沖縄上陸がいよいよ間近に迫った1945（昭和20）年3月15日ごろ、生徒たちは首里高女生と一緒に、山城家から第六十二師団野戦病院に配置されました。同病院壕は首里南東の新川（現南風原町）にあり、通称ナゲーラ壕と呼ばれていました。

　ナゲーラ壕では、1〜6班までが首里高女生、7・8班が昭和女学校生となっていました。3月中旬ごろまではそれほど空襲も激しくなく、警報が出ると壕へ避難し、解除になるとまた任務につくという状況でした。

　3月22日、生徒たちは家族との面会が許されましたが、翌日の23日に米軍の上陸に向けた激しい空襲が行われたため、そのまま帰隊できなかった生徒もいて、結局17名の生徒が病院壕で勤務することになりました。

　3月27日、ナゲーラ壕の前で首里高女の卒業式が行われましたが、昭和女学校は引率の教師がひとりもいなかったため、卒業式を行うことができませんでした。

　4月1日米軍が上陸し宜野湾−浦添戦線が激化するにつれ、負傷兵の数も増加しま

した。4月下旬からは8時間勤務が24時間勤務となり、睡眠をとる時間さえなくなって通路に座り込み仮眠をとるような状態になりました。5月に入ると、アメーバー赤痢が流行し、どの生徒も激しい下痢に襲われ、心身ともに疲労しきっていました。

生徒の仕事は、他の学徒隊と同じく負傷兵の看護や手術の手伝い、水汲み、飯上げ、排泄物の処理、死体埋葬、伝令などでした。

負傷兵の激増に伴い、4月12日ごろ首里高女生の20名ほどが仲間分室壕と首里高女分室壕へ、17日ごろには昭和女学校生の9名も識名の分室（識名分室・現那覇市）へ配属されました。識名分室は光明寺横の鍾乳洞内に設置されていました。

嘉数高地（現宜野湾市）での戦闘が激化する中、どの病院壕にも毎晩たくさんの負傷兵が送りこまれるようになりました。壕内は、内臓破裂の患者、手足をもぎ取られた患者などが、足の踏み場もないほどあふれかえり、軍医も看護婦も生徒も、患者の上をまたいで歩き治療に当たりました。手足切断の手術はしたものの、多くの患者が毎日のように亡くなっていきました。

4月29日、天長節*の夜、米軍の激しい攻撃にさらされ、ナゲーラの病院壕で勤務を終え休憩所へ向かっていた照屋タマが、砲弾の破片を受け出血多量で死亡しました。タマの心臓からはホースから水が噴き出すように血が流出していました。昭和女学校生初の犠牲者でした。

5月13日には、識名分室壕での勤務を終え生徒たちが一眠りしていたところ、壕入口の爆弾が落ち前川清子が即死、饒波八重子も婦長とともに重傷を負い、ふたりとも間もなく息を引き取りました。前川と饒波は近くの松の木の根元に埋葬され、戦後遺族や学友らの手によってその遺骨が収集されました。

識名分室壕

■解散命令、死の彷徨

5月下旬、米軍が守備軍司令部のある首里にまで迫ってきたため、野戦病院は5月27日に南部へ撤退することになりました。

撤退にともない、生徒たちには負傷兵を識名（現那覇市）から武富（現糸満市）まで運ぶ任務が待っていました。生徒たちは大雨で泥濘と化した道なき道を、負傷兵に肩を貸しあるいは担架を担ぎながら南部へ向かいました。

*天長節：四大節のひとつ。天皇誕生の祝日のこと。第二次大戦後天皇誕生日と改称。昭和の天長節が現在「昭和の日」となっている。

　雨でぐっしょり濡れた体と荷物は鉛のように重く、砲弾が鉄の暴風のように飛び交っていました。識名では歩けない重傷患者は、隊長の命令で衛生兵によってモルヒネやクレゾール液で処置されました。

　武富の壕には2週間ほど滞在した後、そこも砲撃が激しくなったため、野戦病院関係者はさらに南の米須（こめす）へ向かいました。米須に到着したのは6月上旬の晩でした。生徒の中には到着して間もなく阿波根（あはごん）の病院壕（現糸満市）に応援に行かされた者もいましたが、米兵の急迫により翌日戻ってくることになりました。米須の壕はかなり大きな壕でしたが、すでに住民や他の部隊が入っていて満杯の状態でした。その壕に全員入ることができなかったため、生徒は伊原の壕（糸満市。梯梧（ていご）の塔のある丘陵の北側下方）に入ることになりました。

　伊原の壕は壕とは名ばかりで、岩の前方に石垣を積んだだけの簡単なものでした。到着してしばらくは米軍の砲撃もなく小川で頭を洗ったり、洗濯をしたり久しぶりに人間らしい感覚を取り戻しました。

　その数日後、再び米軍の猛攻撃が始まりました。米軍の猛攻の中で病院組織を維持することが難しくなったためか、6月8日になると、野戦病院の兵隊は看護婦や生徒を集め、解散命令を伝えました。「一応解散する。具志頭村の港川（みなとがわ）（現八重瀬町（やえせちょう））は危険もないからそこへ行くように」という内容でした。

　解散命令を受けたものの、生徒たちは行くあてはありませんでした。生徒たちが困惑しているところへ砲撃が始まったため、その後みんな散り散りになってしまいました。その中で稲福（旧姓浜元）マサ、高見（旧姓小嶺）幸だけは、再び元の伊原の壕へ戻りました。

　稲福らが伊原の壕に戻ってしばらくして壕が直撃を受け落盤し、中に入っていた人が生き埋めになってしまいました。その後崩落した壕の奥から数名の衛生兵と生徒がはい出してきましたが、首里高女生ひとりが生き埋めになったまま、亡くなってしまいました。

　その落盤の後、稲福と高見はその壕を出て、そこから500m離れた、3名の学友ら（仲栄間米、大城キヨ、前川眞知子）がいる壕に向かいました。稲福らは3名の学友の隣の壕に入りましたが、そこら一帯も砲撃を受け、隣の壕が落盤し3名の学友が生き埋めになりました。そのうち仲栄間と大城は死亡し、前川は助け出され人工呼吸により奇跡的に息を吹き返しました。

　その後、稲福らは本部のある米須の壕へ行くことになりました。落盤した壕から息を吹き返したものの前川はまだ意識がはっきりしていなかったため、その壕に残されることになりました＊。米須の壕に向かおうと道に出ていた島袋文は、迫撃砲の砲撃により重傷を負いしばらくして死亡しました。

　稲福らが米須の壕に入って後、戦況が逼迫（ひっぱく）する中、6月19日には「沖縄陸軍病院第三外科壕が全滅した。明朝敵はこの壕にやってくる。兵は各自戦闘態勢を取れ、生徒、看護婦は解散する。国頭には友軍が健在で戦っている。一線を突破して行くように」という二度目の解散命令が出され、兵隊たちは最後の斬り込みに行くことになりました。首里高女の生徒たちの多くはそのまま米須の壕に留まっていましたが、稲福と高見、そして1ヶ月以上も前にナゲーラ壕で別れ米須の壕で再会した諸見川（旧姓潮平）美枝の3名は壕を出ました。壕を出た稲福らは米須一帯を彷徨し、2日後の6月21日、溝に隠れていたところ「出て来ないと殺すぞ」という米軍の投降呼びかけにより、溝を出て収容されました。

＊前川（旧姓山川）眞知子は生存の見込みがないと思われていたが、その後沖縄戦から生き残ることができた。

梯梧学徒隊足跡図

宜野湾市

浦添市

中城村

仲間

前田

米軍の侵攻
4/8

東シナ海

5/31

5/31

泊

首里

弁ヶ岳

西原町

5/3

太平洋

那覇市

識名

新川

5/21

国場 一日橋

与那原町

6/2

津嘉山

南風原町

小禄

長堂

山川橋

高平

大里

外間

豊見城市

高嶺

知念

武富

志多伯

東風平

糸数

南城市

6/11

賀数

新城

富盛

佐敷

玉城

座波

与座岳

具志頭

八重瀬町

港川

6/4

6/17

高嶺

八重瀬岳

真栄平

6/11

国吉

新垣

具志頭

真栄里

6/17

与座

伊敷

真壁

摩文仁

6/20

6/20

糸洲

伊原

米須

喜屋武岬

福地

山城

6/21

証 言

「戦場という所では人間の命なんてまるで虫けら同然」

糸数（旧姓　糸数）禧子

　戦闘が首里に近づくにつれ愈々負傷兵が多くなり、次々と送られて来た。壕の中は
いっぱいになり収容する場所がない。折角つらい思いをして病院までようやくつい
ても、中に入る事が出来ずそのまま壕外に放置され担架にのせられ、血だらけのまま
の軍服が間断なく打上げられる照明弾にてらし出された姿はあたかも地獄絵でも見
る様な凄惨なものであった。その中には中に入れてくれと頼む人も居たが満員でど
うする事も出来なかった。一度などは壕外にいた四十名近い負傷兵の真中に砲弾が
落ちて衛生兵共々全員が死んで、肉片だけが八ツ位の担架に積まれていた。
　戦場という所では人間の命なんてまるで虫けら同然である。他の部隊の兵隊等は
折角ここまで来ても断られている。自分の部隊の状態さえこんな具合だから、余裕な
んて全くなかったと思う。断られた負傷兵はつかれきった付添人に担架にのせられ
たり又は一人で杖をつきながら次々に元来た道を体をひきずる様にして、ひっかえし
て行く。どこに行くのか、烈しい弾の中を闇に消えて行った。
　　　　　　　　　　　　　　　　（『戦場に生きる－梯梧学徒の体験記』p 88）

「恋人に替って安らかに息を引き取らせよう」

諸見川（旧姓　潮平）美枝

　トラックに満載された負傷兵がどっと運び込まれて来た。私達は上の大通りまで
行き、二人一組で負傷兵を担架で壕内に運ぶ。急坂なのでバランスも取りにくい。私
達の倍以上の重量が肩にくい込み足がふらつく、満身の力を込めて頑張った。壕内は
ごった返した。予期した事とはいえ1日にして何十、何百の命ののた打つ地獄図と化
した。目、頭、腹、四肢等、吹っ飛び、射貫かれた様々な姿が生々しい血や泥にまみ
れている。（中略）
　処置室勤務だった私は治療班に廻された。第一日目、看護婦の松本芳子さんと替っ
て外科第三号室に包帯交換に行った。軍医は手術に追われ、病室の治療は衛生兵と看
護婦、生徒で二班に分かれ交替で行われた。病室に入ると、「痛い！、痛い！」「早くし
てくれ、うじが湧いているぞ」等と口々に怒鳴り立てる。（中略）ピンセットで肉をは
さみ上げて見た。とたんにさっと溢れるうじ虫…、私はピンセットを落とした。全身
から血が引いていく思いがした。コップ2、3杯位もあったろうか、やらなければな
らない、どうしてもやらなければと、自分にむち打ちやっと気を取り戻した。これだ
けの虫に喰いつかれてどんなに苦しかったろう、楽にしてやるのが任務ではないかと
気を張った。（中略）
　ある日、前線から頭も胸も包帯で覆われた重傷患者が運び込まれて来た。（中略）胸
の手術が終わり包帯が巻かれた。苦しそうな息の中から、「○○子、○○子」（名前は忘
れた）と絶え絶えに呼び続け両手を伸ばしてまさぐり求める仕草に見かねたのか軍医

が「潮平君、手を握ってやれ」とおっしゃる。呼ぶのは妻か、恋人か、娘か、その人に替って、この人を安らかに息を引き取らせよう、こんな思いで「ハイ」と答え、名も知らぬ顔も見えない人のさまよう手を握りしめた。この人の心が愛しい人に届くように祈りながら。安心したように握った手を握り返し、何かつぶやきながらじっとしていたが、弱い呼吸とともに、やがてその力は抜け静かに息を引き取った。

（『戦場に生きる－梯梧学徒の体験記』p 160）

「饒波さんは、左顔面をえぐられ…」 　稲福（旧姓　浜元）マサ

（前略）一人の兵隊が、「入口がやられた。」と血相を変えて入ってきた。私は茫然としたまま身動きができず、しばらくして「どうなっているの？」と聞いた。一人は即死で何名かの負傷者が出たという。暗闇の中、手探りで入口の方へ急いだ。途中負傷者が血を流しながら治療室へと行く。前川さんが即死で、饒波さんと城間敏婦長は重傷だと聞いた。私は動悸で息苦しくなった。

入口は硝煙の臭いがしてごったがえしている。前川さんの寝る場所は決まってピアノの側だったのですぐに分かった。変わり果てた親友を見て私は棒立ちになって声も出ない。一体この様は……。前川さんは腹部直撃で即死である。そばで唸っている饒波さんは、左顔面をえぐられ、腕、胸部、足と惨憺たる状態でありながらも全身から絞り出すようにかすかな声が聞こえる。「饒波さん、饒波さん言いたいことがあるの？言ってごらん。」「国頭へ帰ったらね…。」後は声にならない。「饒波さん、饒波さん、何よー。もう一度言って…。」私は懸命に揺すりながら後の言葉を聞こうとしたが、とうとう息を引きとってしまい残念でならなかった。

（『戦場に生きる－梯梧学徒の体験記』p 29）

「お兄さん、おばあさんの所へ行きたい」

稲福（旧姓　浜元）マサ

（前略）迫撃砲の連発がポンポンポンと連続に聞こえてきた。最後の弾がすぐ近くで炸裂し目も眩まんばかりの閃光にふらついた。瞬間私は左大腿部に熱いものを感じ反射的に左手で大腿部を押え、これで最期だ。大量の出血を予想しすっかり観念しながら、おそるおそる左手を見たが出血はない。やられていないんだ。しかしあの熱さは何だったんだろうと不思議に思いながら助かった事にほっとした。

島袋さん、町田さん、小嶺さんの安否が気になって、「どんな？」と聞くと、「浜元さんやられたよ…」と苦しそうに悲鳴をあげている。島袋さんの右大腿部はぐじゃぐじゃにやられ僅かな筋肉で辛じて切断をまぬがれている。「苦しい、止血して…」と頼んでいる。圧縮ガーゼをほどき止血をした。ほとんど切断状態で止血も気安めにしかならない。苦しみに堪えかねて、「お兄さん、おばあさんの所へ行きたい」（以前に亡

証　言

くなられた身内）「天皇陛下バンザイ…」と苦しみの中からはっきりと聞こえる。

　首里高女の町田さんは、「私もやられたよ」と叫んでいる。無残にも両方の臀部を剖（けず）られ倒れそのまま逝ってしまった。台湾の軍属は内臓露出で即死、私の前で米を分け合っていた伊藤上等兵は胸部貫通で倒れた。四方八方からの悲鳴で修羅場となりなす術もなかった。

（『戦場に生きる－梯梧学徒の体験記』 p 57）

「母さん、僕一人捨てて行くのか」　　糸数（旧姓　糸数）　禧子

　行くも地獄残るも地獄だった。周囲6km位しか残っていない所で敵にとり囲まれ壕のない住民がひしめき合っていた。弾が落ちる度毎に誰かが死に、誰かが傷つく。その朝同じ屋敷内に避難していた知り合いのおばさんが突然私の家族と共に行動していた親戚の男の人を訪ねて来て、怪我をしている息子（12才位）を背負って皆と一緒に逃げてくれないかと頼み込んで来た。そうしてくれたら戦争が終わったら必ず私共の全財産を貴方に全部あげるという話だった。前にも後にも敵をひかえて大パニックになっている時に誰もそんな話を相手にする人はいない。自分自身の命の保証さえないのに。おばさんは乳飲子を背に手には4才位の男の子の手をひき荷物を頭にのせて泣きながら必死になって懇願していたが受け入れられなかった。とうとうおばさんは怪我をした子をおいて皆と一緒に村を出る事にしたようだった。せめて残っている元気な子供だけでも救えるならと思ったのでしょう。

　皆が出て行こうとする時、家の中から「母さん、僕一人を捨てて行くのか」と声を振り絞って泣き叫んでいる。何度も何度も。(中略) 母親は泣きながら何度も立ち止まったりしながらふり返りふり返りその場を離れたが、ずーっと道中泣き続けていた。最も信頼する母親に去られた息子の気持はどんなだっただろうか。

　後で聞いた話だが、この息子はその日の昼頃その場でアメリカ軍に捕まってそのまま病院に収容され幸い助かった。しかしそれからが悲劇だった。母親も弟達も後で皆助かって戦後同じ家に住む様になったが、事ある毎に息子にせめたてられ、何か注意でもしたら「親としての権利があるか」なんて云われ、何年後だったろうか、とうとう母親は気が狂ってしまって亡くなった。

（『戦場に生きる－梯梧学徒の体験記』 p 96）

20. 沖縄県立宮古高等女学校
（宮古高女学徒隊）

学校所在地	宮古島市平良下里
動員数	不　明
動員された部隊名	第二十八師団第二・第四野戦病院・宮古島陸軍病院
配置場所	鏡原の第二十八師団第二・第四野戦病院（宮古島市）
犠牲者数	1名

学校の沿革・概要

　沖縄県立宮古高等女学校（通称：宮古高女）は、1936（昭和11）年4月、平良町（現宮古島市）下里の高台に宮古郡各町村組合立として創設されました。1940（昭和15）年県立に移管、宮古唯一の女子中等教育機関として九期までの卒業生を輩出しました。戦後一時期は宮古女子高等学校に改称しましたが、その後は廃校となりました。

戦争への道

　1944（昭和19）年になると、週の半分は海軍飛行場の建設作業に動員されるようになりました。毎日のように分列行進の練習や竹槍訓練、防火演習をさせられ、時には宮古中学校の銃を借りて、運動場で軍事教練を受けたこともありました。
　夏休みに入ると疎開が始まり、二学期になると生徒の半分近くは疎開していました。その後しばらくして校舎も軍に接収され、疎開で空き屋になった民家を何箇所も借りて教室に当てなければならなくなりました。

戦時下の動向

■動 員

　1945（昭和20）年、3年生と4年生は看護婦見習いとして第二十八師団第二野戦病院や第四野戦病院に動員されることになりました。生徒の多くは自宅から通勤することになりましたが、中には10名ぐらいずつに分かれ民家を借り、そこから通勤する者もいました。それらの生徒たちは、軍からもらった給金を家賃に当てていました。病院の勤務は朝8時から夕方5時までで、勤務が終わった後は学生生活の延長のような毎日でした。

　3月27日は卒業式の日で、生徒たちは病院勤務を休んで学校に向かいました。しかし、生徒たちが学校に到着してみると、その日の激しい空襲で、校舎は跡形もなくなっていました。卒業証書は、4月の中旬ごろ担任の先生から各生徒に手渡されました。卒業したにもかかわらず、生徒たちはその後も看護婦見習いとしての勤務を続けさせられました。

　ある日（日時不明）、鏡原（かがみはら）の陸軍病院に配属されていた垣花美恵子と本村マサが（二人とも昭和20年3月卒業生）、空襲に遭い重傷を負いました。二人とも100m近くも吹き飛ばされ、その爆風で垣花は脊髄をやられ、10年後に亡くなるまで寝たきりになってしまいました。宮古高女で戦争のために（戦争後遺症で）亡くなった生徒は、垣花ひとりだけでした。

　その後、生徒たちは看護婦見習いの勤務を続け、9月ごろになってようやく家に帰されることになったのです。

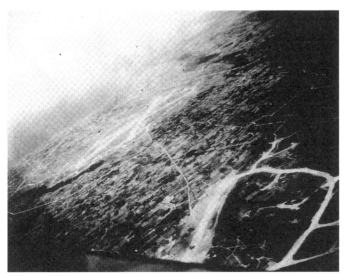

海軍飛行場（右）と陸軍中飛行場（左）　1945年4月20日（『城辺町史』より）

宮古高女学徒隊足跡図

戦争避難壕跡　フカスゥクアブ（宮古島市城辺保良）（『城辺町史』より）

証言

「空襲の中で、従軍看護婦の見習いとしての日々」

池間　和子

　卒業したからといって、別に変ったことはありませんでした。はげしくなった空襲の中で、あいかわらず、従軍看護婦の見習いとしての日常が続きました。外科、内科、薬務科と分れてそれぞれ勤務しましたが、内科の方に行った私などは、別に白衣を着せられるのでもなく、女学校の制服のセーラー服で過ごしていました。

　陸軍病院の方たちはわりと親切にしてくれましたので、苦労しているという気持ちは別にありません。看護婦さんの手伝いで、静脈注射などをしていました。

　病人の中には、高熱のために、神経をいためたのでしょう、大声でわめく人もでていました。そんな人は、別の病棟に移されました。

　私たちは手当をもらっていましたが、一部は貯金させられました。軍の手伝いをすることは当り前のことだと考えていましたし、金の必要も感じていませんでした。

（『沖縄縣史第 10 巻沖縄戦記録 2 』 p 350）

「美恵子さんの難」　池間　和子

　垣花美恵子さんと本村マサさんは、私の同級生で、同じ鏡原の病院に勤務していましたが、別の班に属していました。二人の班は、病院のすぐ近くでしたが、水の便のよくない処（ところ）でした。その日は、二人は、班の水くみ当番でした。私たちの宿舎のある盛加部落の井戸水（むずか）をくみに行き、宿舎にかえってきたときでした。

　その時刻には、私たちはもう勤務についていましたが、いつものように朝の空襲がやってきました。突然、大きな爆裂音がしました。方向が、彼女たちの宿舎の方でしたので、みんなでかけつけました。ちょうど水をくんできて宿舎に入るときだったようです。二人とも 100 メートルほどもとばされていました。ガラクタと石ころの中でみつかりました。

　美恵子さんの方は、意識ははっきりしていて、マサさんの身の上を案じていました。マサさんは頭を強くうったのでしょう、意識不明のままでした。見た瞬間、これはこときれたな、と思いました。病院の人が、壕の中の病室の方にかつぎこみました。マサさんは数日後意識は回復して、今は幸福な生活を送っています。一方の美恵子さんは脊ずいをやられたんですね。ささえるとすわることはできましたが、不幸にも、下半身不ずいで、その後、数年、亡くなるまで病床におりました。

（『沖縄縣史第 10 巻沖縄戦記録 2 』 p 350）

21. 沖縄県立八重山高等女学校
沖縄県立八重山農学校（女子）
（八重山高女学徒隊・八重農(女子)学徒隊）

学校所在地	八重山高等女学校　　石垣市登野城 八重山農学校(女子)　石垣市大川
動員数	八重山高女　約60名　　八重山農（女子）16名
動員された部隊名	第二十八師団第三野戦病院（通称野戦病院）・船浮陸軍病院（通称陸軍病院）・海軍病院
配置場所	石垣国民学校（現石垣小学校）・於茂登岳の野戦病院・於茂登岳の陸軍病院・バンナ岳のふもとの海軍病院
犠牲者数	1名（八重山高女）

学校の沿革・概要

　沖縄県立八重山高等女学校（通称：八重山高女）は、1942（昭和17）年4月に設立されました。開校当初は登野城国民学校の作法室や新川会館を臨時校舎として使用していましたが、1943（昭和18）年4月末には父兄の手によって、登野城国民学校の東一帯（現八重山高校）に茅葺きの仮校舎が建てられました。

戦争への道

　その後本校舎の建築はなかなか進みませんでしたが、1945（昭和20）年3月に完成。しかし、校舎の完成を喜んだのも束の間、2か月後の5月には軍によって全校舎が解体され運び去られてしまいました。解体された校舎は、於茂登岳の旅団司令部や各陣地、慰安所などの建築資材となりました。
　授業らしい授業が行われたのは1943（昭和18）年の半ば頃までで、それ以後は戦局の悪化とともに他の中等学校生と同様、飛行場建設や陣地構築の作業に駆り出され

るようになりました。作業の合間には防空演習や竹槍訓練などが課されました。

※八重山農学校（女子部）の沿革・概要については、八重山農学校と同じなので、そのページを参照して下さい。

戦時下の動向

八重山高女学徒隊

■動　員

　1945（昭和20）年2月5日から3月30日まで、船浮陸軍病院（通称：陸軍病院。以下、陸軍病院と略す）の軍医によって八重山高女の生徒に看護術教育が行われ、一通り終えると、池田勲二院長名で修了証書が全員に手渡されました。

　4月になると、八重山高女4年生約60名は約30名ずつ2班に分けられ、陸軍病院と第二十八師団第三野戦病院（通称：野戦病院。以下、野戦病院と略す）に動員されました。陸軍病院と野戦病院は、石垣国民学校（現在の石垣小学校）の校舎を使用してそれぞれ病院を開設していました。空襲が激しくなると、陸軍病院と野戦病院は石垣国民学校の裏にある墓地へと移り、看護訓練が続きました。また、3年生も5月1日から10日まで旅団本部で看護訓練が行われ、5月末には各病院に動員されます。ある日、陸軍病院班から10名が海軍病院に引き抜かれました。

　動員に当たっては、全員に署名と拇印が強要されました。各病院には教師が引率して行きましたが、生徒たちはほとんど軍の指揮下にありました。

①第二十八師団第三野戦病院（通称：野戦病院）

　空爆や艦砲射撃が激しくなると、野戦病院は石垣国民学校の裏の墓地に移り、さらに、主力を於茂登岳のふもとの開南に移しました。生徒を含む看護婦の宿舎はかやぶきの長屋でした。

　八重山高女生は、病理関係に2名、外科関係・内科関係にそれぞれ12、3名ずつ配属されました*。任務は、病理関係が血液検査・結核検査・伝染病検査、外科関係が交替で手術と看護、内科関係が主にマラリア患者の看護でした。これらを含む一般病棟の他に、チフスやアメーバー赤痢などの伝染病患者が隔離されている伝染病棟、ほとんど死を待つだけの傷病兵が収容されている重症病棟がありました。生徒たちは、昼はそれぞれの分担の仕事につきましたが、夜も交替で病棟の看護当番に当たりました。ほかに、食糧確保のため、八重山高女と農学校女子部の生徒と一週間交替で、畑仕事をさせられました。また将校らの部屋に敷くために民家から畳を運ばされたこともありました。生徒にとって10日に一度の外出がとても楽しみでしたが、それも後には許されなくなりました。そのうちに、八重山高女生の崎山八重子さんがマラリアに罹り亡くなりました。

　6月、米軍の上陸に備えて野戦病院の一部が於茂登岳の独立混成第四十五旅団司令部陣地の東方に移り、生徒たちもそこに配置されました。しかし、そこでは看護の仕事よりも壕掘りや炭焼きの仕事が多かったようです。8月には、広島と長崎に原子爆弾が投下されたことが知らされました。9月初旬から中旬にかけて、生徒たちは於茂登岳を下り家に帰されました。しかし、家に帰ってからも八重山中学校（現在の石垣

*病棟、薬室、庶務の3つに分かれていたという証言もある。

中学校）の校舎に通い、翌年の1月まで野戦病院で看護を続けた生徒もいました。

②船浮陸軍病院（通称：陸軍病院）

　船浮陸軍病院はもともと西表島の船浮要塞にありましたが、1944(昭和19)年9月に一部を残して主力は石垣島に移動していました。生徒が動員されたときは石垣国民学校にあり、最初の頃は、全身火傷や両足のない兵隊を見て卒倒し、軍医に叱られた生徒もいました。陸軍病院は池田勲二院長以下5〜6人の軍医と7〜8人の看護婦、学徒隊、衛生兵、炊事班の兵士で構成されていました。

　空襲が日増しに激しくなり、陸軍病院は石垣国民学校の裏にあった墓地に移転しました。墓の中の骨壺を奥に片付け、ひとつの墓に2〜3人が入り、医務室、薬剤室、内科や外科の病室として使用しました。生徒たちは、米軍の機銃掃射を避けて墓の間を往来し看護活動に励みました。手術は墓の庭のわずかな木陰で行われたようです。患者の中には「僕はこのまま、ここで永久に眠ってしまいたい」と苦痛を訴える人もいました。5月初旬、新川川で包帯を洗っていた看護婦1人と生徒3人が近くに落ちた爆弾の爆風により土手が崩れて生き埋めになりましたが、幸い4人とも助かりました。

＊敵主力部隊が上陸攻撃か着陸攻撃を加える可能性がある場合に出される配置命令。いつでも戦闘を開始できる体制を整える。

　6月10日、独立混成第四十五旅団は全部隊に甲号戦備＊を命じました。それによって、陸軍病院は於茂登岳の旅団司令部陣地の西方に移転することになりました。山中までは車で移動することはできず、開南からさらに数キロの奥深い山中まで糧秣をかつぎながら徒歩で移動しました。陸軍病院の建物は粗末なバラック建てで、看護舎と兵舎がありました。

　移転後も生徒たちは看護活動だけでなく、1日2〜3往復の荷物の運搬をさせられましたが、食事は粗末で米粒がみえるくらいの雑炊ばかりでした。看護舎と兵舎では腸チフスやマラリアも流行し、多くの死者が出ました。

　7月23日、甲号戦備が解除され、休暇による帰省許可が伝達され家に帰る生徒もいました。

③海軍病院

＊フクブクイーザー：地名。イーザーとは鍾乳洞のこと。

　海軍病院はバンナ岳のふもと（フクブクイーザー＊西方）にあり、石垣島海軍警備隊医務室であったと見られます。当初は陸軍病院に配置され、看護訓練を受けていた生徒たちの中から10名が動員されました。教師に引率されて到着後、生徒らは何人かの一般看護婦とともに任務につきました。宿舎はこざっぱりして畳が敷かれ、風呂もありました。食事も含めすべての面で陸軍病院や野戦病院より恵まれていました。また、近くの飛行場が主な攻撃の対象になっていたため、空襲もそれほど激しくはありませんでした。軍医の態度も厳しくはなかったようです。

　それ以後の行動の記録は残っていませんが、生徒たちは8月下旬頃までには自宅に帰ることができたようです。

八重山農（女子）学徒隊

　八重山農学校女子部の生徒16名は、4月5日から5月8日まで、第二十八師団第三野戦病院の軍医や衛生兵の指導で、看護教育を受けました。最初は警察署の武道場で始まりましたが、空爆が激しくなると、八重山中学校（現石垣中学校）裏の墓地で

実施されるようになりました。5月に入ってからは、民家に植えられたヒマの実の採取、病室や宿舎をつくる資材運搬もさせられました。その資材は疎開して住人のいなくなった民家を無断で壊したものでした。6月、米軍の上陸に備えて野戦病院の一部が於茂登岳の独立混成第四十五旅団司令部の東方に移されたため、生徒たちはそこへ配置されました。

第二十八師団第三野戦病院（通称：野戦病院）

　6月6日、生徒たちが於茂登岳の野戦病院に到着すると、最初の1週間は病棟敷地の地ならしと、資材の運搬が仕事でした。6月7日、薬品を運ぶため生徒8人が山を下る途中、日本軍が米軍機に向けて発射した高射砲の破片が飛んできて、生徒4人が負傷しました。治療の後、3人は10〜20日の入院ですみましたが、1人は重傷で1ヵ月以上入院しなければなりませんでした。

　7月頃、開南の野戦病院から患者が送られてくるようになり、生徒らは壕掘りなどの作業班と看護班に分かれて交替で懸命に働きました。しかし、兵隊の中には「琉球人、琉球人」とさげすむ者もいました。その頃、過労や睡眠不足、栄養失調が続く中で、高熱やチフスなどの伝染病に倒れる生徒が出てきました。発熱しても任務を休むには軍医の許可が必要でしたが、軍医は「38度の熱は熱とは言わず疲れという」と、なかなか許可してもらえませんでした。その頃は家族面会が許されることがありましたが、面会から帰る途中、日本軍将校に暴行されかかった生徒もいました。

　戦争が終わって1ヵ月過ぎた9月まで、生徒たちは勤務を続けていました。山を下り、家に戻った生徒たちを待っていたのはマラリアに苦しむ家族でした。

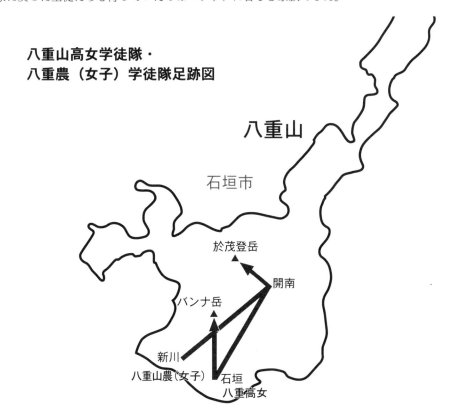

八重山高女学徒隊・
八重農（女子）学徒隊足跡図

証 言

▶「琉球人とさげすんだ扱いをされ」 漢那 文江（八重山農学校）

　各自持ってきた畳も、最後まで使わせてもらえず、結局は上官の使用するためであったそうです。爆弾や機銃がさく裂する、そんな状況下での兵隊さんたちとの生活、逃げるに逃げられない山奥で、ある兵隊は私たちを琉球人、琉球人と小馬鹿にし、「お前たちは、力があるから、これくらい何でもない」と、肩にずっしりと食い込む程、モッコに土を入れられたり、山の斜面の切り崩しや病室の地ならし作業、あるいは自分の背丈程のトンネル掘りなど、戦争中とはいえ、厳しい重労働でした。

　当然やってくる生理日には、その手当もままならず、余分な着替えなどもなく、互いに後ろに立ったりして、かばいあったりしました。山中の虫に刺されながらも、よく病気にもならず、我慢をしてきましたが、私たちを日本人と認めず、琉球人とさげすんだ扱いをされたことは、重労働よりもつらく、宿舎に帰ると、互いに肩を寄せ合い、悔しさに泣きました。

（『市民の戦時・戦後体験記録　第一集』 p 130）

▶「まるで地獄の野戦病院」 仲嶺 愛子（八重山高女）

　女学校の生徒といっても当時まだ 14, 5 歳の少女である。私たちは野戦病院という異常な環境の中へ追い込められて大人でもぞっとするようなことを体験させられた。患者はマラリアの発病者が多かったが、空襲や戦闘のあった時には直視できないような傷ついた者が運び込まれた。目がつぶれて顔じゅう血だらけの者、あごがくだかれて、それでも「アンマー*、水、水……」と弱々しく訴えている者、腹を射られて息をしているのか、していないのかわからないような者等、まるで地獄であった。あわただしく動く軍医や衛生兵の中で、私たちもまたふるえて立ちすくんでいることは許されなかった。どなられながらその次の処置を手伝わなければならなかった。腕の切断や弾丸抜き取りの手術を見ているとめまいがしたり、気が遠くなったりした。

*アンマー：沖縄の言葉で「お母さん」のこと。

（『沖縄縣史』第 10 巻沖縄戦記録 2 p 71）

▶「38 度の熱は熱とは言わない」 星野 教子（八重山農学校）

　そんなある日、私は発熱しました。発熱で休むにも、軍医の診断と許可が必要で、今までの親の保護下の暮しとは違い、厳しいものでした。「38 度の熱は、それは熱とは言わない、疲れという」との軍医の厳しい声。それを気の毒にと、かばい立ててくれた衛生兵。とうとう過労で高熱が出ました。許可されて宿舎に帰るのですが歩けません。目の前にカゲロウが立って足を運ぶのも容易ではなく、宿舎に着くと、パタンと倒れてしまったのです。友人が壕掘りを終えて帰り、頭を冷やしてくれるまでわからない程眠りました。

　友人の一人が私より 2 日程後に発熱し、どんなに水で冷やしても熱が下がらず、とうとう高熱の余りうわ言を言う始末でした。しかし、幸いに私たちのなかにはマラリ

証　言

アにかかる者はいませんでした。

(『市民の戦時・戦後体験記録　第一集』p 116)

▶「戦時中、盛大な演芸会」具志堅（旧姓　祝嶺）和子（八重山高女）

　6月に入って、沖縄玉砕の報が伝えられ、一時みんなの心が沈んでいたことがあります。部隊内でもそういうことがあったのでしょうか、戦意高揚のため部隊内で演芸会が催されることになり、私たち従軍看護婦も参加することになりました。(中略) 演芸会は盛大でした。部隊内では元、日活俳優だとか、歌舞伎役者だとか、活動写真の弁士など芸達者な兵隊たちがいましたし、どこから持ってきたのか立派なカツラもありました。ある兵隊が「瞼の母」を演じて盛んな拍手を浴びていたことが今も不思議と印象に残っています。私たちは合唱ということで、確か「真白き富士の嶺の気高さを…」といった歌を歌いました。戦時中のせめてもの賑いだったと思います。

(『市民の戦時・戦後体験記録　第二集』p 132)

▶「先生助けて！」　漢那　文江（八重山農学校）

　恐らく、これが最後だろうと思われる面会をして、病院への帰りを急いでいると、途中、激しい空襲にあったので、開南通りを避けて、山道を通って帰ることにしました。(中略)その時、何やら声がしたかと思うと、一人が近づいて来るのです。「待てっ！」と声がかかったので、振り向くと中尉でした。軍刀を腰に、近くの木の根に腰をおろし、「ここに座れ」と命令するのでした。
　中尉は震えている私の襟元をつかみ、無理に座らせ、「教えることがある。何歳か？」「18歳です」「ここを誰の許可で通ったのか？民間人は立入禁止だぞ」と言われた。首に下げてあるお守りと一緒に入れてあった許可証を見せると、「よろしい。お前は1泊ということを知っているか？」「知らないです」と答えると、「じゃあ教えるから、大声を出すと許さんぞ」と、いきなり私のふところを太い手でわしづかみにするのです。驚いた私は、病棟で手当を受けている方の母親から、その子に渡してくれと預っていた芋を、「どうぞ」と差し出すと、中尉はそれを払いのけ、「兵隊は、食い物なんか欲しくないっ」と私につかみかかろうと、鬼のような顔をしているので、とても恐ろしくなり、無我夢中で逃げ出しました。(中略)
　いきなり後ろから肩をつかまれ、もう駄目だとガタガタと震えていると、「どうした、先生だぞ」と言われたので、思わず「先生、助けてっ！」と、すがりつきました。中尉は、その兵隊がつかまえてくれたのだと思ったのでしょうか、近づいてきます。その時、先生が「馬鹿野郎っ、どうしてこんな山道を通るのか！」と、私をお叱りになりました。しかし、先生も中尉に対して敬礼をされて動きません。中尉は、先生のそばにいる私を見て、ゆっくりと戻って行きました。

(『市民の戦時・戦後体験記録　第一集』p 130)

荒崎海岸

3章
学徒たちの戦後

1. 男子学徒たちの戦後

　沖縄戦を指揮していた牛島満第三十二軍司令官が自決した1945（昭和20）年6月下旬以降、部隊の指揮系統は壊滅し、沖縄島の南端へ追いつめられていた学徒の多くが混乱のうちに彷徨することとなりましたが、この時期を前後して多くの学徒が米軍に収容されていきました。

　6月下旬から7月上旬ごろまでの米軍の掃討戦を生き延び、捕虜になることをまぬがれた者たちは、長らくガマに潜伏するようになることが多く、また、国頭突破を試みる者も多くいました。中には敵中突破に成功し、東風平、南風原、中城あたりまで到達した者もおり、終戦を知らないまま（信じないまま）彷徨し、11月に収容された者もいました。

　沖縄島北部では、4月下旬には激しい戦闘によって、多くの命が失われたり、隊長が亡くなってしまったことで指揮系統が壊滅し、山中で彷徨する中での遊撃戦となっていました。

　学徒たちは、米兵に遭遇し、あるいは米兵や先に捕虜となった者による投降の呼びかけに応じ、捕虜となっていきました。捕虜となることは、自分だけが生き残ったのではないかと不安になる出来事でもあり、長く潜伏生活を続けていた者にとっては、緊張が解かれた出来事でもありました。

　多くの学生が学徒隊として兵士となっていたため、男子学徒は収容されて後も兵士として取り扱われ、多くの学徒が捕虜収容所に収容されました。なかには、学生であることを強く主張し民間人収容所に収容された者もいました。また、民間人収容所に収容されても、後の調べで学徒隊ということがわかり、捕虜収容所に移転させられた者も多くいます。

　捕虜収容所に収容された学徒たちは、友人に会うとお互いの無事と学友の生死の情報を交換しあいました。過酷な戦場下にあって体が弱ってしまい、目の前の友人に気づいてもらえない者もいました。民間人収容所に収容された学徒たちは、家族を探しあてたり家族に見つけられたりして、家族に再会しましたが、家族の誰かが犠牲になっていることも多くありました。また、学友の家族が息子の安否を確かめに訪ねてくることもありました。自分は生き残っているのに亡くなった学友のことを告げることが出来ず、知りませんと嘘をついた人もいました。

　捕虜となった学徒の中には、北谷町砂辺の海岸から大型輸送船に積みこまれ、ハワイの捕虜収容所へ送られた人も多くいました。1年4か月余りのハワイ（一部はアメリカ本州）での捕虜生活の後、沖縄へ帰り、沖縄戦以来はじめて家族に会うことになりました。150センチだった身長が170センチになっており、母親にもわからない程に成長した人もいました。

　学業半ばで沖縄戦に巻き込まれた学徒たちは、戦後、師範学校の最上級生だった生徒を中心に、民間人収容所内の子どもたちを集めて開かれた小学校で教師となり、教科書も鉛筆もない中で教員生活をスタートしました。また、収容所内で開校した教員養成のための文教学校で学んだ者もいます。下級の学年だった学徒たちは、戦後開校した高等学校に編入するなどして、新制高校を卒業しました。

　家や家財道具などを失い混乱の中で戦後をスタートすることになった学徒たちの多くは、家族の生活を支えなければならなくなり、学業を断念し、あるいはあまりにも給与の安い教員をやめて軍作業などで働きました。3年、4年と経ち生活が落ち着くにつれて、大学に進学する人も多くいました。戦後、親族をたよるなどして本土に渡っ

た人たちは、沖縄戦の混乱で卒業証明や修了証明、師範学校の卒業生には教員免状がなかったために、転校や就職の際に不便をきたすことになりました。

　沖縄戦がはじまる前に、予科練、特操などに合格し、中等学校の学業半ばで入隊し、本土へ渡っていた人たちは、8月15日の敗戦とともに解散し自宅待機となりましたが、沖縄出身者は帰るところもなく、身一つで生活しなければならなくなった人も多く、沖縄は玉砕したと伝えられるなかで、一人で生きていくことを決意しなければならなくなりました。

　沖縄戦のときに、入隊や疎開などで本土に渡っていた学徒の多くは、1946年の夏から年末にかけての引揚船で沖縄へ帰ることになりましたが、沖縄へ帰ると、多くの学友が沖縄戦で亡くなったことを知ることになりました。

　戦後、あたらしい教育制度が敷かれた沖縄では、男女共学の高等学校が各地に開校しました。旧制中学の跡地に開校した高等学校（首里高校、那覇高校など）や、職業教育を行う高等学校（那覇商業高校など）は、戦前の男子の中等学校の伝統を引き継ぐことになりました。

写真提供：沖縄県公文書館

2. 女子学徒たちの戦後

　1945（昭和20）年6月下旬、沖縄戦の組織的戦闘が終了しました。生き残った学徒たちのほとんどは、牛島満第三十二軍司令官が自決した6月23日前後に、米軍に収容されていきます。中には、終戦も知らずに、その後8月下旬まで硝煙の消えた戦場を逃げ回った学徒もいました。収容先は本島南部東側の知念地区や中北部にあった収容所でした。

　学徒たちの多くは、翌年1946（昭和21）年の始めごろには家族の元へと帰っていきましたが、中には、家族と会うこともできず、具志川（現うるま市）に出来たばかりの「沖縄文教学校」に入学した者もいました。沖縄文教学校は、速成の教員養成機関として、米軍政府が1946年1月にいち早く開設した学校でした。戦争によって多くの人命が失われた終戦直後の沖縄では、戦後復興の礎とも言うべき教員不足が深刻な社会問題となっていたのです。文教学校に入学した学徒たちは「教師になるための勉強ができる」という喜びとともに、「戦争が終わって友だちと再会できた幸せ」をかみしめながら学んだのです。

　学徒たちが収容所から帰ってみると、郷土は見渡す限りの焼け野原になっていました。故郷には家族たちが待っていました。ほとんどの家族に誰か戦死者がいました。中には全滅してしまった家族もいました。沖縄本島北部や八重山では、食糧不足とマラリアの猛威に見舞われ、たくさんの犠牲者が出ていました。学徒の中には親の反対を振り切って戦場に出向いていった者もいましたが、家族はただ娘や息子たちが生きて帰ってきてくれただけで喜びました。戦場から生き残ったことを第二の誕生日として「命のお祝い」をやってもらった学徒もいました。

　生き残った学徒たちが一番辛かったのは、戦場で亡くなった学友の遺族に会うことでした。「なぜ、あなたは生き残ることができて、私の娘は死んでしまったのか」そう問う遺族の方もいました。そう問われるまでもなく、多くの学徒は「自分だけが生き残ってしまった」という自責の念に、戦後長い間苦しみ続けてきたのです。

　戦は終わったものの、沖縄の山野には無数の遺骨が散乱していました。その遺骨を前にして、人々はまず遺骨を収集することから戦後を始めなければなりませんでした。収集された遺骨は一箇所に納骨され、その上に慰霊の塔が建てられました。まず最初に建てられたのが、沖縄本島南端の米須一帯（糸満市）の遺骨を納骨した「魂魄の塔」(1946年2月建立)です。

　その後、多くの慰霊の塔が激戦地となった場所に建てられるようになり、学徒の慰霊の塔もそれぞれゆかりのある場所に建立されました。学徒の慰霊の塔は、遺族や同窓会、そして生存者たちが力を合わせて建立したものです。宮古・八重山には学徒だけの慰霊の塔はなく、地域の慰霊の塔に合祀されています。学徒の慰霊の塔には、戦場で亡くなった学徒たちの名前を刻んだ石碑も建てられました。石碑に刻まれた名前は、戦場で亡くなった学徒たちの存在の証でした。

　沖縄戦が終結した6月には、毎年、亡き学徒を弔う慰霊祭が遺族と同窓会の共催で行われるようになりました。沖縄戦で亡くなった学友・後輩の霊を慰め平和の思いを引き継ぐことが、各同窓会の戦後の重要な活動となったのです。

3. 各学徒隊慰霊碑と戦没者名

■沖縄師範健児之塔

沖縄師範学校男子部

所在地　糸満市字摩文仁　平和祈念公園内

戦没者　計309名
　　　　　学徒（学徒隊226名・入隊64名）
　　　　　教職員（引率9名・その他10名）

慰霊祭

　2005（平成17）年を最後に組織としての慰霊祭は行っておらず、個人参拝となっている。

引率教職員

野首佐伊平奥奥知安多比瀬大瀬大照富神

田藤地良村里名里嘉波底味屋原谷

雄久見敏敏二英将定常眞喜長安正朝守盛

城島生高津徳渡仲仲村宮與饒新新石糸宇大久佐島末平玉知照渡仲比比東平松美宮村山與那覇垣垣垣城城根城垣間見洲覇村次城城田堅保川良良寄名原間渠田平山盛間里宜垣里波波原間田那城城古波城新平平田知桃友仲伸比比又宮南宮東新石伊大兼

田袋盛里古用地西渠里波久地地仲仲宮與那新新石宇大久佐島

榮清文雄雄則達則福貞祿太松律良剛展雄吉通雄光晃一勝秀昇郎正雄元雄榮一雄夫清勇宜眩光治夫浩行徳和賓宏作辰一和行英吉貞一吉弘清哲一加英秀雄光昭通潤正德徳一好榮一

時光藏盛哲吉輝一雄廣喜功孝一助寛哲秀春信弘吉浩明善博榮長弘賢昭隆幸男浩吉康正雄一昭一信雄全昇正章雄三勇賢一幸孝俊健理郎福善助寬良業義実則元昌一治用昭

男次郎清盛哲吉輝治章力輝一雄廣喜功孝一助寬哲秀春信弘吉浩明善博榮長

漢古城下平玉知知仲星境宮山赤池宇大大川金吉波崎佐島上平平玉嘉野比保本新池神宜金小猿下白富名仲村新比松村屋比與安上歟江大佐和津照當西與比村

那城間門良勢念念村名田城里濱城城上城藏山川袋地良良城元原嘉村村田保城浜渡地保永元比松那野比保本新池神宜金小猿下白富名仲村新比松村屋

用金富喜秀悟秀純由福輝守清安總安秀俊喜次用政德榮寬正兼龜八武昭重眞盛一友里政英辰念古屋間銘嶺嘉田波那嶺嘉田

次藏敬武弘貞吉夫正茂成昭雄昭起基英章功吉昭勇郎儀信一勉藏吉一文盛榮八雄榮敏決綱哲昇吉一吉治夫清一俊雄俊雄雄男義盛盛一吉英雄一喜市治繁昭二郎彦明男信郎夫康

生徒

新新東伊豆内沖儀島新添高知仲仲比盛山與那新伊上宇大金黒田當名仲仲中松前眞前宮宮宮山與安安泉内浦大古呉仲佐久識

垣垣江見間田武袋里石良念地本盛嘉山城嶺崎計原城城島本盛嘉田田本谷島城田城城平良城儀名里間川間本城藏屋村間名

清利政安俊息久喜良清萬善一多喜男勳三善雄長弘學榮男皎一雄英包郎次英吉訓準正三保薫弘全德祥秀長久郎正宏次宏徹一義昌雄薰

夫昌偶和綱文喜孝有寬佑藏元原田屋里里慶波吉屋嘉端田本城山山間里宜垣里波波原間田那城城古波城新平安宜伊上大漢兼金古崎新平田知桃友仲伸比比又宮南宮東新石伊大兼喜屋

守幸紹竹清正朝光安德房昌信寬英嘉昌幸登安安惠善清良兼輝褶恒喜吉良里根家泊古屋屋島江本川波濱島

■一中健児之塔

沖縄県立第一中学校

所在地　那覇市首里金城町　養秀会館前

戦没者　計307名
　　　　学徒（学徒隊153名・その他137名）
　　　　教職員（引率6名・その他11名）

慰霊祭
（養秀同窓会・一中健児之塔遺族会・首里高等学校共催）
1. 開式の辞
2. 黙とう
3. 一中健児之塔の歌斉唱
4. 式辞　　養秀同窓会会長
5. 焼香
　養秀同窓会会長・遺族会代表・一中学徒隊同期生代表・首里高等学校校長・遺族・養秀同窓会支部代表・会員・首里高等学校学校評議委員・ＰＴＡ役員・職員・教育実習生
6. 誓いの言葉　　首里高等学校生徒代表
7. 献花　　首里高等学校学級代表
8. 奉納演武　　首里高等学校 空手部・なぎなた部
9. 校歌斉唱　　全員
10. 閉式の辞

雄吉弘清宏啓成一成行一喜宏徳偉一徳永英英仁雄芳進昇浩進博一善茂也昭春一幸恒一光行夫一松賢嗣和剛光一忠郎弘

安眞正　良安正眞英正政　真朝勇朝嗣全孝政朝守　眞清　勤景裕和朝正朝政嘉春常博和安朝長廣盛

渡山袋袋間原富城那　眞山山原村村原嘉嘉花山喜城里平田川川朝榮常和安朝栄常菊

佐島島城嵩武玉多和知知知知知知津津照當當德渡冨當富仲長仲野比比平富外前前眞榮宮宮宮

清茂健政良治辯雄潔明吉眞雄正隆武裕義武英幸一雄幸男德一吉夫雄兼秀治昭夫幸雄一順保良德正弘清眞治慶敏英榮一勇明治幸榮稔盛一彦秀潤幸助穏一一繁進伸治伸雄德信

盛盛長隆政榮寬安　寬盛宗信忠　正方義政正正喜昌榮昭柴哲陳良朝哲　宜寬義英正　吉盛盂喜義仁一順郎清眞治慶敏英榮一勇明治幸榮稔盛一彦秀潤幸

苅山谷城場田川山波平袋袋袋　間里里底堅洲岻屋原原間吉屋田川座嶺名里垣川嶺波禮屋城城城田數数

善盛保昭喜善英周真太郎初市一盛秀雄信榮春一雄盛雄榮彰雄文健昌正武敏範雄昭廣稔孝雄一裕恒順保憲三恒潤榮榮一孝文弘藏輝昌郎治康郎治郎三宏健政

嘉手神亀久久佐佐渡座潮島島尚城新新瀬祖高江澤棚津嘉照桃桃當渡慶渡慶豊仲今帰並根神野比比冨外外宮宮森山山與

眞盛長隆政榮寬安　間里里底堅洲岻屋原原間吉屋田川座嶺名里垣川嶺波禮屋城城城田數数野里里場城城江地須藏原佐喜本

清茂健政良治辯雄潔明吉眞雄正隆武裕義武英幸一雄幸男德一吉夫雄兼秀治昭夫幸雄一順保良德正弘清眞治慶敏英榮

（生徒・教職員氏名一覧）

教職員
藤野田原憲夫利司章良夫新新垣垣善盛雄神苅山眞眞清佐渡山安雄吉
仲篠崎富保長保利司藝原伊池伊精盛英旦久場川城盛茂島袋眞弘宏啓
安新次富地原康昌由孟朝佐佐昭喜保英一一久佐川山場健政間原富成成
新伊石洲数謝城城城誠功由孟朝初文村大小梶善旦清一福郎佐渡潮島島高一一辯雄間原昌城眞治辯雄那知
石糸上我城城木端勢田由太一一安文村當大小小梶我喜喜喜保市一盛秀信榮一雄盛高高城間城新眞間原辯雄
上金金高田城勢田岡敬淳村當文淳大小小梶昭志堅昌江正政眞福座盛完盛正信忠

生徒
新新新池上上上上内大神儀金金金古小呉島新末平竹玉桃桃當仲仲仲仲野饒比比比比比外前眞眞眞眞眞松宮宮宮宮森山屋與阿安次
垣垣川原洲原間間城谷武城城城波津嶺屋袋良良城原原里波敷里地松嶺嶺嘉嘉嘉嘉嘉嘉久平壁志島城城城城里良座島里富
安恒浩喜義重安次貞盛息和盛永幸完常正良正有辰良國宗靖敷彌眞眞榮武哲常成宏誠朝康良辰三朝德榮朝盛正周武
秀松造雄浩康信良郎信一信弘謙知操昇雄榮雄功勉雄智進男夫男啓堅郎一德晃德昌雄男雄吉二武永正夫郎安清昭助弘治睦治

■二中健児の塔

沖縄県立第二中学校

所在地　那覇市楚辺　城岳公園内

戦没者　計195名
　　　　学　徒（学徒隊115名・その他70名）
　　　　教職員（引率0名・その他10名）

慰霊祭
（城岳同窓会・二中健児の塔遺族会・那覇高等学校共催）
1. 開式のことば　　城岳同窓会副会長
2. 二中校歌献楽　　那覇高校吹奏楽部・合唱部
3. 黙とう
4. 読経
5. 追悼の辞　　城岳同窓会会長
6. 平和への誓い　　生徒代表
7. 焼香
　二中健児の塔遺族会代表・城岳同窓会会長・那覇高校校長・
　同期生・ご遺族・同窓会員・ＰＴＡ代表・那覇高校職員・
　生徒会役員・学級代表
8. 弔電奉読
9. 遺族代表挨拶
10. 閉式のことば　　那覇高校教頭

教職員

赤嶺徳松　大城純義　大城城有　川端景秀　喜納信吉　玉城彦　仲地春　比嘉正松　又吉五郎　川端秀

生徒

元次徳宏雄勇鐵正彦　夫雄幸薫吉雄功秀
大見朝政喜武　雄恒朝政喜武
城謝山湾原泊　大大湾原泊　大大奥親
我那覇　喜友宜　金久島　新高江洲　玉津嘉山
手登根　桃當富　友仲　仲長　根路銘　馬比　比嘉
比嘉　比嘉　比屋　平仲　冨名腰　平安　又嶺
宮城　宮里　宮屋　盛山　屋吉　山城
順喜朝英祥正真波豊　信律一一忠吉敬一一文剛昌彦裕一武昭靖雄吉秀
喜朝英源祥正真波　恵清秀武　利義理儀
仲里里本嶺嶺　上嘉嘉　栄米盛智真盛武宜
長根路銘　嘉嘉嘉　井城城里根宜城
馬比比比　嘉嘉嘉屋　盛真根宜城
比屋平冨名腰　仲盛屋山吉
平安又嶺　保雄儀禎一得雄男幸
宮宮宮宮盛屋　和政政博喜一弘
城城平宜　嶺城里原嘉嘉隆隆一清
山与那　与那城里原井田原
吉米安　安奥我那覇　酒坪野

男和助幸文輝夫雄計雄盛郎恵信男郎治仁雄英男治男光和敏俊常善繁文夫嗣夫祐一治徳男三光康徳夫繁雄讓太郎浩男尋恵進
松清寛長善栄正栄和繁盛芳高正菊重政光一清良幸近時唯兼朝一盛政康実久代正盛光丈真本幸盛正展庸英真信盛三正千盛
清寛長善栄正栄和繁盛芳高正菊重政光一清良幸近時唯兼朝一盛政康実久代正盛光丈真本幸盛正展庸英真信盛三正千盛

川川波里原城城城嶺本城田堅元里慶原念念屋顕渡慶次仲村渠根路銘比比冨平外真栄城真喜屋又宮宮屋屋盛屋山吉
石泉伊良部上上大大大大大兼金許具志古島新祖知知照天
大大大大兼金許具志古島新祖知知照天
仲比又川
川端端嘉吉景

石泉伊良部上上大大大大大兼金許具志古島新祖知知照天渡慶次仲村渠根路銘比比冨平外真栄城真喜屋又宮宮屋屋盛屋山吉

■南燈慰霊之塔

沖縄県立第三中学校

所在地　名護市大西　名護高校内

戦没者　計88名
　　　　　学徒（学徒隊42名・入隊35名・その他11名）

慰霊祭
（南燈同窓会・名護高等学校共催）
1. 開式の辞　　同窓会副会長
2. 黙とう
3. 読経
4. 追悼の辞
　　同窓会会長・名護高等学校校長・生徒会長
5. 追悼電報拝読
6. 献花
　　遺族・同窓会員・職員・実習生・生徒
7. 献歌　　三中校歌・三高女校歌・名護高校校歌 斉唱
8. 焼香
　　祭主・遺族・同窓会員・職員・実習生・生徒
9. 閉式の辞

戦没者名（縦書き名簿・右から左へ）

松昭　康盛　盛進　全清　清徳　徳功　功光　光郎　夫造　勝實　健

武清　津慎　茂幸　康宗　国次　真永　政夫　初太　好郎　將

糸大岸　喜玉津　仲宗根　長比屋　与上国　仲村渠

数城　城本　瀬城　波根　嶺嘉　嘉比　座地　吉渠　田城　川里　平名　山饒　村

剛雄　博博　信雄　郎晶　正弘　心雄　盛博　清昭　信夫　和雄　盛直　用郎　昇郎　吉稔　和己　吉邦　昇芳　康浩　長定　一靖　雄勝　浩敏　雄傳　正高　壽榮　勇三　博吉　康正　吉保　秀淳　春憲　章造　家文　篤

正政　盛利　一用　虎康　清英　幸正　俊常　實繁　敏定　幸孝　嘉兼　八次　桃興　和純　元昌　彌徳　信善　幸　治富　素知　康政　兼真　盛政　郁　正宗　有久　照萬　端波　江

生徒

新石上　大兼久　大金　具志堅　具志堅袋　島田當所　仲宗根　仲尾次　真喜屋　宮城　宮里　山城吉　伊上神比　具志堅　鳥玉津　仲比前宮　宮山之　与那嶺　新大　大兼　嘉手納　神宜　金喜　具志　久国座平　仲宗根　仲比古宮　宮山饒東

■農林健児之塔

沖縄県立農林学校

所在地　嘉手納町字嘉手納　野國總管公園

戦没者　計 130 名
　　　　　学徒（学徒隊 23 名・入隊 64 名・その他 37 名）
　　　　　教職員（引率 1 名・その他 5 名）

慰霊祭
（農林学校同窓会主催）
1. 開式の辞　　同窓会代表理事副会長
2. 読経
3. 焼香
　　遺族焼香
　　同窓会長（代表理事会長）あいさつ及び焼香・同窓生焼香
4. 閉会の辞
　※慰霊祭後、嘉手納中央公民館で同窓会総会を行っている。
　2009 年 6 月 23 日に同窓会の解散総会の予定。その後は組
　織としての慰霊祭は行わず希望者のみの個人参拝になる。

引率
尚　謙

教職員
知　花　松智博蔵吉
当　間　仁重野仁善
伊津平　間津良地善
仲　平　間

生徒
安次富垣　寿郎栄正孝福猛盛孝一晃明操夫栄実弘慶栄英光勝淳一吉徳吉延由一栄雄一雄雄弘昌光一清清昌助昌勝良元政治栄喜一一信尚信廣市
新伊稲上上宇地大大嘉嘉我神狩川喜金金喜宜国国国小島島島城下平高沢玉田知仲仲中饒比比比比比普古前松
芸福地里平城田川納部俣満納城城武名座仲吉吉吉嶺尻袋袋間里良洲岻覇本念間間大底里波嘉嘉嘉嘉嘉嘉嘉原久

幸善可忠朝徳喜信良喜　政宗準米朝久寛真長真良実幸浩信福文俊　安啓健康幸安甚正幸新幸正盛盛利順朝宗堅東川　寛

保助繁雄栄三郎盛倫栄雄徹成英助吉雄夫長吉栄操二郎芳秀輝一徳松吉修政吉哲功康治信隆操正輝和得一綱吉雄男栄蔵信清英淳光喜宜光秀網繁市雄達
盛恵治義元憲将真繁基常仁善真寿仁良生　幸清安盛清俊弘宣正盛政義　秋清武盛　朝正憲龍信真安隆昌伝禎憲盛雄朝朝真基清宗
宮宮屋嘉山山山吉与那新大垣神金国島洲添平高沢照当名名新羽比東恩冨真又松松宮山屋与久田阿波連垣名佐川保間村田嘉嘉間比比普天間辺土又宮山与石島島
城国国部川里里浜嶺垣城花谷城吉袋鎌石良良良岻屋銘城城本地嘉納里田吉田長城城良田連垣名川保嘉嘉嘉嘉嘉間名吉城城座嶺川袋袋石島島

■翔洋碑

沖縄県立水産学校

所在地　糸満市西崎　沖縄水産高校内

戦没者　計 66 名
　　　　　学徒（学徒隊 31 名・入隊 5 名・その他 22 名）
　　　　　教職員（引率 1 名・その他 7 名）

慰霊祭
（翔洋同窓会・水産高等学校共催）
1. 開会のあいさつ　　同窓会会長
2. 県立水産高等学校長　　あいさつ
3. 焼香
　遺族・同窓会役員・学校教職員・在校生（野球部員）
4. 生存者の体験談

引率教職員
新崎　寛緯

教職員
小嶺　進雄
仲村袋　幸盛
平良村　作昌
仲村　幸守
新垣　昌永
仲村渠　一昌
　　　　一

生徒
内間　紀栄
伊禮　昌光
親川　榮松
平良　清真
松田　雄行
金城　一正
宮里　俊善
友寄　正隆
金山　夫正
仲武　三四郎
金城　朝慶
上原　順政
長嶺　仁二郎
上江田　但守
小場　謹久
上原　行宗
崎濱　雄正
上原　蔵新
並里　男吉
赤嶺　義清
松本　一千代
根屋　盛輝
宜保　幸栄
上前　寛彦
金城　武岡
金城　邦盛
前田　城徳
上間　田彦
与那嶺　間勝
稲福　茂栄二郎
照屋　正栄
安次嶺　昂正
上原　林徳昭
棚原　憲次郎
松田　顕学
上原　盛康
塩浦　浜永
浦　崎智
東　門俊
渡嘉敷　武盛
喜屋武　城正
金　間嗣
当　間武
当比　嘉憲
玉那　覇栄
照　屋秀
金　城英
上　原哲
安谷屋　喜朝
真喜志　栄福
王栄　嶺政
大湧　上源
玉　城信
仲村渠　名喜
渡名喜　守敏

■沖縄工業健児之塔

沖縄県立工業学校

所在地　糸満市字摩文仁　平和祈念公園内

戦没者　計 165 名
　　　　学徒（学徒隊 88 名・その他 70 名）
　　　　教職員（引率 7 名）

慰霊祭
（沖縄工業同窓会・沖縄工業健児の塔遺族会・沖縄工業高等学校共催）
1. 開祭の言葉　　同窓会副会長
2. 黙とう
3. 校歌斉唱
4. 読経
5. 弔辞　　同窓会会長
6. 弔辞　　校長
7. 弔辞　　生徒代表
8. 焼香
　遺族・同窓生・一般・ＰＴＡ・職員・１学年・生徒会・その他
9. 閉祭の言葉　　同窓会副会長

引率教職員
鈴木瑞慶　村慶　支智敏源祥　省正俊蔵英慧　儀金城城慶　武城城留間　善一繁勝男義實　上江洲渡嘉敷徳森　安俊田栄孟　弘彦穂徳

石新金伊豆見　川城護　源正勇　佐久間佐次田　次盛清太亀幸　佐久間佐次田下庫里　雄元昌盛方　新喜屋武間上　里政先天　進治男進

名護　名　慧雄　佐次田下庫里瑞慶沢　瑞覧岻城城玉願　一繁勝男義實郎吉雄次郎　運均武時天念添　清長雄照助

生徒
石石大金　嶺川城城　易眞清東　仁蔵功吉雄　天渡名喜原　昭信徳仁　知浦玉比前宮　城嘉田平城田屋　雄夫孝秀信

金金金座　城城城波　久俊武盛　三貞旗藏元　富仲宗根名禰　宗方清秀　宮町山與那　宜立義重　雄重盛良宗

多浜富山　和里名口　田里腰川　義俊一雄由　花山與那稲　城城福原　安正正正　安平　嶺名　良宗秀孝眞勇

新伊浦亀　新崎佐城　垣谷幸　全康朝　稲上金知上　金念城念念原　徹信宏明　安新新島宇安平　良宗秀夫幸太郎信

金金崎城　城城間宗根　善幸榮朝　照助仁正信定　知上宮屋　德良三春　上島　袋

仲普久原山與眞栄　嶺原嶺儀平　眞朝宗正正　清正幸雄雄三　上江洲新赤玉那　川嶺覇垣　省英雄一一義　

大伊兼泉金　礼城川城城　宏繁輝則　道　寬準盛　新安富祖上大金玉　村原城城城城　朝栄盛永清　郎栄廣信助英郎

座喜宮大玉新奥安　波納城城城垣田里　恒徳常善良俊達　吉三雄良徳弘夫　大大神嘉新島瑞慶石喜屋武志堅　谷数里袋覧川　三朝一弘芳男信實計　雄達昇男一一冶

新津波古生良志比嘉　武正正　亮長勝松亀　照新神照奥神親嘉赤比　屋城田屋島田垣富祖嘉地城屋　喜正善忠益秀弘徹之清

仲宗根與那玉石伊糸上上大大大大嘉　嶺城城川波教禮原原城城城城嘉如嘉　正正幸苗行昌辰巳一正信道英辰義　雄雄康哲彦　昌常良善朝

■和魂の塔

那覇市立商工学校

所在地　那覇市松山　那覇商業高校内

戦没者　計157名
　　　　　学徒（学徒隊114名・入隊4名・その他39名）

慰霊祭
（那覇商業同窓会・那覇商業高等学校共催）
1. 開祭の言葉　　同窓会副会長
2. 黙とう
3. 校歌斉唱
4. 読経
5. 弔辞　　同窓会会長
6. 弔辞　　校長
7. 弔辞　　生徒代表
8. 焼香
　遺族・同窓生・一般・ＰＴＡ・職員・１学年・生徒会・その他
9. 閉祭の言葉　　同窓会副会長

明勲啓進清喬和実松秀昌威二郎徳高初雄政

盛朝正通良正政宗真太新興宗盛繁嘉

喜屋武国譜久里金大比渡譜稲安真又波牧大新宜大

義順春盛志規真敏彦義傑恒一亮文三郎光盛文一善典吉雄孝永素雄毅一一雄廣夫徹勝仁壽節雄男次祺一次勝捉志辰禎興雄郎義雄光政英一弘雄政清政学三浩

宜宜城貴忠新比喜佐波原嘉嶺花間連崎寄嶺根城垣伊舎堂原新大嘉手富比譜久真喜宮饒長大仲佐久佐久屋真栄島玉代勢嘉城長銘袋里嶺良間山渠那覇陽根寄平名祖城銘念

玉屋山吉新比田其志堅本崎波嘉嶺上兼池比大知當阿波連阿浦渡嘉友長仲宗仲宮佐久川屋比真栄田袋島玉代比金翁有島安赤平当永仲村玉那覇陽根寄平名祖城銘念西知

垣崎嵩芸城屋城福城志江垣原里寄久川銘座浜城間城念我普久我喜具志嘉吉武屋城平里邊木嶺原寄田里那

恒正政清安林政喜良清常全幸嘉良嶺場嘉里吉寄堂川銘興宗英昌英三郎真恒定清秀朝真兼忠正廣哲朝得安正眞真信実行兼哲正康眞真隆政憲

雄雄順郎夫貞淳才一行栄俊忠次郎六保一栄裕盛茂一志順明文一明繁昌栄三郎英昌英三郎真祐一景栄仁元栄朝昭五郎冨治男一自功郎助進計侑合武英正武雄治雄堅宏三郎寛勇司勇雄昭

新浦瀬伊大照宮稲大大牧桑新上小安次島大田比山国玉長佐久川有我佐喜糸平大東石知鉢仲崎宮比儀玉田山知知我普久原我喜屋具志堅比平国慶喜屋真宮宮新砂高高棚渡友宮仲漢

■開南健児之塔

開南中学校

所在地　糸満市字米須　平和創造の森公園

戦没者　計 190 名

慰霊祭
（開南中学同窓会・開南中学遺族会共催）
1. 読経
2. 同窓会会長挨拶
3. 遺族会会長挨拶
4. 焼香

戦没者名簿（各列は縦書き・右から左へ）

栄修一　栄孝春哲　文尚　築績福郎　男敬　襟徳雄吉次　政栄　吉二宜一雄　吉盛造敏貞栄　郎昭順　吉清光喜俊榮

豊　正堅　正繁盛善　政幸亀　忠興啓正定吉朝　仲宗眞盛　安敏榮賢將　義永盛勝眞　正敏仁金健正賀真　清次郎　晃俊順清　喜俊榮

上大大大神　嘉手川古　城城城　納宜　國崎島城　當　仲長安平外山　義與那原　儀宇金　古波城玉　渡慶次　仲上儀　仲仲村比　普與那　仲宇江城　神

原城城城田　手川　我如古金　喜屋武宜　國國島城　玉當　宗根眞嶺原嘉　安名間里　永盛間根　正敏仁金　健正賀　真清　次郎　晃俊　順清　喜俊榮

光俊夫春治勇英昭　保實豊安和正　武愛安義現壮孝喜賢文徳　城城城城城里里本屋瀬間城城　垣垣波原江洲城城城城城城神本屋喜瀬儀金金宜國國小波津古波蔵古我知島新志良堂城城良山原桃名仲村渠野鉢東比比外宮宮屋屋山篠安安新赤伊伊上

永保實豊安和正　武愛安義現壮孝喜賢文徳長宗栄堅栄松清加盛永一郎太哲貞康清寛肇朝仁方亀武善清真秀正徳吉三郎朗夫昌正得巌中夫昭次寿常朝市雄昭次正秀朝豊正哲康柴盛原里室垣嶺敷波原伊上

宮城里里里山與與那稲赤安新新伊上大大大大大大神兼我喜儀金金宜國國小古古新志玉玉高津桃名仲仲野比比比外宮宮屋屋山安安新伊伊上

安安安上上奥大大岡喜久久保國島平玉玉多和照仲長名嘉松宮宮山山山與赤稲伊上大神神喜舎場喜舎場喜喜金國幸佐久島平平玉玉天當富仲仲比比古外松松又

里里里原原原武城城本武高玉屋原西嶺元本城城川田田嶺垣嶺波里里城里里場納城吉地本袋良城覇顧山浜田間嘉堅間川田吉

小恒栄一行宗重一宜昌造光伸昭也章源雄英雄一宏英景吉欣夫幸勇夫臣利廣三光助幸仁勇八恒弘春昌雄夫敏昇慶魁志安賀一一勇昌光一徳喜

福盛喜朝康武惠長鉄栄真林盛真寛正弘將久傳慶哲由宗盛光昌善興友順義定義和朝英真弘庸興光正真良盛正禎新宗正和敬盛嘉柳盛

正清原武城城本長鉄栄一盛真正弘將久傳慶哲由宗盛光昌善盛興友順義和朝英真弘庸興光正真良盛正禎新宗正和敬盛嘉柳盛

■ひめゆりの塔

沖縄師範学校女子部

所在地　糸満市字伊原

戦没者　計116名
　　　　学徒（学徒隊81名・その他27名）
　　　　教職員（引率5名・その他3名）

沖縄県立第一高等女学校

戦没者　計111名
　　　　学徒（学徒隊42名・その他61名）
　　　　教職員（引率8名）

慰霊祭
（ひめゆり同窓会主催）
1. 開会のことば　ひめゆり平和祈念資料館館長
2. 読経
3. 祭主祭文　　同窓会会長
4. 御供茶
5. 来賓焼香
6. 遺族代表焼香
7. 旧職員焼香
8. 同窓生代表焼香
9. 県外同窓会支部参列者焼香
10. 弔電拝読
11. 校歌・別れの曲斉唱
12. 閉式のことば　　同窓会副会長
　　遺族焼香
　　一般焼香

■白梅之塔

沖縄県立第二高等女学校

所在地　糸満市字真栄里

戦没者　計66名
　　　　学徒（学徒隊17名・その他41名）
　　　　教職員（引率0名・その他8名）

慰霊祭
（白梅同窓会主催）
1. はじめのことば　　同窓会副会長
2. 校歌斉唱
3. 黙とう
4. 読経
5. 追悼のことば　　同窓会会長
6. 代表焼香
　　　遺族代表・来賓各位
7. 弔電・供花ご報告
8. 千羽鶴献納
9. ごあいさつ　　同窓会会長
10. おわりのことば　　同窓会副会長
　※一般焼香　　遺族・同窓生・一般参列者

教職員

上里　宣正
新垣　吉元
伊波　隆盛
當眞　静保
島袋　嗣一
翁長　喜子
嘉数　啓本
阿波連

生徒

安仁屋　俊子
上地　美代
上原　春江
上原　ハッツ
宇座　春子
大嶺　美枝子
嘉数　幸子
喜久里　栄子
金城　愛子
塩浜　道子
島袋　敏子
島袋　陽子
高玉　良ツミ
那覇嶺　房チ
長襴　幸ツ子
比嘉　吉ハ
又屋　敏ヒロ
安森　信子
與那覇　文
伊波　八重子
上江洲　須美
上原　政子
大城　勝子
仲村渠　幸子
新屋　敏文
酒井　宜美代子
城間　政ヤ子
新里　スシ
新念　ヨカ
知念　メ子
知念　澄子
知念　ミチ
新崎　光子
糸嶺　春吉子
上原　数季子
上原　ユミ子
大見謝　花子
翁長　つる子
喜瀬　和子
島袋　弘子
嵩原　菊子
渡嘉敷　ヒロ子
仲嶺　真砂子
仲村　米代子
与那覇　千子
赤嶺　節子
新垣　愛子
新垣　トシ子
上地　ヨ子
大城　英枝子
金城　美子
座玻　幸子
野崎　真紗子

■南燈慰霊之塔

沖縄県立第三高等女学校

所在地　名護市大西　名護高校内

戦没者　計 10 名
　　　　学徒（学徒隊1名・その他9名）

慰霊祭
（南燈同窓会・ 名護高等学校共催）
1. 開式の辞　　同窓会副会長
2. 黙とう
3. 読経
4. 追悼の辞
　同窓会会長・名護高等学校校長・生徒会長
5. 追悼電報拝読
6. 献花
　遺族・同窓会員・職員・実習生・生徒
7. 献歌　　三中校歌・三高女校歌・名護高校校歌 斉唱
8. 焼香
　祭主・遺族・同窓会員・職員・実習生・生徒
9. 閉式の辞

安　里　信　子
上　地　初　子
宮　城　美代子
上　地　芳　子
嶺　井　佐知子
新　里　篤　子
富　原　美代子
儀　間　　　静
仲宗根　静　子
當　山　敏　子

■ずゐせんの塔

沖縄県立首里高等女学校

所在地　糸満市字米須

戦没者　計 62 名
学徒（学徒隊 33 名・その他 29 名）

慰霊祭
（瑞泉同窓会主催）
1. 開会のことば　　同窓会会長
2. 黙祷
3. 読経
4. 校歌斉唱
5. 祭文朗読　　同窓会会長
6. 遺族代表弔辞
7. 鎮魂歌朗詠
8. 鎮魂歌（来てみれば）
9. 弔電朗読・奉納
10. 来賓・恩師焼香　　　ご参列者一同
11. 遺族焼香　ご遺族一同
12. 会員焼香　会員一同
13. 閉会のことば　　41 期　　同窓会副会長

安室 博子
伊芸 文
石川 節子
上原 トヨ
大城 ヨシ
賀数 春子
金城 郁
金城 光子
喜納 美智子
喜瀬 ハツ子
久高 千代
久場 文
多和田 ヨシ
玉那覇 ハル子
武富 シゲ
知念 信子
津嘉山 房
照屋 静子
仲田 信
仲村渠 愛子
比嘉 孝
比嘉 ツル
外間 マサ
町田 ヨシ
町田 ヨシ子
真栄城 信子
宮平 ヤス
宮城 英子
宮城 栄子
山内 シズ
山城 キク
山里 富
屋宜 茂
石川 文子
翁長 和子
翁長 トミ
嘉数 貞子
金城 シズ子
金城 ヨシ
玉城 千代
玉城 節子
仲村渠 千代
仲松 喜代子
比嘉 トヨ
比嘉 ノブ子
比嘉 幸子
牧志 末子
山田 シゲ子
屋宜 好子
山城 文
與那嶺 静子
吉元 ヨシ子
宮城 信子
玉那覇 京子
島袋 文子
比嘉 文子
識名 和子
島袋 光
神谷 アイ子
島袋 文子
仲順 春子
与久田 節子

■積徳高等女学校慰霊之碑

沖縄積徳高等女学校

所在地　那覇市松山　大典寺境内

戦没者　計44名
　　　　　学徒（学徒隊3名・その他36名）
　　　　　教職員（引率0名・その他5名）

慰霊祭

（ふじ同窓会＝積徳高女の同窓会主催）
1. 開式のことば　　同窓会副会長
2. 読経
3. 同窓会会長追悼のことば　　同窓会会長
4. 千羽鶴奉納
5. 来賓弔辞
6. 映写（思い出のアルバム）
7. 弔電
8. 遺族の焼香
9. 同窓生の焼香
10. 校歌斉唱
11. 黙祷
12. 閉式のことば　　同窓会副会長

教職員

津嘉山　浩
明石　英メ
粟國　カ通
大見謝　恒弘
與那覇　政子

村吉　佳子
安國　清子
屋比久　清シ
國吉　敏子
酒井　静子
神谷　貞子
照屋　和子
奥原　キミ
崎原　光子
座安　節子
玉城　富ゲ
安里　シ子
内間　ゲ
上原　惟恵子
崎間　美チエ
島袋　チ子
金城　良子
和田　政枝
當山　初ツ子
山城　リヨシ
上原　マ子
佐久　年ト
久真　トヨヨ
吉見　ヨ吉
新垣　紀美子
上原　初枝
奥間　トヨ子
當山　敬子
大城　富ヨシ
大城　ヨ子
米須　シ文子
宮城　子ク
城間　文キ
知念　初繁子
上原　キミ
喜納　繁
上原　子
島袋　ミ
宮城　信
米須　ト

■梯梧之塔

昭和女学校

所在地　糸満市字米須

戦没者　計62名
　　　　学徒（学徒隊9名・その他50名）
　　　　教職員（引率0名・その他3名）

慰霊祭
　2005（平成17）年を最後に組織としての慰霊祭は行っておらず、個人参拝になっている。

職員
翁長　盛宗
島袋　治子
石嶺　スミ子

学徒看護隊戦没者
照屋　マ子
前川　タ重
饒波　清ヨ
大城　八米
仲栄真　キ文
島袋　子枝
大山　昌文
金城　初
田港　文

生徒戦没者
当間　テル
与那嶺　カメ
赤嶺　静枝
新垣　ヨミ子
糸数　菊
棚原　ミ子
安谷屋　菊
眞栄平　トミ子
識名　文子
安谷屋　タト
大城　ノ和
新垣　瑞千
上原　政トミ
知花　トミ子
又吉　清茂ツ
平良　清千勝
白石　芳子
那覇　静子
照屋　昌ヨ
比嘉　春文カ
堀川　ネ子
宮城　初信
伊礼　シ子
新里　タカヨ
棚原　愛セツ
池原　文子
東恩納　ハヨ比
照屋　昌
嘉味田　初代
福地　チヨヨ
屋富祖　シシ芳
長嶺　ミツキ
神谷　ヨシ
松田　キョト
伊波　ミ子
棚原　敏
稲福
仲間

■各慰霊碑所在地

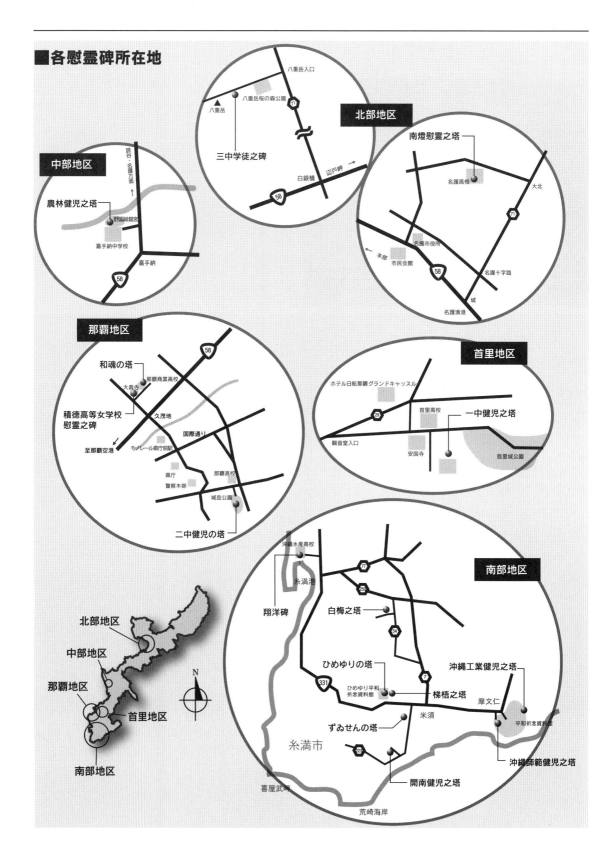

中部地区

農林健児之塔

北部地区

三中学徒之碑

南燈慰霊之塔

那覇地区

和魂の塔

積徳高等女学校
慰霊之碑

二中健児の塔

首里地区

一中健児之塔

南部地区

翔洋碑

白梅之塔

ひめゆりの塔

沖縄工業健児之塔

梯梧之塔

ずゐせんの塔

開南健児之塔

沖縄師範健児之塔

糸満市

資料編

■ 解　説

通称について

●学徒隊という名称

　沖縄戦当時は「学徒隊」という名称は使ってはいなかった。学徒の戦場動員の背景となった1943（昭和18）年の「学徒戦時動員体制確立要綱」には学徒隊という用語はみられない。1945（昭和20）年3月に出された「決戦教育措置要綱」に初めて学徒隊という名称が出てくる。4月15日には、実際に東海地方で「中等学校（女学校も含む）・公立青年学校単位で学徒隊が結成」されている（荒川章二「総動員体制と戦時法制」沖縄公文書館史料編集室『沖縄戦研究Ⅰ』p 173）。その後、学徒隊の名称は1945（昭和20）年5月の「戦時教育令」にも登場している。

●「学徒」という用語

　戦争記録には「学徒」と「生徒」の両方の用語が出てくるが、「学徒出陣」や「学徒動員」などの熟語に見られるように、戦時中の学生生徒を指す用語としては「学徒」の方がよりふさわしいと考える。

●「鉄血勤皇隊」という通称

　男子学徒は、まず学校ごとに鉄血勤皇隊に編成され、その後各部隊に配置後、○○部隊所属の二等兵という位置付けとなった。

●「通信隊」という通称

　通信訓練を受けた下級生たちも各部隊配置後、それぞれの部隊の二等兵という位置付けとなった。戦争体験記の中では、学徒隊員と一般兵を区別するために「勤皇隊員」や「通信隊員」という言葉がよく使われている。

●学徒隊の通称と学校名

　一中の場合は、沖縄戦当時、鉄血勤皇隊の末尾に学校名を付けて「鉄血勤皇隊第一中学校隊」としたという証言があるが（『一中十七会記念誌　亡き友を偲び五十年』p 63）、他の学校では沖縄戦当時、鉄血勤皇隊の通称に学校名を付していたのかは不明である。
　以下、各学校の記念誌などに使われている通称を列記する。

〔男子〕
・「鉄血勤皇隊○○隊」のように学校の略称を後ろに付けているケース／師範（『龍潭百年』p 122）、一中（『養秀百年』p 157）、農林（『農林学校同窓会会誌』p 280）
・「○○鉄血勤皇隊」のように学校の略称を頭に付けているケース／二中（『沖縄二中三岳会の記録』p 191）、三中（『（本部）町民の戦争体験記』p 42）、水産（『（水産学校）創立90周年記念誌』p 126）、商工（『（商業）創立70周年記念誌』p 352）
・その他の通称を使っているケース／二中隊（二中・『戦世を生きた二中生』p 141）、学徒隊・学徒通信兵（工業・『工の絆』p 22、p 30）

〔女子〕
　女師・一高女が「ひめゆり学徒隊」、二高女が「白梅学徒看護隊」「学徒補助看護隊」、三高女が「看護隊」、首里高女が「瑞泉隊」「学徒看護隊」、積徳高女が「学徒看護隊」、昭和女学校が「梯梧隊」「学徒看護隊」で、ほとんどが「学徒看護隊」と名乗っている。
　また個々人を表現する用語としては、女師・一高女と三高女が「看護要員」、二高女が「従軍補助看護婦」という用語を使っているほか、沖縄陸軍病院関係者は「篤志看護婦」と表現している。決戦間近に短期間に看護訓練を受けほとんど看護婦としての資格はなかったという当時の事情を考えれば、やはり「看護婦」ではなく「看護要員」という表現のほうがふさわしいと思われる。

●工業学校の鉄血勤皇隊の取り扱いについて

　工業学校の鉄血勤皇隊は、軍から連絡がなかったという理由で、ほとんどの学徒らが自宅に帰され、わずか校長以下5名の教職員と3名の学徒が連絡要員として残っていただけである。従来の文献資料の中にはこの連絡要員を鉄血勤皇隊として扱っているものもあるが、"学徒隊としての体をなさない"連絡要員を隊として取り上げるのは疑問である。ただし、連絡要員たちのその後の行動を追うことが重要であることはいうまでもない。

●師範鉄血勤皇隊の細分化された通称

　師範鉄血勤皇隊は、第三十二軍司令部にまとめて配属されたため、他の学徒隊と違って、学校として

のまとまりが強かったようだ。師範だけは「千早隊」
「斬込隊」「野戦築城隊」「特編中隊」という細分化さ
れた通称もあった。

●女子学徒隊の戦後の通称は、沖縄戦当時使われていなかった

　「ひめゆり学徒隊」などの通称は、陸軍病院や野戦病院に動員された学徒の集団を総称するために、戦後便宜上付けられたものである。当時の学徒らの位置付けは「軍病院に配属された〇〇学校の生徒たち」であり、特別に「〇〇隊」という名称は付けられていなかった。

●「ひめゆり部隊」という名称はふさわしくない

　「ひめゆり部隊」などのように、女子学徒隊に「部隊」と名付けている記述をよく目にするが、ひめゆり学徒生存者は①そういう名称はなかった、②ひめゆりの生徒たちも戦闘したように勘違いされてしまう、という 2 点から、ひめゆり部隊という名称を使ってほしくないと考えている。

動員について

●鉄血勤皇隊の動員月日

　1945（昭和 20）年 3 月 25 日、第三十二軍司令部から鉄血勤皇隊編成を命じる文書が出された後、各学校とも当日か翌 26 日には学徒隊を編成したようである。各部隊への入隊日はバラバラだったようだ。

●動員月日が 3 月 25 日または 26 日以外のもの

　動員月日が 3 月 25 日または 26 日以外のものは、特別な理由による場合か、記憶違いではないかという場合が多い。例えば師範男子部の勤皇隊編成の日が 31 日と遅いのは、第三十二軍司令部壕の壕掘り作業を突貫作業で行わなければならなかったという事情があったのではないかと考えられる（但しそのことについて触れた記録は一切ない）。

　また水産学校では、3 月 26 日に第三十二軍の下士官が学徒らを引き取りにきたが、教職員が「何とかして学徒らを一度親元へ帰せないか」と引き伸ばし、動員の日が 2 日後の 28 日になったようである（『琉球新報』連載「戦禍を掘る　第 2 部学徒動員 17」）。

　「記憶違いではないか」という例としては、二中の 3 月 19 日、商工の 31 日、開南の 9 日などがある。それらは「26 日動員説」に比べ、いずれも日付だけでなく記述自体の事実関係があいまいである（例えば『那覇市史』第 2 巻中の 6 の二中の山城篤男元校長の証言、『沖縄戦における学徒従軍記』の中の商工・開南の記述）。

　宮古中学校の動員月日は 2 月頃とあいまいである。八重山は 3 月 29 日となっていて、本島より 2、3 日ずれている。

●通信隊の動員月日

　鉄血勤皇隊はいったん勤皇隊を編成して後、各部隊へ配属される過程をとるが、通信隊は 1 月頃から訓練を受けていて、志願書への親の承諾を得るために、いったん 3 月末に帰宅させられ、その後部隊に入隊するという過程をとった。勤皇隊のような学徒隊の編成なしに各部隊に入隊しているため、動員月日はバラバラとなっている（例えば、一中通信隊は 3 月 28 日、三中通信隊は 3 月 22 日、工業通信隊は 3 月 29 日）。

　しかし、動員月日を各部隊への入隊日に限定するなら、鉄血勤皇隊の動員月日も通信隊と同じようにバラバラになる。

●女子学徒隊の動員月日

　沖縄本島内の女子学徒隊の事実上の動員月日は、米軍の沖縄作戦が始まった 3 月 23 日もしくは 24 日だったようである。資料によっては白梅学徒隊の動員月日が 3 月 6 日入隊となっているものもあるが、正式な入隊手続きがとられたのは 24 日だったようである（『白梅　沖縄県立第二高等女学校看護隊の記録』p 88）。また梯梧学徒隊の記録には動員月日は 3 月下旬とあるが、梯梧学徒隊は瑞泉学徒隊と一緒に新川のナゲーラ病院壕に配置されているので、動員月日は瑞泉学徒隊と同じ 3 月 23 日であると考えられる。恐らく、どの学徒隊も「看護訓練を受けている最中に、3 月 23 の米軍の猛爆が始まり、慌しく動員されることになった」というのが実情であろう。

動員命令について

●動員決定のいきさつ

どういういきさつで動員が決められたかについての唯一ともいうべき証言は、当時沖縄県庁学務課で中等学校教育行政事務を担当していた真栄田義見地方事務官の証言である。真栄田氏は学徒の戦場動員について、1944（昭和19）年12月から1945（昭和20）年1月にかけて、第三十二軍司令部の三宅参謀と数次に亘って折衝を重ねていたようである（詳しくは本書p 24を参照）。

また当時警察官で、戦後は琉球政府社会局長（戦没者の援護事務を担当するセクション）を勤めた山川泰邦氏は、「各学校の下級生のうち、適正検査に合格した生徒たちは、20年1月から通信訓練を受けることになった。（中略）また男子中等学校の上級生は、各学校の配属将校の指揮下に『鉄血勤皇隊』を編成し、直接戦闘員としての訓練を受けた」（『秘録沖縄戦』p 77）と、記している。

●学徒の戦場動員の背景となった「学徒戦時動員体制確立要綱」

1943（昭和18）年6月に出された「学徒戦時動員体制確立要綱」は要領一の［有事即応態勢の確立］と要領二の［勤労動員の強化］に分かれているが、全体の3分の2は勤労動員の記述である。要領一の［有事即応態勢の確立］に、「必要ニ当タリテハ直接国土防衛ニ　全面的ニ協力セシムルモノトシ」とあるものの、具体的には、男子学徒には「航空、海洋、機甲、馬事、通信ノ特技訓練ヲ実施ス」、女子学徒には「看護其ノ他保健衛生ニ関スル訓練ヲ強化シ必要ニ際シ戦時救護ニ従事セシムルモノトシ」と、ほとんど"訓練"について述べているだけで、具体的な学徒の戦場動員については、まったく記述がない。しかし、この要綱は学徒を戦場に動員する背景となったものであることは間違いないであろう。

●男子学徒の戦場動員の法的根拠

1944（昭和19）年10月18日の「兵役法施行規則」の改正で徴兵年令は17歳に引き下げられた。

このことに関して、1944（昭和19）年10月18日付朝日新聞には「満17より適齢迄国土防衛に召集。

内地人では満17歳と満18歳（中略）も召集により軍務に服すことになったものである。（中略）既に南方諸地域、台湾、沖縄では実施（され、中略）差し当り、防衛召集だけに適用し、一般の臨時召集は真に非常の場合に当って適用される」とある。これによると、沖縄での学徒の動員は防衛召集という位置付けだったということになる。

一方、17歳以下の生徒の動員は、1944（昭和19）年10月16日に交付された「陸軍特別志願兵令改正」によると思われる。元学徒隊員の下級生たちの手記にも、志願書を提出させられたことが出てくる。志願書には親の承諾も必要だったようだ。

当時学徒に発令された「警備召集待命令状」には召集学徒の本籍地や現住所のほか「第二国民兵役陸軍　金城良夫　右向こう一年間警備召集待命令ヲ発セラレル　召集部隊ハ山三四七二部隊トス　依テ召集ヲ命セラレタルトキハ　速ニ　開南中学校　ニ到着スヘシ　昭和二十年三月二十日　沖縄連隊区司令部」とある。

「『一木一草戦力化』の方針で作戦準備を急ぐ守備軍は19年2月、県当局と協議して中学生の戦力化の方針を決定した。上級生は実戦部隊として鉄血勤皇隊に編成し、下級生は学徒通信隊、女学生は学徒看護婦隊として総動員する計画であった。最精鋭の第九師団を引き抜かれ、その後の増援も期待できない事態に直面した守備軍にとって、それは防衛召集の拡大強化とあいまって兵力補充の苦肉の策であったのだが、結果からみればこれは20年6月に実施される『国民義勇兵役法』のモデルともいうべきものだった。いうまでもなく学徒隊は法令にもとづかない義勇隊組織であり、それゆえ徴集にあたっては志願という形式をとりはしたものの『全員玉砕』が呼号される当時の空気からしてそれは逆らいがたい強制力をもっていた」（『沖縄戦をみつめて』p 128）。

●女子学徒の戦場動員の法的根拠

「（沖縄戦では）15歳から40代の女性なども挺身隊員、炊事班・救護班（救急看護）員、弾薬運搬要員として、戦闘中の部隊に動員されていった」しかもそれは「各部隊が法的根拠がないにもかかわらず恣意的に足腰の立つ男女が戦場で徴収された『義勇隊』（であった）」（石原昌家「沖縄の戦場動員体制とその状況」沖縄公文書館史料編集室『沖縄戦研究Ⅰ』

p 160）と石原昌家氏が述べているが、それらの 15 歳から 40 代の女性の動員と女子学徒の動員は「①沖縄戦という戦場に動員された」という点と「②救護活動の任務をした」という点において共通している。

ここでいう「義勇隊」とは「陸軍特別志願兵令」による制度で、徴兵による正規兵以外の国民を戦場に動員する法的根拠となった。"志願して自ら進んで応募する兵"が建前だったが、沖縄戦における戦場での緊急措置的な徴用は志願ではなく強制であったという点で違法だったと指摘されている。女子学徒隊は、教育などによってそう仕向けられたとはいえ、建前上は志願によるものとなっている。しかし「陸軍特別志願兵令」の対象は男子のみで、女子は想定されていなかった。17 歳以上の女子の戦場動員が想定されるのは、沖縄戦末期の 1945（昭和 20）年 5 月 22 日に出された「戦時教育令」からだった。

● 戦場動員での女子の任務が初めて具体的に記述された「義勇兵役法」

女子（17 歳以上 40 歳未満）が初めて戦場に動員されることが想定されたのは、1945（昭和 20）年 6 月に施行された「義勇兵役法」である。その法令に基づいて組織される「国民義勇戦闘隊」の任務は、軍隊の糧秣運搬などや遊撃戦（ゲリラ戦）などで（⑤中山知華子「国民義勇隊と国民義勇戦闘隊」立命館国際平和ミュージアム『立命館平和研究』第 1 号 p 74）、沖縄戦における防衛隊や学徒隊の任務とオーバーラップするものであった。不思議なことに、その任務には負傷者の救護活動が挙げられていないが、実際の戦場になると、女子には救護活動の任務が課されたであろうと予想される。つまり沖縄戦では「義勇兵役法」が先取りされる形で、男女学徒が動員されたのである。

● 男子学徒の動員に際しての手続き

『沖縄縣史 8 沖縄戦通史』には、鉄血勤皇隊への動員に際しての手続きについての明確な記述はないが、生存者たちの体験記を読むと、第三十二軍司令部から命令書が出されたようである。体験記の中でその命令書についての証言が出てくるのは、一中、三中、水産の 3 校である。一中の元学徒富川盛秀氏の証言には「1945（昭和 20）年 3 月 25 日、第三十二軍は沖縄連隊区司令部を通じ、沖縄師範学校をは

じめ県下の各中学校に対し学徒動員令を下した」（『養秀百年』p 156）とあり、三中の元教諭吉村登一氏の証言には「3 月 26 日未明いよいよ動員下命を受けた。（軍司令官、県知事、沖縄連隊区司令官の連名の文書命令）」（『那覇市史』第 2 巻中の 6 p 373）とある。また水産の元教師親川光繁氏は「ガリ刷りのその紙には牛島司令官と島田知事の二人の名前が書かれていた」（『琉球新報』連載「戦禍を掘る　第 2 部学徒動員 17」）と証言している。

一方、通信隊要員の学徒らは、「入隊志願書」を書いて保護者の押印をもらい提出するよう指示されている。工業学校の場合、保護者の押印がもらえない生徒らの印鑑を那覇市内の印鑑屋に作らせ、押印させたようだ。

● 女子学徒の動員に際しての手続き

動員に関する手続きの有無についてはひめゆり学徒隊となごらん学徒隊以外にはそれらしきものがあったという記録がある。白梅学徒隊は「3 月 24 日に引率教師により軍属としての正式な入隊手続きがとられた」（『白梅　沖縄県立第二高等女学校看護隊の記録』p 88）という記録がある。積徳学徒隊は入隊を希望するか否かの調書がとられたようであり（『平和を祈って』p 91）、瑞泉学徒隊と梯梧学徒隊は家族の許可を得るために一時帰宅させられたようである（『首里高女の乙女たち』p 81、『戦場に生きる』p 21）。八重山農学校（女子）や八重山高等女学校の学徒らは、動員にあたっては全員に署名・拇印が強要されたという（『沖縄県史』第 10 巻 p 70）。

● 1945（昭和 20）年 3 月・4 月の現地入隊組

1944（昭和 19）年 10 月 18 日の徴兵適齢臨時特令公布施行により、徴兵年齢が 17 歳に引き下げられた。しかし、実際には 1945（昭和 20）年時点の徴兵は満 19 歳以上に実施されたようである。1945（昭和 20）年に満 19 歳（大正 15 年生まれ）になる学徒らは 3 月には県内の部隊に現地入隊した。通常だと当時の中学校（5 年制）は 18 歳で卒業するので、現地入隊の該当者はいないことになるが、「当時の中学校は、小学校 6 年以上からの入学で、普通だと満 18 歳で卒業した。しかし狭き門だったため高等科 1 年や 2 年から入るものも少なくなく、在学中に徴兵検査を受けなければならないものも出てきたわけであ

る。事実、沖縄一中では当時の在学生から10人ぐら
い兵隊にとられた（後略）」（『硝煙下の健児』p 74）と
いう状況だったようだ。

師範学校は、天皇の赤子を教育するという任務の
重要性から、理工・医学部の学生らとともに入営延
期の措置があったが、1945（昭和20）2月8日にそ
れが廃止になり、入隊しなければならなくなった。
その年に19歳になる学徒らは3月に現地入隊した
が、前年にすでに19歳となっていた学徒らは、1か
月遅れの4月に入隊することになった（『昇龍』p
29）。制度の改変により年齢が若い学徒の方が先に
入隊していくという逆転した状況が生まれたのであ
る。しかも4月1日の米軍上陸で入隊どころではな
くなったため、4月入隊組は現地入隊することなく、
学徒隊として学校と行動をともにしていくことと
なった。

大正15年生まれの3月1日現地入隊組は、学年で
いうと師範本科2年生に当たるが、現在と違って当
時は入学の年齢は全員が同一ではなかったし、病気
などによる留年などもあって、入隊について必ずし
も学年を基準にすることはできない。

●女子学徒隊は軍属か否か

『白梅　沖縄県立第二高等女学校看護隊の記録』
p 88に「軍属としての正式な入隊手続きがとられ
た」という記録があるが、そのことに関して同書を
まとめた生存者の中山きくさんは、「引率の先生から
軍属としての手続きがとられたことを聞いたが、そ
れは当時本当にそういう手続きがあったのかは明確
ではない。」と述べている。

ひめゆり学徒隊に関しては、卒業式が終了して後、
校長や部長らが協議した結果、「女学校の卒業生は、
師範に入学を許可されたものを除いて軍属に転換す
る。師範卒業生は教育要員であるからそのまま学徒
ととして取り扱う」ことが決定されたが、「編成替え
に当たって生徒を軍属に転換すべきか否かが再び問
題となった。（中略）（いろいろな）事情を病院長もよ
く理解してくれ、軍属転換は行われないことになっ
たのである」（西平英夫『ひめゆりの塔 学徒隊長の手
記』p 59及びp 67）との記録がある。

しかし、「（沖縄戦では）戦場での徴集は手続き上混
乱をきわめ、実際には防衛召集兵・軍属・戦闘協力
者の区別は、明確ではない。『兵役法』で定める17歳

～45歳以外の者を戦闘要員として徴集する場合に、
便宜的に軍属の身分を与える場合が多かった」（『沖
縄大百科事典』上巻p 1009）と指摘されているよう
に、おそらくいずれの女子学徒隊も、軍属としての
正式な手続きは行われないまま戦場に動員されたと
いうのが真相であろう。

●学徒動員を逃れようとした学校

ほとんどの学校にとって、戦場動員は逃れること
のできないもののように受け止められていたようで
あるが、二中（鉄血勤皇隊）と水産は何とかして動
員を逃れることができないか模索していたふしがう
かがえる。

当初、二中の配置先は南部方面に決まっていた。
しかし、そこが激戦場になると予想されたため、二
中の配属将校は談判して配置先を金武に変更させ、
さらに「武器や食糧がない」との理由で解散命令を
下した。その後多くの学徒は家族の元へ帰っていき、
配属将校は15名前後の生徒を連れて比較的安全な
北部の独立混成第四十四旅団に入り込み、最後はく
り船に乗って奄美諸島づたいに本土の方まで脱出し
ていった。この配属将校の処置のお陰で結果的に多
くの学徒の命が救われたが、くり船での脱出の際、
配属将校が学徒を見捨てるように去っていったため、
この話は美談一辺倒のエピソードとはなっていない
ようである（『沖縄二中三岳会の記録』p 35）。

農林は中飛行場に配置されたが、米軍が上陸直後
に中飛行場を占拠したため北部に後退することに
なった。そして北部の入口に当たる金武村に到着す
るが、食糧が確保できないという理由で勤皇隊を解
散することになる。しかし、その決断の背景には沖
縄戦の直前に農林学校で徴兵検査が行われた時に、
沖縄連隊区司令部の吉田喜徳大佐から言われた「心
身とも鍛練された空手の達人がこぶしを握って敵機
をにらんでも、どうにもならないんだよ」「米兵は住
民を抹殺するようなことはしないから、生徒の将来
をよく考えるようにしなさい」ということばが深く
影響していたようだ。この解散命令が結果的に生徒
らの犠牲を少なくしている（『沖縄県立農林学校同窓
会会誌』第3号p 302）。

水産は第三十二軍の下士官が生徒らを引き取りに
きた際、一度目は「空襲のため生徒が集まっていな
い」と引き延ばし、二度目も「このまま連れて行か

せるのは忍びない。 一度父兄の元へかえしてほしい」と頼み込んだようである。帰宅の際、生徒たちは教師から「家に帰ってよく親と相談してから行動をとるように」とクギを刺されたが、多くの学徒は家族との面会後、部隊に向かってしまったようだ（『戦禍を掘る』第２部・学徒動員17）。

● 予定されていた部隊に動員されなかった学校

上陸前後の米軍の猛攻で混乱を来たし、当初予定されていた部隊への動員がスムーズにいかなかった学校もある。

農林は米軍上陸直後、中飛行場（現米軍嘉手納飛行場）が猛攻を受けたため、20名の斬込隊員以外の学徒らは金武で解散することになった（『沖縄県立農林学校同窓会誌』p 297 ～ 330）。

水産の鉄血勤皇隊は、入隊先の独立混成第四十四旅団より受け入れの予定はないと言われ、一度解散した。しかし後で隊番号の違いということがわかり、入隊を予定していた学徒の約半分だけが恩納岳に配備されている第四遊撃隊に入隊することになった（『琉球新報「戦禍を掘る　第２部・学徒動員」』17）。

また工業の鉄血勤皇隊は第六十二師団から「入隊させるので待機しておくように」という命令があったが、当日になっても連絡がなかったので、校長はじめ５名の教職員と３名の生徒を連絡員として残し、ほかは解散した。その後も軍からの連絡はなく、連絡員たちは首里陥落直前に東風平に撤退し、同地に配備されていた輜重兵二十四連隊に入隊した。同隊への入隊は命令ではなく校長からの要請によるものだったようだ（『工の絆』p 20）。

● 類似の女子の軍事動員

当時、女子の軍事動員には、軍需品増産のために職域・地域・高等女学校卒業生の女性などを軍需工場などへ動員した「女子挺身隊としての動員」や看護婦として中国大陸などに職業召集した「日赤看護婦」などがある。

● 動員か入隊か

軍病院への配置について、ひめゆり学徒隊は「動員」、白梅・瑞泉・梯梧学徒隊は「入隊」という用語を使っている。当人たちはそれほど意識せずに使っているかもしれないが、学徒隊は軍隊ではない

ので、「動員」という用語のほうがふさわしいと思われる。

動員後の状況について

● 前線近くに配置された学徒

配置場所を見ると、激戦が戦われた宜野湾－浦添の前線に近い場所に配置されたのは、「首里から浦添一帯に配置されていた第六十二師団のグループ」の二中（通信隊）と商工（鉄血勤皇隊）、そして第五砲兵司令部へ配属された工業（通信隊）の生徒たちであることがわかる（一中の生徒も同じ第五砲兵司令部に配属されたが、浦添方面の観測所に配置されたという証言はない）。しかし、それらの生徒らの任務は、戦闘に参加することではなく、あくまでも通信隊要員として、現役の通信兵の補助や雑役をすることだった。

● 陸軍病院の分室

戦闘が激しくなり負傷兵が増加すると、各病院では分室を設置し対応した。一番前線に近かったのは瑞泉学徒隊の仲間分室（浦添市仲間）である。また前線との距離でいえば、ひめゆり学徒隊の識名分室、瑞泉・梯梧学徒隊の新川本院（通称：ナゲーラ壕）、識名分室、首里高女分室がほぼ同一線上に、ひめゆり学徒隊の南風原本院、一日橋分室、津嘉山経理部、積徳学徒隊の豊見城城址本院がほぼ同一線上に、ひめゆり学徒隊の糸数分室、白梅学徒隊の八重瀬岳本院がほぼ同一線上（新城分室はそれより少し南方）に位置している。

● 学徒隊の任務は後方勤務

大まかに言うと、上級生で編成された「鉄血勤皇隊」の任務は戦闘部隊の後方勤務、下級生で編成された「通信隊」の任務は通信隊の後方勤務であった。学徒隊の任務が直接戦闘に参加することであったという誤解もあるが、学徒隊の基本的な任務はあくまでも後方勤務（戦線の後方での軍隊の給養・衛生・守備などに関する勤め）であった。

ただし、北部に配置された学徒隊は八重岳の戦闘や北部一帯での遊撃戦に参加させられている。その際上級生には小銃が与えられたが、下級生には竹槍

や手榴弾だけしか与えられていない。銃の扱いなどに熟練していない学徒を戦闘に投入しなければならなかったのは、兵員不足という国頭守備隊の事情があったからであろう。

師範鉄血勤皇隊の下級生で組織された「特別編成隊」も首里弁が岳の戦闘に参加させられたようだが、全員死亡したためその任務についてはよくわかっていない。

●解散日

ほとんどの学徒隊が6月18日前後に解散命令を受け、そのまま米軍が包囲する鉄の暴風の中に放り出され死の彷徨を続けることになった。しかし積徳学徒隊だけは、6月26日まで壕にとどまったため、6月19日前後の米軍による猛爆撃の嵐を避けることができ、犠牲者を最小限に抑えることができたようだ。積徳学徒隊が26日まで壕にとどまったのは、学徒の命を大切にする部隊長の配慮によるものであった。最後の訓示で部隊長は「決して死んではいけない。必ず生きて親元へ帰ってほしい」と諭し、また上等兵は「大通りを避けて目立たない所を通って行きなさい。敵に見つかっても決して後ろを見せて逃げてはならない。遠い所に敵を発見したら、そっと回り道をして行きなさい。右手の山裾を行くとよい」と丁寧にアドバイスしてくれたという（『平和を祈って』p 84、p 97、p 108）。

死亡率について

●学校ごとの死亡率について

師範と一中を除くほとんどの学校の動員数は、正確な数字とはいえないと思われる『沖縄戦における学徒従軍記』から引用されている（通信隊の動員数だけがはっきりしている学校もある）。そのため不正確なデータで死亡率を割り出すのは、間違いの元であると思われる。

しかし、「不確かな数字である」という限定条件を前提に表の死亡率を比較してみると、前線近くの浦添方面に配置されていた二中（82.1%）と開南（97%）の死亡率が高く、次に首里・南部方面に配置されていた師範（58.5%）と一中（75.0%）が高く、死亡率が低いのは北部に配置された三中

（11.6%）であることがわかる。工業も90.4%と高いが、配属先は一中と同じ第五砲兵司令部であるにもかかわらず、どうして工業の死亡率だけが異常に高くなっているのか理由はわからない。

女子学徒隊全体の死亡率は41%だが、ひめゆり学徒隊（56%）と瑞泉学徒隊（54%）、梯梧学徒隊（53%）の死亡率は過半数を超えている。

●鉄血勤皇隊・通信隊の死亡率について

死亡者数を鉄血勤皇隊と通信隊に分けて記録している学校は少ない（工業の場合は鉄血勤皇隊としては扱えないので除外した）。内訳がはっきりしている一中と水産の数字を見ると、一中では通信隊より鉄血勤皇隊の死亡率の方が高く、水産では逆に通信隊の方が高い。

「鉄血勤皇隊より、危険な任務を課せられた通信隊の方が死亡率が高かった」という一部生存者の意見があるが、この表を見る限り一概にそうは言えないようだ。水産の鉄血勤皇隊の死亡率が通信隊より低いのは、勤皇隊・通信隊の違いというよりも激戦のなかった北部に配置されたためであろう。

●鉄血勤皇隊・通信隊と現地入隊組の死亡率について

はっきりした数字が記録されている師範だけに限って言えば、現地入隊組の戦死率（85%）は、鉄血勤皇隊（59%）に比べて高くなっている。現地入隊組が最前線に配置されたためであると思われる。

●男子及び女子学徒隊の50%の死亡率の暗号

『沖縄縣史』第8巻p 373では、『沖縄戦における学徒従軍記』巻末の「学徒隊編成及び処理状況」の数字を検討し「（学徒隊の）入隊者の中で、生存者と（死亡者）の比は女子も男子もほぼ50%強にあたって等しいのはどういう数字の暗号であろうか」という疑問を述べている。

この指摘に対し、一中鉄血勤皇隊生存者の比嘉重智氏は「戦闘部隊では（中略）30%をこえると壊滅的損害といわれた。50%は壊滅で、これは一切の戦闘行動の続行困難とされた。70%になると全滅と呼称された。90%になると大本営は、玉砕と称した。（中略）『米軍の一方的殺りくの場と化した島尻南部戦線では、二人に一人が死んだ。（中略）すなわち、

30%以上の壊滅的損害でもなく、70%の全滅でもない、中間の50%の〝壊滅〟が適当だと考案した』琉球政府社会援護課が、(学徒隊の死亡率が) 50%になるように数詞を当てはめたのではないかと推察される」という見解を述べている。(『鉄血勤皇隊島尻敗走の記』 a ページ)

■ 関連法規

学徒隊関連法規

1889（明治22）年

2月　大日本帝国憲法発布

天皇は神とされ、主権を一手に握った。陸海軍の統帥、宣戦布告講和・条約締結も天皇の大権に。国民は天皇の臣民という範囲内で人権が認められた。

1890（明治23）年

10月　教育勅語発布

明治天皇の名で国民道徳の根源、国民教育の基本理念を明示した勅語。いざという時には、天皇に命を捧げることが求められた。

1938（昭和13）年

4月　国家総動員法公布

日中戦争に際し、人的及び物的資源を統制し運用する広汎な権限を政府に与えた委任立法。

6月　集団的勤労作業運動実施に関する件（文部省通牒）

この通牒では勤労教育という位置づけだったが、これが後の学徒の勤労動員作業へとつながった。

1939（昭和14）年

7月　国民徴用令公布

国家総動員法により、国民を軍需品生産などの総動員業務に強制的に従事させるための勅令。

5月　青少年学徒に賜りたる勅語

「国家ノ隆盛ハ汝青少年学徒ノ双肩ニ在リ」として、昭和天皇が戦時にあっての学徒の覚悟を求めた勅語。

1941（昭和16）年

1月　戦陣訓

東条英機陸総の名で全陸軍に下された戦時下における将兵の心得。この心得は軍人だけでなく民間人をも縛り、この中の「生キテ虜囚ノ辱メヲ受ケズ」という言葉が軍人だけでなく民間人にも投降を拒否させ、戦場での多く悲劇を生むものとなった。

8月　「学校報国団体体制確立方」（文部省訓令）を指示

全国の諸学校で学校報国隊が結成され、集団勤労の訓練が行われた。

1943（昭和18）年

4月　中等学校の修業年限が5年から4年へ短縮

6月　学徒戦時動員体制確立要綱（閣議決定）

学徒の勤労動員の強化と、有事に向けた学徒の軍事訓練を定めた。男子学徒には戦技訓練や通信訓練を、女子学徒には看護訓練を施すことになった。

10月　教育に関する戦時非常措置方策（閣議決定）

学校の修業年限の抑制、学校の整理統合、戦時勤労動員の強化などの措置を決定。勤労動員の期間は1年のうちの30日から3分の1（約122日）に拡大された。

12月　第1回学徒出陣

1944（昭和19）年

1月　緊急学徒勤労動員方策要綱（閣議決定）

動員期間（4カ月）を断続から継続へと変えた。

2月　決戦非常措置要綱（閣議決定）

国民生活の各分野にわたって当面の非常措置を定めた。

3月　決戦非常措置要綱に基づく学徒動員実施要綱（閣議決定）

学校別動員基準が決められ、学徒は4月から校舎と別れ軍需工場へ動員された。

4月　学徒勤労動員実施要領に関する件（文部省指令）

作業所を「行学一体の道場」たらしめ、「奉公精神、教養規律により、作業場を純真かつ明朗ならしむこと」を要請した。

7月　学徒勤労の徹底強化に関する件（文部省通牒）

「深夜業を中等学校3年以上の男子のみならず女子学徒にも課する」など、勤労動員が強化された。

8月　学徒勤労令公布

学徒勤労動員の法制化。夜間学校の学徒や弱体のため動員を除外されていた学徒も動員されるなど、勤労動員が徹底強化された。

12月　翌年3月卒業予定者の勤労動員継続措置を決定。動員学徒援護事業要綱（閣議決定）

全面化した学徒動員を援護する施策。

1945（昭和20）年

3月　決戦教育措置要綱（閣議決定）

国民学校初等科を除き1945（昭和20）年4月1日より1年間、学校の授業が停止されたほか、学徒隊の編成が初めて言及された。

5月　戦時教育令

　　　「学徒ハ尽忠以テ国運ヲ双肩ニ担ヒ戦時ニ緊切ナル要務ニ挺身シ」など、学徒に対し、最後の奉公を求めるものであった。

6月　義勇兵役法

　　　義勇兵役が男子は満15歳より60歳に達するまで、女子は17歳より40歳に達するまでとなった。「沖縄戦の態様がこの法律の先駆けとなった」という指摘がある。

教育勅語

朕惟フニ我カ皇祖皇宗國ヲ肇ムルコト宏遠ニ徳ヲ樹ツルコト深厚ナリ我カ臣民克ク忠ニ克ク孝ニ億兆心ヲ一ニシテ世々厥ノ美ヲ濟セルハ此レ我カ國體ノ精華ニシテ教育ノ淵源亦實ニ此ニ存ス爾臣民父母ニ孝ニ兄弟ニ友ニ夫婦相和シ朋友相信シ恭儉己レヲ持シ博愛衆ニ及ホシ學ヲ修メ業ヲ習ヒ以テ智能ヲ啓發シ徳器ヲ成就シ進テ公益ヲ廣メ世務ヲ開キ常ニ國憲ヲ重シ國法ニ遵ヒ一旦緩急アレハ義勇公ニ奉シ以テ天壤無窮ノ皇運ヲ扶翼スヘシ是ノ如キハ獨リ朕カ忠良ノ臣民タルノミナラス又以テ爾祖先ノ遺風ヲ顕彰スルニ足ラン

斯ノ道ハ實ニ我カ皇祖皇宗ノ遺訓ニシテ子孫臣民ノ倶ニ遵守スヘキ所之ヲ古今ニ通シテ謬ラス之ヲ中外ニ施シテ悖ラス朕爾臣民ト倶ニ拳々服膺シテ咸其徳ヲ一ニセンコトヲ庶幾フ

　　　明治二十三年十月三十日

　　　御名御璽（『新編修身教典尋常小学校用第二』より）

青少年學徒ニ賜ハリタル勅語

國体ニ培ヒ國力ヲ養ヒ以テ國家隆昌ノ氣運ヲ永世ニ維持セムトスル任タル極メテ重ク道タル甚ダ遠シ而シテ其ノ任實ニ繋リテ汝等青少年學徒ノ雙肩ニ在リ汝等其レ氣節ヲ尚ビ廉恥ヲ重ンジ古今ノ史實ニ稽ヘ中外ノ事勢ニ鑒ミ其ノ思索ヲ精ニシ其ノ識見ヲ長ジ執ル所中ヲ失ハズ嚮フ所正ヲ謬ラズ各其ノ本分ニ恪守シ文ヲ修メ武ヲ練リ質實剛健ノ氣風ヲ振勵シ以テ負荷ノ大任ヲ全クセムコトヲ期セヨ

　　　昭和十四年五月二十二日

　　　御名御璽　　　　　　　　　（『国体の本義』より）

学徒戦時動員体制確立要綱

　　　　　　　　（昭和18年6月25日　閣議決定）

第一　方針

　大東亜戦争ノ現段階ニ対処シ教育練成内容ノ一環トシテ学徒ノ戦時動員体制ヲ確立シ学徒ヲシテ有事即応ノ態勢タラシムルト共ニ之ガ勤労動員ヲ強化シテ学徒尽忠ノ至誠ヲ傾ケ其ノ総力ヲ戦力増強ニ結集セシメントス

第二　要領

　一　有事即応態勢ノ確立

　学徒ヲシテ将来ノ軍務ニ備ヘ国防能力増強ヲ図ラシムルト共ニ必要ニ当リテハ直接国土防衛ニ全面的ニ協力セシムルモノトシ之ガ為概ネ左記各項ノ方途ヲ講ズ

　（一）学校報国団ノ隊組織ヲ直チニ国土防衛ニ有効ニ動員シ得ル如ク強化ス

　（二）「戦時学徒体育訓練実施要綱」ニ基ク体育訓練ヲ強化シ特ニ大学、高等専門学校、中等学校第三学年程度以上ノ男子学徒ニ付戦技訓練ヲ徹底ス

　（三）前項ノ学徒ニ付航空、海洋、機甲、馬事、通信等ノ特技訓練ノ強化ヲ図ル為学徒ノ適性登録制度ヲ確立シ本人ノ適性ニ従ヒ特技訓練ヲ実施ス

　（四）基本訓練種目、戦技訓練種目及特技訓練種目ニ付中等学校ヨリ大学ニ至ル訓練教程ヲ総合的且各学校ノ段階ニ適応スル如ク制定シ以テ訓練ノ適正ト徹底ヲ図ル

　（五）学徒全員ニ対スル防空訓練ヲ徹底スルト共ニ防空勤務補助員トシテノ訓練ヲ強化スルモノトシ特ニ特技隊及特別警備隊トシテノ訓練ヲ強化ス

　（六）中等学校以上ノ女子学徒ニ対シ看護其ノ他保健衛生ニ関スル訓練ヲ強化シ必要ニ際シ戦時救護ニ従事セシメルモノトシ之ガ為必要ナル施設ヲ整備ス

　二　勤労動員ノ強化

　学徒ヲシテ挺身国家緊要ノ業務ニ従事セシメ其ノ心身ノ錬成ヲ全カラシムモノトシ左記各項ニ依リ食糧増産、国防施設建設、緊要物資生産、輸送力増強等ニ其ノ重点ヲ指向シ之ガ積極強力ナル動員ヲ図ル

　（一）勤労動員ハ国民動員ノ要請ニ即応シ学校ノ種類程度ニ応ズル作業種目ノ適正ナル選択ニ依リ作業効率ノ向上、作業量ノ増嵩ヲ図ル

　（二）勤労動員ノ期間ハ学校ノ種類程度ト作業種目ヲ勘案ノ上国家ノ要請ニ即応セシム

　（三）作業ト学校トノ臨時且分散的ナル関係ヲ可及的

改メカメテ之ヲ常時且集注的ナラシム

（四）勤労作業ノ対象タル事業ノ管理者ニ対シ学徒勤労作業ノ意義ヲ徹底セシムルト共ニ学徒ニ対シ事業ノ性質ヲ十分理解セシメ尚学校当事者ト事業管理者トノ緊密ナル連繫ニ依リ作業場ニ於ケル学徒ノ取扱ヲ一層適正ナラシム

（五）員数及期間ガ相当多数且長期ニ亘ル学徒ノ動員ニ付テハ学校移駐ノ考ヘ方等ニ依リ之ヲ実施セシム

（六）学徒ノ養護ニ一層周到ナル注意ヲ払ヒ作業ノ種類性質ニ即応スル学徒ノ配置ヲ行ヒ作業ニ因ル傷痍其ノ他ノ事故ノ予防救護ニ遺憾ナカラシム

（七）食糧増産作業ニ付テハ食糧増産応急対策（閣議決定）ニ即応シ従来実施シ来レル農科応援作業等ヲ強化スルノ外左記各項ノ方途ヲ講ズ

　　（イ）耕作廃止畑、伐戈跡地、河川敷、工場建業予定地等空閑地ニ付極力学校直営ノ学校報国農場ヲ創設セシメ米、麦、大豆、馬鈴薯、甘藷等ヲ栽培セシム

　　（ロ）既設ノ学校報国農場其ノ他ノ付属農園ニ付テハ米、麦、大豆、馬鈴薯、甘藷等ヲ栽培セシメ学校附属ノ農業実習地及一般学校用地ニ付テモ主要食糧及雑穀ヲ栽培セシム

　　（ハ）収穫物ノ運搬、害虫駆除、除草、緑肥刈取等ニ付学校ノ種類、程度、所在地等ヲ勘案シ特定ノ学校ヲシテ可及的一定地域ノ作業ヲ担当セシメ以テ学校ト作業地トノ緊結ヲ図ル

　　（ニ）可耕荒廃地、開墾可能地ノ簡易開墾、湿地埋立、排水施設ノ整備、耕地整理、牧野改良等ニ付テハ一校又ハ数校ヲ特定シテカメテ一貫作業ヲ目途トシテ之ガ完成ニ協力セシム

（八）各種ノ工場事業場等ニ於ケル勤労動員ニ付テハ特ニ左記各項ヲ考慮シ之ガ実効ヲ収メシム

　　（イ）学校ノ種類、程度及土地ノ情況ヲ勘案シ適当ナル計画ヲ得タル場合ハ通年常時循環シテ計画的ニ一定要員ヲ出動セシム

　　（ロ）学徒ノ専門技能ハカメテ之ヲ活用ス

　　（ハ）学校ノ実習場等ニ於テモ工場ト連繫ヲ密ニシ其ノ委託作業ニ従事セシム

（九）女子ニ在リテハ前各項ニ依ルノ外特ニ中等学校以上ノ学校ニ付工場地域、農村等ニ簡易又ハ季節的ノ幼稚園保育所及共同炊事場ヲ設置セシメ又ハ他ノ経営スル斯種施設ニ於テ保育等ニ従事セシム

第三　措置

一、学徒動員ノ運営ヲ適正ナラシメ且其ノ効率ノ向上ヲ図ル為文部省ハ学徒動員ニ関スル機構ヲ整備スルト共ニ関係ノ各庁及諸団体ノ連絡協議会ヲ設置ス

二、学校報国団中央及地方本部ノ組織及機能ノ整備強化ヲ図ル

三、本件実施ニ要スル経費ニ付テハ既ニ成立セル予算ノ活用ヲ図ルノ外要スレバ必要ナル予算的措置ヲ講ズ

（国立国会図書館ホームページより）

決戦教育措置要綱

（昭和20年3月18日閣議決定）

第一　方針

現下緊迫セル事態ニ即応スル為学徒ヲシテ国民防衛ノ一翼タラシムルト共ニ真摯生産ノ中核タラシムル為左ノ措置ヲ講スルモノトス

第二　措置

一　全学徒ヲ食糧増産、軍需生産、防空防衛、重要研究其ノ他直接決戦ニ緊要ナル業務ニ総動員ス

二　右目的達成ノ為国民学校初等科ヲ除キ学校ニ於ケル授業ハ昭和二十年四月一日ヨリ昭和二十一年三月三十一日ニ至ル期間原則トシテ之ヲ停止ス

国民学校初等科ニシテ特定ノ地域ニ在ルモノニ対シテハ昭和二十年三月十六日閣議決定学童疎開強化要綱ノ趣旨ニ依リ措置ス

三　学徒ノ動員ハ教職員及学徒ヲ打ツテ一丸トスル学徒隊ノ組織ヲ以テ之ニ当リ其ノ編成ニ付テハ所要ノ措置ヲ講ズ但シ戦時重要研究ニ従事スル者ハ研究ニ専念セシム

四　動員中ノ学徒ニ対シテハ農村ニ在ルカ工場事業場等ニ就業スルニ応ジ労作ト緊密ニ連繫シテ学徒ノ勉学修養ヲ適切ニ指導スルモノトス

五　進級ハ之ヲ認ムルモ進学ニ付テハ別ニ之ヲ定ム

六　戦争完遂ノ為特ニ緊要ナル専攻学科ヲ修メシムルヲ要スル学徒ニ対シテハ学校ニ於ケル授業モ亦之ヲ継続実施スルモノトス但シ此ノ場合ニ在リテハ能フ限リ短期間ニ之ヲ完了セシムル措置ヲ講ズ

七　本要綱実施ノ為速ニ戦時教育令（仮称）ヲ制定スルモノトス

備考

一　文部省所管以外ノ学校、養成所等モ亦本要綱ニ準ジ之ヲ措置スルモノトス

二　第二項ハ第一項ノ動員下令アリタルモノヨリ逐次之ヲ適用ス

三　学校ニ於テ授業ヲ停止スルモノニ在リテハ授業料ハ之ヲ徴集セズ

学徒隊費其ノ他学校経営維持ニ要スル経費ニ付テハ別途措置スルモノトシ必要ニ応ジ国庫負担ニ依リ支弁セシムルモノトス

（国立国会図書館ホームページより）

戦時教育令

（昭和20年勅令第320号）

第一条　学徒ハ尽忠以テ国運ヲ隻肩ニ担ヒ戦時ニ緊切ナル要務ニ挺身シ平素鍛錬セル教育ノ成果ヲ遺憾ナク発揮スルト共ニ智能ノ錬磨ニ力ムルヲ以テ本分トスベシ

第二条　教職員ハ率先垂範学徒ト共ニ戦時ニ緊切ナル要務ニ挺身シ倶学倶進以テ学徒ノ薫化啓導ノ任ヲ全ウスベシ

第三条　食糧増産、軍需生産、防空防衛、重要研究等戦時ニ緊切ナル要務ニ挺身セシムルト共ニ戦時ニ緊要ナル教育訓練ヲ行フ為学校毎ニ教職員及学徒ヲ以テ学徒隊ヲ組織シ地域毎ニ学徒隊ヲ以テ其ノ聯合体ヲ組織スルモノトシ二以上ノ学徒隊ノ一部又ハ全部ガ同一ノ職場ニ於テ挺身スルトキハ文部大臣ノ定ムル場合ヲ除クノ外其職場毎ニ教職員及学徒ヲ以テ学徒隊ヲ組織シ又ハ学徒隊ヲ以テ其ノ聯合体ヲ組織スルモノトス

学徒隊及其ノ聯合体ノ組織編制、教育訓練、指導監督其ノ他学徒隊及其ノ聯合体ニ関シ必要ナル事項ハ文部大臣之ヲ定ム

第四条　戦局ノ推移ニ即応スル学校教育ノ運営ノ為特ニ必要アルトキハ文部大臣ハ其ノ定ムル所ニ依リ教科目及授業時数ニ付特例ヲ設ケ其ノ他学校教育ノ実施ニ関シ特別ノ措置ヲ為スコトヲ得

第五条　戦時ニ際シ特ニ必要アルトキハ学徒ニシテ徴集、召集等ノ事由ニ因リ軍人（陸海軍ノ学生生徒ヲ含ム）ト為リ、戦時ニ緊切ナル要務ニ挺身シテ死亡シ若ハ傷痍ヲ受ケ又ハ戦時ニ緊要ナル専攻学科ヲ修ムルモノハ文部大臣ノ定ムル所ニ依リ正規ノ期間在学セズ又ハ正規ノ試験ヲ受ケザル場合ト雖モ之ヲ卒業（之ニ準ズルモノヲ含ム）セシムルコトヲ得

第六条　本令中文部大臣トアルハ朝鮮ニ在リテハ朝鮮総督、台湾ニ在リテハ台湾総督、関東州及満洲国ニ在リテハ満洲国駐箚特命全権大使、南洋群島ニ在リテハ南洋庁長官トス

附　則

本令ハ公布ノ日ヨリ之ヲ施行ス

（文部科学省ホームページより）

義勇兵役法

（昭和20年6月22日法律第39号）

第一条　大東亜戦争ニ際シ帝国臣民ハ兵役法ノ定ムル所ニ依ルノ外本法ノ定ムル所ニ依リ兵役ニ服ス

本法ニ依ル兵役ハ之ヲ義勇兵役ト称ス

本法ハ兵役法ノ適用ヲ妨グルコトナシ

第二条　義勇兵役ハ男子ニ在リテハ年齢十五年ニ達スル年ノ一月一日ヨリ年齢六十年ニ達スル年ノ十二月三十一日迄ノ者（勅令ヲ以テ定ムル者ヲ除ク）、女子ニ在リテハ年齢十七年ニ達スル年ノ一月一日ヨリ年齢四十年ニ達スル年ノ十二月三十一日迄ノ者之ニ服ス

前項ニ規定スル服役ノ期間ハ勅令ノ定ムル所ニ依リ必要ニ応ジ之ヲ変更スルコトヲ得

第三条　前条ニ掲グル者ヲ除クノ外義勇兵役ニ服スルコトヲ志願スル者ハ勅令ノ定ムル所ニ依リ之ヲ義勇兵ニ採用スルコトヲ得

前項ノ規定ニ係ル義勇兵ノ服役ニ関シテハ勅令ノ定ムル所ニ依ル

第四条　六年ノ懲役又ハ禁錮以上ノ刑ニ処セラレタル者ハ義勇兵役ニ服スルコトヲ得ズ但シ刑ノ執行ヲ終リ又ハ執行ヲ受クルコトナキニ至リタル者ニシテ勅令ヲ以テ定ムルモノハ此ノ限ニ在ラズ

第五条　義勇兵ハ必要ニ応ジ勅令ノ定ムル所ニ依リ之ヲ召集シ国民義勇戦闘隊ニ編入ス

本法ニ依ル召集ハ之ヲ義勇召集ト称ス

第六条　義勇兵役ニ関シ必要ナル調査及届出ニ付テハ命令ノ定ムル所ニ依ル

第七条　義勇召集ヲ免ルル為逃亡シ若ハ潜匿シ又ハ身体ヲ毀傷シ若ハ疾病ヲ作為シ其ノ他詐偽ノ行為ヲ為シタル者ハ二年以下ノ懲役ニ処ス

故ナク義勇召集ノ期限ニ後レタル者ハ一年以下ノ禁錮ニ処ス

第八条　前条ノ規定ハ何人ヲ問ハズ帝国外ニ於テ其ノ罪ヲ犯シタル者ニモ亦之ヲ適用ス

第九条　国家総動員法第四条但書中兵役法トアルハ義勇兵役法ヲ含ムモノトス

附　則

本法ハ公布ノ日ヨリ之ヲ施行ス

（現代法制資料編纂会『戦時の軍事法令集』）

戦跡地図・壕内見取り図

①那覇市首里の第三十二軍司令部壕（師範鉄血勤皇隊、一中鉄血勤皇隊、水産通信隊、商工通信隊）

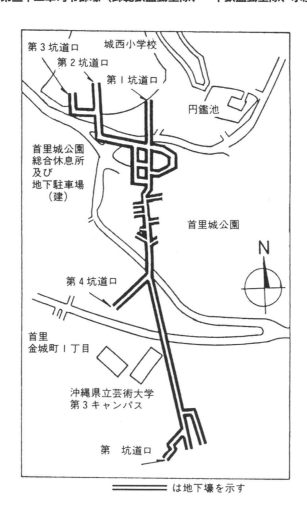

城西小学校

第3坑道口

第2坑道口

第1坑道口

円鑑池

首里城公園
総合休息所
及び
地下駐車場
（建）

首里城公園

N

第4坑道口

首里
金城町1丁目

沖縄県立芸術大学
第3キャンパス

第　坑道口

＝＝＝は地下壕を示す

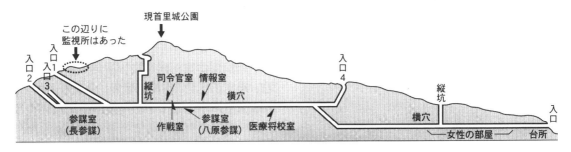

現首里城公園

この辺りに
監視所はあった

入口2

入口1
入口3

縦坑

司令官室　情報室

横穴

入口4

縦坑

横穴

入口

参謀室
（長参謀）

作戦室

参謀室
（八原参謀）

医療将校室

女性の部屋

台所

②南風原町の沖縄陸軍病院壕群（ひめゆり学徒隊）

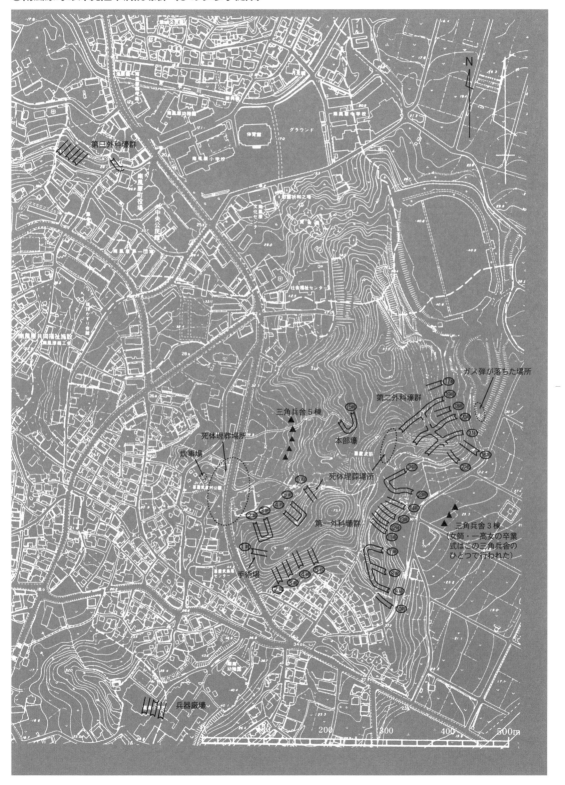

③沖縄陸軍病院第二外科20号壕の内部（ひめゆり学徒隊）

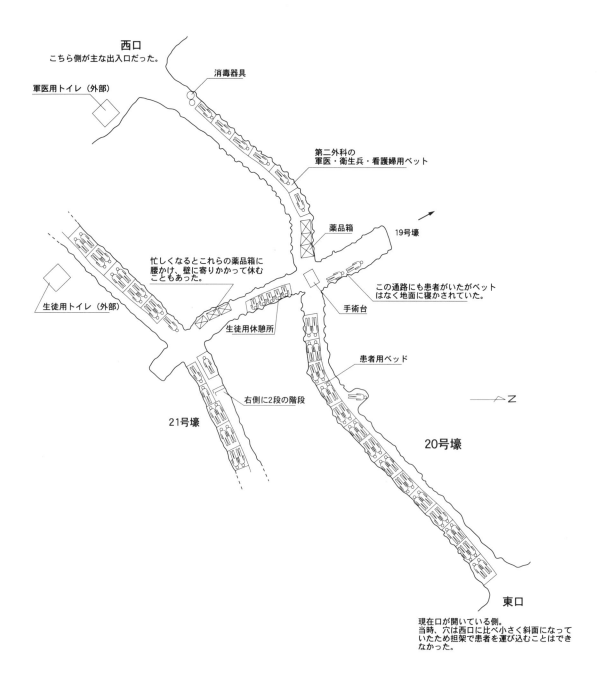

西口
こちら側が主な出入口だった。

軍医用トイレ（外部）

消毒器具

第二外科の
軍医・衛生兵・看護婦用ベット

薬品箱

19号壕

忙しくなるとこれらの薬品箱に
腰かけ、壁に寄りかかって休む
こともあった。

この通路にも患者がいたがベット
はなく地面に寝かされていた。

生徒用トイレ（外部）

生徒用休憩所

手術台

患者用ベッド

右側に2段の階段

21号壕

20号壕

東口

現在口が開いている側。
当時、穴は西口に比べ小さく斜面になって
いたため担架で患者を運び込むことはでき
なかった。

④南風原町のナゲーラ壕（瑞泉学徒隊、梯梧学徒隊）

ガマ内部

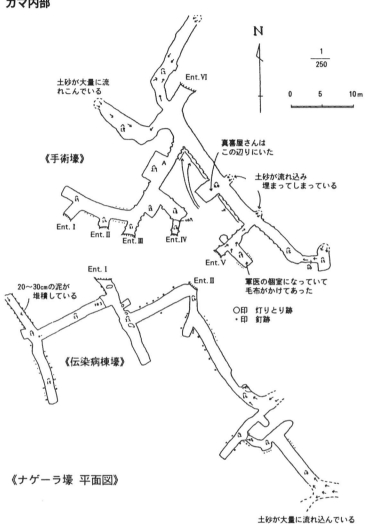

N

$\dfrac{1}{250}$

0　5　10m

土砂が大量に流れこんでいる

Ent.VI

《手術壕》

真喜屋さんはこの辺りにいた

土砂が流れ込み埋まってしまっている

Ent. I

Ent. II

Ent. III

Ent. IV

Ent. V

軍医の個室になっていて毛布がかけてあった

Ent. I

20〜30cmの泥が堆積している

《伝染病棟壕》

Ent. II

○印　灯りとり跡
・印　釘跡

《ナゲーラ壕　平面図》

土砂が大量に流れ込んでいる

⑤豊見城市の第二十四師団第二野戦病院のガマ内部（積徳学徒隊）

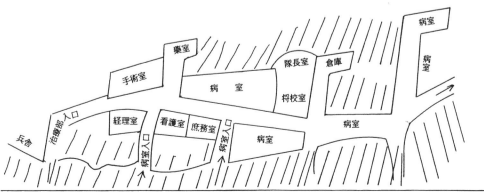

病室

病室

薬室

手術室

隊長室

倉庫

病室

病室

将校室

炊療部入口

経理室

看護室

庶務室

病室入口

病室

病室

兵舎

病室入口

⑥南城市のアブチラガマ（ひめゆり学徒隊）

ガマ内部

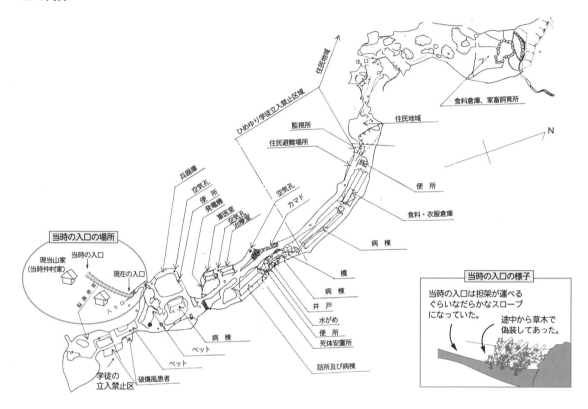

当時の入口の場所

現当山家
（当時仲村家）

当時の入口

現在の入口

学徒の
立入禁止区

破傷風患者

ベット

ベット

病棟

ひめゆり学徒立入禁止区域

兵器庫

空気孔

便所

発電機

軍医室

空気孔

治療室

空気孔

カマド

病棟

橋

病棟

井戸

水がめ

便所

死体安置所

詰所及び病棟

住民地域

監視所

住民避難場所

住民地域

便所

食料・衣服倉庫

食料倉庫、家畜飼育所

出口

N

当時の入口の様子

当時の入口は担架が運べる
ぐらいなだらかなスロープ
になっていた。

途中から草木で
偽装してあった。

⑦糸洲の自然ガマ内部（積徳学徒隊）

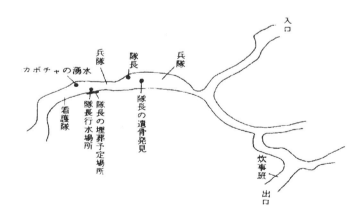

入口

兵隊

隊長

兵隊

カボチャの湧水

隊長の埋葬予定場所

隊長行水場所

看護隊

隊長の遺骨発見

炊事班

出口

⑧八重瀬町のヌヌマチガマ（白梅学徒隊）

ガマ内部

⑨南部の地図

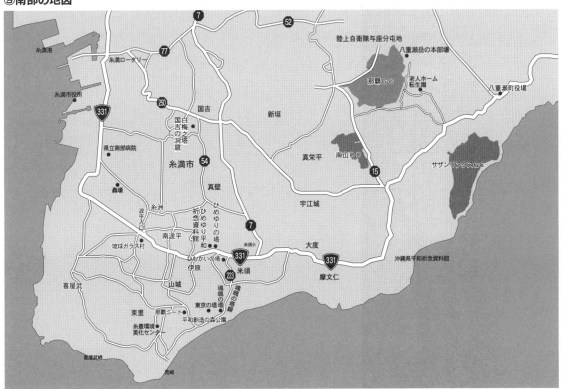

⑩本部半島の地図

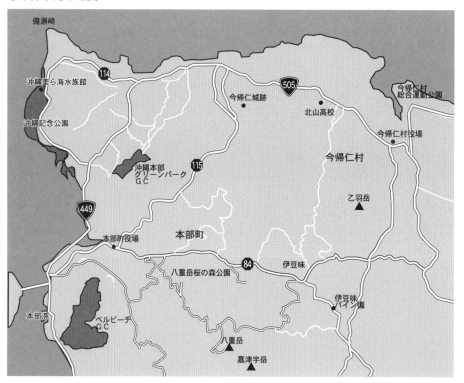

⑪八重岳一帯の地図（二中鉄血勤皇隊、三中鉄血勤皇隊・通信隊、農林鉄血勤皇隊、三高女学徒隊）

⑫八重山の戦跡（八重山鉄血勤皇隊、八重山農鉄血勤皇隊、八重山高女学徒隊、八重山農《女子》学徒隊）

於茂登岳一帯の戦跡

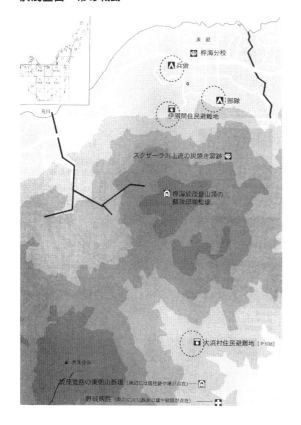

開南・野戦病院・陸軍病院周辺図

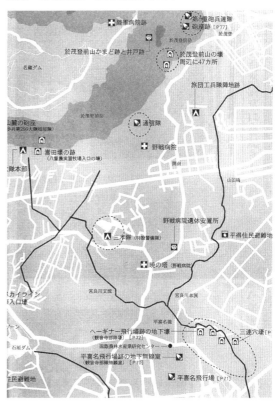

 関連年表

※地名は字名と（ ）内の現市町村名で表記した。例：摩文仁（糸満市）

	※年表中の▨▨は沖縄戦関連項目を、□は男子学徒関連項目、○は女子学徒関連項目を示す。
1944（昭和19）年	□県立第三中学校の校舎が兵舎として使用される □文部省通牒により那覇市立商業学校と那覇市立第二商業学校が統廃合され「那覇市立商工学校」に改称
3月	22日、南西諸島に第三十二軍創設
5月	陸軍中飛行場（嘉手納飛行場）、陸軍西飛行場の建設開始 独立混成第四十五旅団宮崎旅団長が宮古島入り □学徒の飛行場整備、陣地構築への動員作業が本格化。
6月	□第九師団（武部隊）、県立第一中学校の校舎を接収 □中旬頃、中飛行場設営隊、県立農林学校の校舎の一部を接収
7月	第二十八師団、宮古島入り ○県立宮古高等女学校に戦闘司令所を開設 □県立第一中学校に第六十二師団司令部がおかれる □県立農林学校に第二十四師団の本部がおかれる
8月	独立混成第四十五旅団、石垣島に配備 □独立混成第四十五旅団司令部、県立八重山農学校の校舎を接収 □海軍警備隊、県立宮古中学校の校舎を接収 22日、学童疎開船対馬丸、米潜水艦の攻撃で沈没
9月	□宇土武彦大佐の率いる独立混成第四十四旅団第二歩兵隊（以下、第二歩兵隊）が名護に到着し、三中の校舎に駐屯
10月	兵役法施行規則が改正され満18歳以上の男子が兵役の対象になる 10日、米軍が南西諸島に対し最初の大空襲を行う。各地に甚大な被害が生じる（十・十空襲） 12・13日、米機動部隊戦闘機による八重山への空襲 □十・十空襲。那覇市にあった県立第二中学校、県立水産学校、那覇市立商工学校の校舎が焼失 □私立開南中学校の校舎を沖縄陸軍病院が使用することになる。開南中学校は真和志村識名（現那覇市）の教頭住宅に移転
11月	□一中2年生を対象に通信隊要員編成 □商工学校2年生46名の通信訓練開始 □三中3年生を対象に通信訓練開始 ○師範学校女子部、県立第一高等女学校（女師・一高女）、学校内で看護教育を受ける
12月	第三十二軍と県学務課による中等学校生徒戦場動員計画が行われる 30日、第九師団（武部隊）、台湾へ転出 □独立混成第四十五旅団、県立八重山中学校の校舎を接収 □二中2・3年生を対象に通信隊への入隊テスト実施。120名余の学徒が合格し、年明けに第六十二師団司令部通信隊への入隊を命じられる □県立工業学校1年生と2年生の一部に通信隊要員の適性検査が行われる。約107名が合格、残りは鉄血勤皇隊要員となる
1945（昭和20）年 1月	□転出した第九師団（武部隊）にかわり第五砲兵司令部が一中の校舎を使用 □一中2年生が通信の宿泊訓練を開始。通信隊の適性検査に合格した工業学校の学徒、開南中学校2・3年生、水産学校1・2年生、通信訓練開始

	□開南中学校 4・5 年生の一部、戦闘訓練を受ける
	○県立第三高等女学校 4 年生の約 1 名が沖縄陸軍病院名護分院（在八重岳）で約 20 日間にわたって看護実習訓練を受ける。（3 月には 10 名の生徒が選抜され約 20 日間の看護実習訓練を受ける）
	○県立宮古高等女学校の 3・4 年生が看護婦見習いとして第二十八師団第二野戦病院や第四野戦病院に動員される
16 日	□第二歩兵隊の宇土武彦部隊長から通信隊要員召集命令。三中の 3 年生約 47 名が選出される。学徒らは第二歩兵隊無線班、有線班、暗号班に配属される。
20 日	□三中の学徒が図書館前に集められ、学校教育を中断し軍事教育を施す旨の校長の訓示を受ける。その後 4・5 年生の軍事訓練が開始
25 日	○県立首里高等女学校 4 年生 61 名と昭和女学校 4 年生約 80 名の看護実習訓練始まる
2 月	
	□宮古中 1〜3 年生の学徒が鉄血勤皇隊員として第二十八師団通信隊に編成される。無線班と有線班に分けられ、通信訓練を受ける
	○県立第二高等女学校、看護教育始まる
上旬	□三中通信隊の有線班・暗号班、八重岳の部隊本部兵舎に宿営し、暗号任務、陣地構築、道路の設営任務などに従事
	□水産学校が「宜野湾農民道場」（宜野湾市）へ移動
5 日	○県立八重山高女生が 3 月 30 日まで看護訓練を受ける
中旬	○二高女生 55 名、第二十四師団第一野戦病院看護教育隊に入隊
	19 日、県下男女中等学校単位の防衛隊結成
下旬	□二中が金武国民学校（金武町）に移動。3 月はじめには 5、60 名の学徒が集まる
	○女師・一高女、沖縄陸軍病院（南風原町）で看護の実施訓練を受ける
23 日	○積徳高等女学校 4 年生、二高女生がともに東風平国民学校（八重瀬町）で看護教育を受ける
3 月	
	□師範学校生の徴兵猶予措置撤廃に伴い 1926（大正 15）年生まれの師範男子部本科 2 年生が現地部隊に入隊。制度の挟間にあった 1925（大正 14）年生まれの師範男子部本科 3 年生は 1945（昭和 20）年 4 月に入隊予定だったが、入隊前に米軍が上陸したため学徒隊員として動員
1 日	□前年の徴兵検査繰り上げ適用で合格した農林学校と水産学校の学徒（大正 15 年生まれ。3 年生の一部〜半数）が現地部隊に入隊。
4 日	□商工学校 3・4 年生約 70 名、大里第二国民学校（南城市）に駐屯していた独立混成第四十四旅団司令部に入隊。その後無線班、暗号班、情報班に分けられ通信訓練を受ける
	□宮古中学校、4・5 年生合同の卒業式挙行
6 日	○二高女生 46 名が教師 2 名に引率されて東風平国民学校に移動
9 日	□開南通信隊の学徒 12 名が第二十四師団司令部（糸満市高嶺大城森）に配属。入隊式が行われる
中旬	□農林学校の学徒ら、兵役の許可を得るために親元に一時帰宅
15 日	○首里・新川にある第六十二師団野戦病院（通称ナゲーラ壕）に、首里高女生（瑞泉学徒隊）・昭和女学校生（梯梧学徒隊）が配置される
	□三中の学徒らに入隊志願書が配布され、学徒らは父兄の承諾を得るため一時帰宅。22 日頃に戻る
18 日	□二中鉄血勤皇隊が結成
19 日	□工業通信隊の学徒らに軍から入隊志願書が配布される。親の承諾をもらうために一時帰宅
下旬	□首里の第三十二軍司令部壕近くの自然洞窟に入っていた工業通信隊の学徒ら、23 日からの攻撃の激化で壕が落盤したため第五砲兵司令部の壕に入る
	□通信隊要員である中等学校の下級生に「少年特別志願兵願書」が配布され保護者の承諾印を求められる
20 日	□三中学徒の通信訓練、軍事訓練が終了し、自宅に帰される
	□陣地構築などの勤労奉仕作業の実績を評価され一中と農林学校が表彰される
22 日	□開南通信隊、召集令状の交付前に家族と面会するために一時帰宅を許される
23 日	**米軍の猛爆撃開始。港川（八重瀬町）方面への艦砲射撃開始**
	□米軍の空襲後、師範男子部の職員・生徒は留魂壕で生活をする
	□三中通信隊の学徒ら、各班の配置先で任務開始

25 日	□工業学校の学徒約 30 名が鉄血勤皇隊編成のために首里城内に集まるが、空襲と艦砲のためそのまま首里城近くの学校の壕にとどまる ○女師・一高女の教師 18 名、生徒 222 名が沖縄陸軍病院(南風原町)へ動員される（ひめゆり学徒隊） ○白梅学徒隊の入隊手続きが取られ、教師 2 名は引率の任務を解かれる ○県立第三高等女学校で、学徒の処遇についての職員会議が行われ、4 年生は学校と行動を共にすることになる。看護訓練を受けた学徒 10 名に動員命令が下り、7 名は八重岳の名護分院、2 名は医務室、ひとりは連隊本部に配属される（なごらん学徒隊） 嘉手納沖に集結した米艦隊、北（読谷）・中（嘉手納・屋良）飛行場へ猛爆撃 □農林学校、空爆で炎上 □沖縄師範学校男子部はじめ県下の各中等学校に学徒動員令下る □24 日の空襲で金武国民学校が焼失したため高山配属将校より二中鉄血勤皇隊に解散命令が下る。その後も学徒約 15 名が高山配属将校とともに金武国民学校近くの壕に入る □三中学徒らに学校への出校命令 □商工学校生は首里の校長住宅に集まるようにと新聞広告が掲載され、2 年生 31 名が集まる。首里城内の第三十二軍司令部暗号班に入隊 □独立混成第四十四旅団に配属された商工通信隊（3・4 年生）の学徒の中から約 20 名が糸数（南城市）の独立混成第十五連隊通信隊へ配属される。学徒らは第一大隊・第二大隊・第三大隊に配属されたが全員戦死のため、その後の詳細不明 ○白梅学徒 2 名除隊
25 日頃	□第六十二師団独立歩兵第二十三大隊に入隊予定だった開南中学校の学徒ら、入隊のため教頭住宅に集合。各自で部隊に向かうことになる。その後の詳細は不明
26 日	米軍、慶良間諸島に上陸 □養秀寮、首里、浦添、宜野湾方面にいた一中の学徒に召集令状が配布され、3～5 年生 144 名が動員される □二中鉄血勤皇隊通信隊、第六十二師団司令部通信隊の暗号班、無線班、有線班の 3 班に分けられ、入隊式が行われる □三中鉄血勤皇隊編成。3 年生は通信隊に配属 □第十九航空地区司令部青柳隊により農林鉄血勤皇隊編成の命令下る。農林学校の学徒約 130 名(170 名という説もある)入隊。翌 27 日第一～第三小隊に分けられ、糧秣運搬作業に従事する。糧秣運搬中に学徒 14 名（人数不確定）が死亡 □商工通信隊（3・4 年生）の学徒ら、独立混成第四十四旅団司令部の通信隊（約 40 名）、独立混成第十五連隊通信（約 20 名）、第二歩兵隊第二大隊（尾崎大隊）無線班（約 10 名）に配属。
27 日	□養秀寮の中庭で一中の卒業式挙行 ○白梅学徒 7 名除隊 ○瑞泉学徒隊、ナゲーラ壕前で卒業式を挙行
28 日	□一中鉄血勤皇隊、第五砲兵司令部に配属され、第一～第三小隊、炊事班に分散配置される。一中 2 年生 110 名は電信第三十六連隊へ入隊。繁多川（那覇市）の電信第三十六連隊の本部で入隊式が行われ、4 つの中隊（第四中隊・第五中隊・第六中隊・固定中隊）に分散配属される □砲撃で農林壕が破壊されたため、農林鉄血勤皇隊は倉敷（沖縄市）の壕に移動 □水産鉄血勤皇隊の配置先をめぐって水産学校の職員で会議が行われる。1・2 年生が通信隊要員として首里に、3 年生が鉄血勤皇隊として北部に向かう ○ひめゆり学徒隊のうち一高女生が津嘉山（南風原町）の第三十二軍司令部経理部に移動 ○白梅学徒隊の勤務する第二十四師団第一野戦病院に、港川（八重瀬町）方面から初めて負傷兵が運ばれる
29 日	□一中養秀寮の中庭で一中鉄血勤皇隊と工業通信隊の第五砲兵司令部への入隊式が行われる。翌日、各小隊の壕へ移動 □工業鉄血勤皇隊要員の学徒らが石部隊に入隊予定だったが、この日の晩校長以下 4 名の教職員と 3 名の学徒を残しほかの学徒は帰される □八重山中学校と八重農男子の 2 年生以上の学徒 200 名余が集められ鉄血勤皇隊編成。独立混成第四十五旅団へ入隊。勤皇隊本部は八重山中学校。通信班、対空監視班、迫撃班の 3 班に分けられる ○陸軍病院の三角兵舎でひめゆり学徒隊の卒業式挙行

30日	□水産鉄血勤皇隊、古知屋（宜野座村）に到着。宇土部隊に連絡員を派遣し入隊の確認をしたが入隊予定の部隊に受け入れ予定がないと言われ水産鉄血勤皇隊解散。のちに部隊間違いだったことがわかり、引率教諭と学徒の一部（約14名）は恩納岳に向かう
30日頃	□高山配属将校に率いられた二中鉄血勤皇隊の学徒約15名が北部に向かう
31日	□師範男子部に、全職員・生徒を鉄血勤皇隊として召集するよう第三十二軍司令部より命令が下る。教員25名、学徒386名で師範男子部鉄血勤皇隊が編成
	□宇土部隊に配属された三中の第二歩兵隊鉄血勤皇隊約147名、今帰仁村302高地に配置。約150名の学徒が配属された三中第三遊撃隊鉄血勤皇隊は名護岳に配置
	□農林隊の一部が安慶田（沖縄市）方面への糧秣運搬に出かけていたが、翌日上陸した米軍が嘉手納・泡瀬の線を遮断したため戻れなくなり、そのまま南部に撤退、最寄りの部隊の配下に入る。その内から24名が死亡（鉄血勤皇隊の死亡者数には含まれない）
31日頃	□軍から商工学校の校長へ本島北部での鉄血勤皇隊編成の命令が下る。当日召集に応じられる首里（那覇市）近郊の学徒らに口頭で伝えられ、1・4・5年生16名が首里の校長住宅に集合。その後学徒らは首里儀保町西森（那覇市）にあった独立歩兵第二十二大隊（末永中隊）に入隊。中隊指揮班と迫撃砲分隊に8名ずつ配置
不明	○宮古高女の学徒ふたりが空襲で重傷を負う。ひとりは戦後死亡
4月	
1日	米軍、沖縄本島中部西海岸に上陸
	八重岳にある沖縄陸軍病院名護分院の医務室と連隊本部が真部山に移動
	□第六十二師団司令部通信隊暗号班の中から二中鉄血勤皇隊通信員9名が仲間（浦添市）の第六十三旅団司令部通信隊暗号班に、6名が沢岻(浦添市)の第六十四旅団司令部通信隊暗号班に派遣される
	□農林鉄血勤皇隊の学徒らに斬込隊への志願が要請される。20名が選抜され深夜、中飛行場に青柳隊に指示を受けに向かうが、部隊がいなかったため引き返す。その後、本部半島の宇土部隊の指揮下に入る
	□水産通信隊の学徒約21名が、首里の第三十二軍司令部壕に集合し入隊
2日	□二中鉄血勤皇隊、本部町の第二歩兵隊に入隊。八重岳で入隊登録を行い1週間ほど重機関銃の訓練を受ける
3日	□第二十四師団に入隊予定だった開南中学校の学徒が、入隊のために高嶺（糸満市）に向かう。部隊に合流できず首里石嶺（那覇市）で機関砲第一〇五大隊に入隊
4日	□艦砲で一中養秀寮全焼。学徒2名が死亡
	□農林学校斬込隊の学徒20名が本部半島伊豆味に到着し第二歩兵隊に入隊
	□農林学校本隊（斬込隊以外）の学徒約110名が金武の観音堂の壕に到着。引率教師らの相談の結果、解散
5日	□水産鉄血勤皇隊、恩納岳の第四遊撃隊（別称第二護郷隊、通称岩波隊）に入隊。その後4月上旬頃まで金武飛行場、恩納滑走路など米軍陣地へ遊撃戦を展開
6日	米軍、名護市南岸の許田に上陸
7日	□第二歩兵隊に入隊した農林鉄血勤皇隊斬込隊の学徒ら、真部山に移動
8日	米軍、本部半島を付け根の線で遮断
8日～	○米軍と第二歩兵隊の戦闘により、沖縄陸軍病院名護分院に多数の負傷兵が運び込まれ、なごらん学徒隊が看護にあたる
8日～23日	嘉数高地（宜野湾市）で日米の攻防戦が繰り広げられる
9日	米軍、名護岳へ集中攻撃
10日	□三中の第三遊撃隊鉄血勤皇隊が名護岳から多野岳に撤退。多野岳を拠点に遊撃戦を展開する
中旬	米軍、恩納岳への攻撃を開始
	○各野戦病院に前線から負傷兵が運ばれてくるようになり、各女子学徒隊が看護にあたる
	○陸軍病院、一日橋分室（南風原町）を設置。ひめゆり学徒隊のうち一高女3年生21名と引率教師4名が配置
	○宮古高女学徒隊に卒業証書が手渡される
12日	本部半島乙羽岳に配置されていた第三遊撃隊が米軍の猛攻を受け、兵隊だけで編成された第三中隊がほぼ全滅。撤退命令が出され、翌13日未明八重岳に撤退
12日頃	○梯梧学徒隊9名、第六十二師団野戦病院が設置した「識名分室」(那覇市)に移動

14日	米軍、八重岳への猛攻を開始
14〜15日	□三中の第二歩兵隊鉄血勤皇隊の学徒ら、八重岳の戦闘に参加
14〜16日	□二中鉄血勤皇隊の学徒ら、八重岳の戦闘に参加
16日	八重岳の日本軍陣地、米軍に占領される。夕方、第二歩兵隊に多野岳への撤退命令
	□二中鉄血勤皇隊、多野岳へ撤退を開始し、21日に到着。撤退の途中に学徒2名が死亡
	□三中の第二歩兵隊鉄血勤皇隊の学徒らに撤退命令。八重岳から多野岳に移動。20日に多野岳に到着し、三中第三遊撃隊鉄血勤皇隊に合流し、以後ともに行動
	□北部真部山にて米軍との戦闘が行われ、三中通信隊も参加。暗号班の学徒5名が死亡
	□真部山の戦闘で三中通信隊無線班の学徒3名が死亡
	□三中通信隊に撤退命令。真部山から八重岳に移動。撤退途中に有線班の学徒ひとりが米軍の集中砲火を浴び死亡
	□農林鉄血勤皇隊の学徒3名が死亡
	□第二歩兵隊の撤退に伴い、農林鉄血勤皇隊の学徒らも真部山から多野岳へ撤退開始。23日に多野岳へ到着。4月1日に倉敷（沖縄市）で別れた学徒らと合流
	○なごらん学徒が配属された沖縄陸軍病院名護分院、八重岳から多野岳に撤退。真部山に配属されていた学徒も合流する。重傷者には手榴弾が渡され、学徒にも2個ずつ配られた
17日	米軍が八重岳を占拠
	□三中通信隊に撤退命令。多野岳への移動の途中で学徒2名が死亡。多野岳に到着後、三中第三遊撃隊鉄血勤皇隊に合流し、以後行動をともにする
18日	米軍、本部半島を制圧
19日	米軍、首里の外郭陣地に総攻撃開始
20日	□一中の校舎が全焼
下旬	第三十二軍司令部、第二十四師団および独立混成第四十四旅団の最前線投入を決定
	□二中鉄血勤皇隊の学徒数名は、撤退後高山配属将校と行動。その後高山配属将校は国頭村安波からサバニで逃亡。学徒らは山中をさまよい、9月頃米軍の捕虜になる
	□第三遊撃隊隊長が三中の第三遊撃隊鉄血勤皇隊の学徒から約20名を選抜し、特別攻撃隊を編成。残りの学徒は解散。特別攻撃隊はその後遊撃戦を展開。解散した学徒らは国頭山中をさまよい、後に米軍に収容される
	□独立混成第四十四旅団司令部通信隊に配属の商工通信隊3・4年生、識名園（那覇市）へ移動
	□商工通信隊（3・4年生）が配属された独立混成第四十四旅団配下の第二歩兵隊第三大隊無線班、首里（那覇市）弁ヶ岳周辺に移動
	○陸軍病院、識名分室（那覇市）を設置。先に設置された一日橋分室のひめゆり学徒隊のうち教師2名と学徒9名が移動
	○白梅学徒の配属された八重瀬岳の第二十四師団第一野戦病院壕に直撃弾が炸裂。その数日後、負傷兵の急増のため「上の壕」を増設し、新城（八重瀬町）の自然洞窟（ヌヌマチガマ）に「新城分院」を設置
	○宜野湾戦線の激化に伴い、負傷兵が増加。看護にあたる女子学徒隊の勤務時間が長時間化
23日	米軍、北部多野岳に攻撃を開始
24日	第二歩兵隊の宇土部隊長、各部隊に国頭北部への転進と遊撃戦の展開を命令し、東村慶佐次の山中に本部を撤退させる
	□農林鉄血勤皇隊の学徒、第二歩兵隊の撤退に伴い多野岳から東村へ撤退。27日に東村に到着
	○仲間分室壕の瑞泉学徒がナゲーラ壕及び首里高女分室壕へ移動
25日	米軍、前田高地（浦添市）攻略を開始。約10日後の5月9日に占拠
28日	□東村慶佐次の山中の銃撃戦で農林鉄血勤皇隊の尚謙少尉以下学徒9名が死亡。その後解散
	○陸軍病院、糸数（南城市）に糸数分室を設置。ひめゆり学徒隊のうち師範生14名、教師ひとりが配属される
30日頃	□第六十二師団司令部通信隊無線班から二中通信隊の学徒3名が兵隊とともに津嘉山（南風原町）の第六十四旅団司令部通信隊無線班に派遣される
不明	○なごらん学徒隊、撤退途中で米軍の猛攻撃にあい散り散りになる。数日後米軍に保護される。学徒ひとりが被弾し死亡

5月	
	米軍、恩納岳から一時撤退。第四遊撃隊、遊撃戦を再開
	□東村の山中をさまよっていた農林鉄血勤皇隊の学徒、中飛行場守備隊の青柳隊の配下に入る。その後、二中の配属将校高山中尉一行の配下に入る。さらにその後高山中尉らと別れ、山中をさまよった後米軍に収容される
	○八重山高女学徒隊と八重農女子学徒隊、野戦病院の病室や宿舎を作るための資材運搬を行う。
上旬	□第六十二師団司令部通信隊有線班に所属する二中通信隊の学徒が歩兵第二大隊と山部隊の一個大隊（部隊名不明）に派遣される
	□商工通信隊（3・4年生）が配属された独立混成第四十四旅団司令部通信隊、首里大名（那覇市）に移動
	○白梅学徒隊の配属された第二十四師団第一野戦病院、東風平国民学校裏手の丘に「東風平分院」開設
1日	○八重高女学徒隊3年生、旅団本部の壕で10日間の看護訓練を受ける
4～5日	日本軍の総攻撃、失敗
7日	□第三十二軍司令部壕を護衛するため、軍司令部の各部隊から兵が集められ「特編中隊」が編成され、師範鉄血勤皇隊野戦築城隊からも動員される
9日	米軍、前田高地（浦添市）を占拠。翌10日、安謝ー沢岻ー幸地ー我謝の線に達する
	□商工通信隊（3・4年生）の配属された第二歩兵隊第三大隊無線班、沢岻・宮城・前田（浦添市）などで伝令任務に従事。浦添戦線の戦闘で学徒2名が死亡
中旬	○首里高女分室が危険になったため、そこに配置されていた瑞泉学徒はナゲーラ壕に移動
	○高嶺村の大城（糸満市）で訓練を受けていた開南通信隊の学徒ら、首里（那覇市）へ移動
2日	シュガーローフ（那覇市）をはじめとする首里の全防衛線で激戦が展開される
	□工業学校の教職員・学徒8名、首里を撤退。富盛（八重瀬町）の壕に避難する。職員3名は別行動、残った5名は輜重兵第二十四連隊へ入隊
13日	□一中鉄血勤皇隊、3名除隊（首里撤退までに約35名の学徒が除隊）
14日	米軍、沢岻高地（浦添市）を占拠。安里（那覇市）に侵攻
	□一中鉄血勤皇隊が勤皇隊本部、第五砲兵司令部、独立測地第一中隊、野戦重砲兵第一連隊、独立重砲兵第百大隊、独立工兵第六十六大隊に再編され、翌日分散配置
15日	□二中通信隊の所属する第六十四旅団司令部通信隊暗号班や第六十四旅団司令部通信隊無線班が沢岻高地（浦添市）から首里（那覇市）の北側の洞窟へ移動。第六十三旅団司令部通信隊暗号班も首里汀良町（那覇市）の民間壕に移動。約1週間後、首里赤田町（那覇市）の第六十二師団司令部と合流
17日	米軍、安波茶高地（浦添市）を占拠
	□師範隊本部に25名の「特別編成隊」を組織するよう軍司令部から命令。師範男子部予科1・2年生を動員。のちに全滅
20～29日	○瑞泉学徒隊の所属する第六十二師団野戦病院は南部へ撤退。撤退までに学徒3名死亡
下旬	□第六十四旅団司令部通信隊無線班に所属する二中通信隊の学徒に決死隊の希望者が募られ組織される。のちに決死隊の攻撃は中止
	□商工鉄血勤皇隊の所属する独立歩兵第二十二大隊末永中隊、真壁（糸満市）に到着。付近の自然壕や岩陰に隠れる
	□商工通信隊（3・4年生）が配属された独立混成第四十四旅団司令部通信隊、首里大名（那覇市）から総攻撃に参加するため浦添（浦添市）に向かうが、途中で中止命令が出て引き返す。30日に本部（那覇市識名）に合流し南部に撤退。その日のうちに与座・仲座（八重瀬町）の壕に到着
	□開南通信隊の学徒6名が配属された無線小隊、前田（浦添市）から高嶺村の大城森（糸満市）に撤退。数週間後、国吉集落西側に布陣していた大隊へ配置替えになる
	□工業通信隊の学徒ら、爆雷を背負い斬り込み攻撃をするために、師範記念運動場にタコツボ壕を掘らされる
	○積徳学徒隊の所属する第二十四師団第二野戦病院が糸洲（糸満市）の自然洞窟へ移動
21日	第三十二軍司令部、各兵団・高級部員を召集し協議。「持久戦」をとり、首里から撤退することを決定
22日	□師範鉄血勤皇隊特編中隊、対戦車用の急造爆雷を摩文仁（糸満市）まで運搬
24日	米軍、恩納岳への攻撃を再開

5月25日	第六十二師団配下の各部隊が第三十二軍司令部の南部撤退を援護するために防備につく。配下の通信隊、南部へ撤退を開始
	沖縄陸軍病院に南部への撤退命令が下る
	□師範鉄血勤皇隊千早隊が南部撤退の先遣隊として摩文仁（糸満市）に向かう
	□師範鉄血勤皇隊特編中隊、米戦車に急造爆雷で立ち向かうため首里坂下（那覇市）の道路脇のタコツボで待機するが米軍の侵攻はなく応戦しなかった。学徒ひとりが被弾し死亡
	□開南学徒のひとりが入隊した機関砲第百五大隊、首里石嶺（那覇市）、古島（那覇市）に転進（移動）し米軍と戦闘
27日	第三十二軍司令部、摩文仁（糸満市）へ撤退開始
	石川岳から撤退してきた青柳隊（第十九航空地区司令部）が第四遊撃隊の指揮下に入る
	□一中通信隊が配属された電信第三十六連隊の各部隊が南部へ撤退
	□師範鉄血勤皇隊斬込隊の学徒が南部へ向かう。撤退の途中学徒ふたりが重傷を負う。東風平に到着後、斬込隊の五個分隊は別行動
	□第五砲兵司令部撤退開始。一中鉄血勤皇隊の学徒らは壕爆破後撤退。翌28日波平（糸満市）へ到着
	□第三十二軍司令部通信隊から、水産通信隊の学徒5名を含む南部撤退の先発隊19名が選出され、摩文仁（糸満市）へ向かう
	□商工鉄血勤皇隊の所属する独立歩兵第二十二大隊（末永中隊）、南部へ撤退
	□商工通信隊（3・4年生）の配属された第二歩兵隊第三大隊無線班、第三十二軍の南部撤退に伴い、真栄平（糸満市）に撤退
	○第六十二師団野戦病院、南部に撤退。瑞泉学徒隊・梯梧学徒隊も撤退する。撤退までに瑞泉学徒3名が死亡。梯梧学徒隊は、ナゲーラ壕でひとり、識名で2名の学徒が死亡
	○ひめゆり学徒隊、南部の伊原一帯にある陸軍病院の6つの壕に分散配置
28日	□一中鉄血勤皇隊の配属された独立工兵第六十六大隊、南部へ撤退開始。数日後に新垣（糸満市）に到着。撤退時に負傷した学徒ひとりが途中破傷風にかかり死亡。兵隊5名と学徒ひとりが首里の同部隊の壕を爆破するように命を受け再度首里に向かう。退却時に米軍の猛攻撃を受け散り散りになり学徒ひとりが生還
29日	□一中通信隊の配属された電信第三十六連隊、第四中隊、第五中隊、第六中隊、固定中隊が摩文仁（糸満市）に到着
	○梯梧学徒隊、米須（糸満市）に到着。米須の壕に入れず、伊原（現糸満市）の壕に入る
30日	□師範鉄血勤皇隊野戦築城隊、摩文仁（糸満市）に到着。自然壕や岩陰に入り、第三十二軍司令部が入っている自然壕の改修や食糧収集、弾薬運搬に従事
	□第三十二軍司令部通信隊先発隊（一中通信隊）が摩文仁に到着。数日後米軍の攻撃が激しくなり摩文仁高地の南側の壕に移動
31日	首里の残置部隊のほとんどが南部へ撤退
	○津嘉山（南風原町）の第三十二軍司令部経理部のひめゆり学徒隊、南部へ撤退
6月	
	○八重山高女4年生約60名が看護要員として於茂登岳の第二十八師団第三野戦病院と船浮陸軍病院、バンナ岳のふもとの海軍病院に動員される
上旬	□第五砲兵司令部通信隊に所属する工業通信隊の学徒らが摩文仁（糸満市）に到着
	□商工通信隊（3・4年生）の配属された第二歩兵隊第三大隊無線班、与座・仲座（現八重瀬町）の108高地に移動。同地を死守せよと命令を受け数度の斬り込みを敢行
1日	□一中鉄血勤皇隊、勤皇隊本部にも南部への撤退命令が下され、先遣隊9名が壕を探すために伊原（糸満市）へ向かう
	□志多伯（八重瀬町）にあった野戦重砲兵第一連隊（医務室）が、負傷者を新城（八重瀬町）の第二十四師団第一野戦病院（ヌヌマチガマ）へトラックで搬送。3日に真壁（糸満市）へ撤退。一中鉄血勤皇隊員は4日に撤退
	□開南学徒ひとりが入隊していた機関砲第百五大隊、南部に撤退。3日には真栄平（糸満市）に移動
	○瑞泉学徒隊、米須（糸満市）の壕に到着するが中に入れず伊原（糸満市）の壕に入る。撤退時に学徒3名が死亡
2日	米軍、恩納岳の一角を占拠
	第四遊撃隊、久志岳（名護市）への移動を決定。各所で銃撃戦が行われ、7月10日に久志に到着

2日	□一中鉄血勤皇隊、師範隊本部の本隊、南部へ撤退開始
3日	□一中鉄血勤皇隊の配属された独立重砲兵第百大隊南部へ撤退開始。数日後宇江城（糸満市）に到着 □一中鉄血勤皇隊、勤皇隊本部の本隊伊原（糸満市）に到着。喜屋武方面に移動。その後学徒の多くが死亡
4日	□師範鉄血勤皇隊千早隊、地下工作のため米軍占領地への侵入を命じられる。多くは敵陣を突破できずに数日後戻ってくる ○白梅学徒隊の所属する第二十四師団第一野戦病院に解散命令
5日頃	米軍、具志頭村（八重瀬町）付近に侵出
5～9日	○4日に解散した白梅学徒隊45名のうち16名が国吉（糸満市）にたどりつき、再び第二十四師団第一野戦病院の部隊と行動、看護活動を再開する
6日	○八重農女子学徒隊が於茂登岳の第二十八師団第三野戦病院へ配置される
7日	□工業学校の教職員・学徒5名の所属する輜重兵第二十四連隊、富盛（八重瀬町）から真栄里（糸満市）の「岩山高台壕」にトラックで移動。教員2名は戦闘要員不適格者として除隊。残り学徒3名は与座岳方面の戦闘に参加させられ死亡（詳細不明）
10日	□師範鉄血勤皇隊野戦築城隊の第三中隊が与座―仲座方面の独立混成第十五連隊の陣地構築に動員されたが、米軍との戦闘に巻き込まれ、戦闘任務につく ○第三十二軍司令部経理部に勤務したひめゆり学徒ら、伊原第一外科壕に合流 ○瑞泉学徒隊の配属された第六十二師団野戦病院関係者が米須（糸満市）の壕に集められ解散命令。学徒の抗議により撤回される
中旬	□二中通信隊の所属する第六十四旅団司令部通信隊無線班が進撃命令を受け米須（糸満市）北方台地の壕に移動。その後斬り込み命令が下り、摩文仁（糸満市）の師団司令部隊に向かう ○陸軍病院一日橋・識名分室に配属されたひめゆり学徒らが伊原第三外科壕に合流
11日頃	米軍、八重瀬岳－与座岳－糸満の線まで侵出
12日	□師範鉄血勤皇隊野戦築城隊第三中隊、摩文仁（糸満市）へ撤退。途中学徒ひとりが至近弾で死亡
14日	□陸軍病院山城本部壕が直撃弾を受ける。広池文吉病院長が重傷を負い翌15日未明死亡。ひめゆり学徒ひとりが即死、ひとりが重傷を負い翌15日死亡
15日	米軍、国吉台地（糸満市）まで進出 □一中鉄血勤皇隊、勤皇隊本部の一中藤野憲夫校長が被弾し重傷を負う。沖縄陸軍病院伊原第一外科壕に運ばれるが、翌日死亡
16日	米軍、与座岳を占拠 □一中通信隊の所属する電信第三十六連隊第六中隊が喜屋武岬へ移動。途中部隊長と学徒ひとりが被弾し死亡。その後同部隊は山城丘陵でとどまるが、学徒3名が死亡
17日	○陸軍病院伊原第一外科壕に至近弾が落ち、ひめゆり学徒3名のほか、陸軍病院関係者が多数死亡
18日	米軍、八重瀬岳を占拠。真壁―真栄平の線まで進攻 米軍司令官バックナー中将、国吉の丘（糸満市）で射殺される。国吉一帯で米軍による猛攻撃 □伊原（糸満市）にいた一中鉄血勤皇隊、勤皇隊本部先遣隊に「斬り込み敢行、国頭突破」の命令が下る。学徒らは隠れていた岩間を出て南の海岸へ向かう □9日頃からの米軍の猛攻で隊長が死亡し、生存者が15、6名となった機関砲第百五大隊は真壁（糸満市）の岩陰に移動したが、戦車が殺到し散り散りになる。開南中学校学徒はその後摩文仁方面に向かい24日に捕虜になる ○陸軍病院糸洲第二外科壕が米軍の馬乗り攻撃にあう。ひめゆり学徒らは壕を脱出し多くが伊原第一外科壕に到着する ○ひめゆり学徒隊に解散命令が下る。学徒らは壕を脱出し山城丘陵へ向かう。陸軍病院伊原第三外科壕が米軍の襲撃を受け、多数の死亡者が出る
18日頃	□師範鉄血勤皇隊に解散命令が下される
19日	日本軍の組織的抵抗終了 米軍、摩文仁から喜屋武一帯に掃討戦を展開 □師範鉄血勤皇隊千早隊、敵中突破の命令を受けて摩文仁を脱出したが22名中9名死亡。野戦築城隊243名中122名死亡。斬込隊57名中46名死亡 □一中鉄血勤皇隊、野戦重砲兵第一連隊（医務室）に解散命令。学徒らは3班に分かれ壕を脱出。学徒4名が砲弾やガス弾によって死亡、4名消息不明

6月19日	□第三十二軍司令部の参謀たちを本土へ逃亡させる特別任務をおびた水産通信隊の学徒5名がサバニで摩文仁海岸から与論島に出港。以後消息不明 □第五砲兵司令部本部にいた工業通信隊の学徒らが監視と護衛のために外に出された。米軍の機銃掃射を受け学徒ひとりが弾の破片を受け死亡 □商工鉄血勤皇隊の所属する独立歩兵第二十二大隊末永中隊、負傷者を真壁（糸満）の壕に残し、他は摩文仁（糸満市）に移動。同日夕刻から20日未明にかけて敵中突破を敢行するが、兵隊とともに多数の学徒が死亡 □商工通信隊（3・4年生）の配属された第二歩兵隊第三大隊無線班、与座・仲座の108高地で米軍の馬乗り攻撃を受け、学徒ひとりを残し全員死亡。その後摩文仁付近で米兵に見つかり捕虜になる
20日	□摩文仁の司令部壕内で特編中隊（斬込隊）が組織される。29名中14名が水産通信隊の学徒。2小隊に分かれたが、ひとつは米軍の猛攻を受け全滅 □第三十二軍司令部は部隊。特編中隊が編成され、商工通信隊の学徒らも編入される □商工通信隊（3・4年生）が配属された独立混成第四十四旅団司令部通信隊は具志頭村仲座（八重瀬町）の壕に隠れていたが、米軍の集中攻撃を受け死傷者が続出。生き残った者も敵中突破を敢行し、多数死亡
20日頃	□一中鉄血勤皇隊の学徒が配属された独立重砲兵第百大隊の壕（糸満市宇江城）で、負傷している兵隊や学徒に自決命令。歩ける者は壕を脱出し摩文仁海岸で捕虜になる □真壁村新垣（糸満市）の独立工兵第六十六大隊の壕に直撃弾が炸裂。生き残った兵隊と一中鉄血勤皇隊員は斬込に参加。学徒2名が死亡 □宮古中を卒業し軍の各部署に動員された4・5年生が更竹の防衛隊に召集される
下旬	○白梅学徒のほとんどが収容される
21日	正午頃、摩文仁（糸満市）の第三十二軍司令部壕が馬乗り攻撃される 第六十二師団の幹部将校ら自決 □第五砲兵司令部の司令官和田孝助中将が自決。波平（糸満市）の壕は米軍に包囲され、一中鉄血勤皇隊員は兵隊とともに斬り込みに参加し多数死亡 □摩文仁の司令部壕が馬乗り攻撃を受け、壕内にいた水産鉄血勤皇隊4名死亡。生き残った水産鉄血勤皇隊の学徒3名は壕を脱出し摩文仁海岸の岩間に隠れる □沖縄師範学校校長で男子部を引率していた野田貞雄校長がギーザバンタ海岸で被弾し死亡 ○白梅学徒の避難した「下の壕」（糸満市国吉）が馬乗り攻撃を受け学徒6名が死亡
22日	□一中通信隊の配属された第四中隊に解散命令が下される □一中通信隊の所属する電信第三十六連隊第六中隊、本部の指示を受けるため摩文仁へ移動。米軍の集中砲火に散り散りになる □二中通信隊の所属する第六十四旅団司令部通信隊無線班の司令部壕（糸満市摩文仁）が米軍の攻撃を受け、多数の死傷者が出る ○白梅学徒の避難した「上の壕」（糸満市国吉）が馬乗り攻撃を受け学徒2名が死亡。4名が大火傷を負う。ひとりは収容所で死亡。国吉に行かなかった29名の学徒は数名ずつ一緒になって南部へ向かった。29名中8名が死亡 ○瑞泉学徒隊、国頭突破のため壕を脱出。米軍の包囲網を突破できず米須（糸満市）の壕に戻る。首里高女の教員2名と再会する
23日	第三十二軍司令部首脳の牛島満司令官、長勇参謀長自決（22日説もある） □撤退した二中通信隊の学徒が所属する第六十三旅団司令部通信隊暗号班、第六十二師団司令部通信隊無線班、第六十二師団司令部通信隊有線班の各部隊が入っていた束忍名（糸満市東里）の陣地壕が馬乗り攻撃を受ける □工業通信隊の学徒らは翌朝斬り込みを決行することになったが、夜半になって国頭への突破命令に変更。学徒らに2個の手榴弾が配られる。壕脱出後、摩文仁（糸満市）周辺を彷徨。地雷を踏み、米軍の機銃乱射で多くが死亡
23日	○瑞泉学徒の避難した米須（糸満市）の壕が馬乗り攻撃にあう。教員ひとりと学徒19名が壕を脱出し米軍に収容される
23日頃	□商工通信隊の編入した特編中隊に「摩文仁を死守せよ」と命令が下り、分隊ごとに米軍陣地に斬り込みに出る。米軍の猛攻を受け、学徒ひとりを除いてほとんどが死亡。生き残った学徒は4日後米軍に収容される

24日	□生き残った工業通信隊の学徒ら、米兵に発見され捕虜になる。手榴弾に手をかけようとした学徒ひとりが自動小銃で撃たれ死亡 □機関砲第百五大隊に勤務した開南中学校の学徒が摩文仁で捕虜になる
26日	○積徳学徒隊に解散命令。小池隊長より「決して死んではいけない」と諭される。積徳学徒は数名ずつ連れだって壕を出る
7月	
上旬頃	□八重山中鉄血勤皇隊・八重農中鉄血勤皇隊通信班に移動命令
8日	□文部省、沖縄師範学校男子部と県立第一中学校の沖縄戦での戦功に対して「表彰状」授与
16日	□水産鉄血勤皇隊の所属した第四遊撃隊、名護市久志で解散。学徒らはその後も山中をさまよい歩き、しばらく後に下山し捕虜になる。水産鉄血勤皇隊のうち11名が死亡
8月	
8日	□八重山中鉄血勤皇隊・八重農鉄血勤皇隊通信班無線班の学徒に帰宅命令
12日	□八重山中鉄血勤皇隊・八重農鉄血勤皇隊通信班有線班の学徒、広島に投下された新爆弾の情報を入手。自宅待機命令が出る
下旬	○八重山高女学徒隊の海軍病院配属者、帰宅
22日	○彷徨していた最後のひめゆり学徒が米軍に収容される
29日	□開南通信隊の学徒ら、米軍に収容される
末頃	□第二十八師団通信隊に配属された宮古中鉄血勤皇隊の1〜3年生ら帰宅
9月	
7日	南西諸島の日本軍、降伏文書に調印 ○宮古高女学徒隊、解散 ○第二十八師団第三野戦病院に配属された八重山高女学徒隊・八重農女子学徒隊、帰宅 □この頃捕虜になった一中鉄血勤皇隊員もいる

■用語集

あ

アブチラガマ（あぶちらがま）

南城市字玉城糸数（旧玉城村糸数）にある自然洞窟。沖縄戦時、地元住民の避難場所、日本軍陣地壕及び糧秣倉庫として使用された。4 月 28 日からは沖縄陸軍病院糸数分室が設置され、ひめゆり学徒隊のうち、師範生 16 名が配置された。（⇒「糸数分室」の項参照）ひめゆり学徒隊

新城分院（あらぐすくぶんいん）

八重瀬町新城（旧具志頭村字新城）の自然洞窟（ヌヌマチガマ）におかれた第二十四師団第一野戦病院の分院のひとつ。（⇒「ヌヌマチガマ」の項参照）白梅学徒隊

荒崎（あらさき）

喜屋武海岸の最南端に位置する岩場。ひめゆり学徒の自決の地として知られている。通称荒崎海岸。ひめゆり学徒隊

い

一中鉄血勤皇隊（いっちゅうてっけつきんのうたい）

沖縄県立第一中学校の生徒によって編成された学徒隊の名称。3 年〜5 年生の約 144 名が動員される。3 月 29 日に入隊式が行われた。第三十二軍司令部直属部隊に配属。一中鉄血勤皇隊

一中通信隊（いっちゅうつうしんたい）

沖縄県立第一中学校の生徒によって編成された学徒の通信隊の名称。3 月 28 日、一中の 2 年生 110 名が入隊。入隊後、第三十二軍直属部隊電信第三十六連隊の「第四中隊」「第五中隊」「第六中隊」「固定中隊」に分散配置された。一中通信隊

一日橋分室（いちにちばしぶんしつ）

ひめゆり学徒隊が動員された沖縄陸軍病院の分室のひとつ。負傷兵の増加に伴い、4 月中旬南風原町一日橋に設置され、ひめゆり学徒隊のうち、一高女 3 年生 12 名が配置された。5 月 9 日にガス弾攻撃を受ける。ひめゆり学徒隊

糸数分室（いとかずぶんしつ）

ひめゆり学徒隊が動員された沖縄陸軍病院の分室のひとつ。4 月 28 日、南城市字玉城糸数（旧玉城村糸数）のアブチラガマと呼ばれる自然洞窟に設置された。ひめゆり学徒隊のうち、師範生が配置された。(⇒「アブチラガマ」の項参照）ひめゆり学徒隊

糸洲第二外科壕（いとすだいにげかごう）

沖縄陸軍病院の第二外科の病院関係者・学徒が南部に撤退後避難した自然洞窟。糸満市糸洲在。6 月 18 日昼に米軍の馬乗り攻撃を受けた。(⇒「馬乗り攻撃」の項参照）ひめゆり学徒隊

伊原第一外科壕（いはらだいいちげかごう）

沖縄陸軍病院の第一外科・糸数分室・津嘉山経理部などの病院関係者・学徒が南部に撤退後避難した自然洞窟。糸満市伊原在。6 月 17 日夕方、米軍の砲撃により 3 名のひめゆり学徒が死亡したほか、多くの陸軍病院関係者が死傷した。ひめゆり学徒隊

伊原第三外科壕（いはらだいさんげかごう）

沖縄陸軍病院の第三外科の病院関係者・学徒が南部に撤退後避難した自然洞窟。糸満市伊原在。6 月 19 日朝、米軍によるガス弾（黄燐弾）攻撃を受け、ひめゆり学徒 38 名と教師 4 名、その他多くの陸軍病院関係者が死亡した。1946（昭和 21)年に壕のそばにひめゆりの塔が建立された。ひめゆり学徒隊

伊原の壕（いはらのごう）

南部に撤退した瑞泉学徒隊が 6 月 1 日以降から入っていた避難壕。糸満市伊原在。瑞泉学徒隊

う

宇土部隊（うどぶたい）

独立混成第四十四旅団第二歩兵隊の通称。部隊長は宇土武彦大佐。沖縄戦時に沖縄県北部の守備にあたった。本部町の伊豆味小学校におかれたが、戦闘時には八重岳、真部山付近、多野岳に移る。国頭支隊の主要部隊。(⇒「独立混成第四十四旅団」の項参照）二中鉄血勤皇隊／三中鉄血勤皇隊・三中通信隊／農林鉄血勤皇隊

ウンジャーガマ（うんじゃーがま）

戦況の悪化に伴い、豊見城城址から南部に撤退した積徳学徒隊が移動した自然壕。糸満市糸洲在。反対側は「ウッカーガマ」と呼ばれている。積徳学徒隊

お

黄燐弾（おうりんだん）

黄燐という致死性の猛毒を使用した爆弾。燃焼時に白色の煙をあげ、その煙は催涙ガスと同様の効果をもたらす。この爆弾から飛び散る青白い火薬にも毒性があり、体に浴びると皮膚がただれる。(⇒「伊原第三外科壕」の項参照）

大田壕（おおたごう）

沖縄陸軍病院第一外科の病院関係者の一部と学徒が南部撤退後避難した自然洞窟。伊原第一外科壕のすぐそばにあった。第一外科のひめゆり学徒のうち、岸本幸安先生引率のグループが入る。地元の大田政秀氏所有の壕で、大田氏の娘が師範女子部の生徒であったため、南部に撤退してきたひめゆり学徒隊に提供された。ひめゆり学徒隊

沖縄守備軍司令部（おきなわしゅびぐんしれいぶ）⇒「第三十二軍」の項参照

沖縄陸軍病院（おきなわりくぐんびょういん）

沖縄戦に備えて 1944（昭和 19）年 5 月に熊本で編成された陸軍病院。同年 6 月に沖縄に移動。当初那覇市の開南

中学校に開設されていたが、開南中学校が空襲で焼失し、南風原国民学校に移動した。軍医・看護婦・衛生兵など300余名の陸軍病院関係者のほか、沖縄戦が始まってからはひめゆり学徒隊（女師・一高女生と引率教師）240名が看護要員として動員された。ひめゆり学徒隊

沖縄陸軍病院名護分院（おきなわりくぐんびょういんなごぶんいん）

沖縄陸軍病院の分院で、名護市の八重岳に設置された。県立第三高女の生徒で構成された「なごらん学徒隊」が看護活動に従事した。なごらん学徒隊

恩納岳（おんなだけ）

恩納村恩納に位置する。沖縄戦時の北部戦線の舞台のひとつとなった。第四遊撃隊約400名が布陣していた。第四遊撃隊には、水産鉄血勤皇隊が入隊。米軍上陸後、第1次第2次の攻撃を受け、第2次の猛攻で占領され、第四遊撃隊は久志岳方面（名護市）に撤退。水産鉄血勤皇隊

か

海軍飛行予科練習生（かいぐんひこうよかれんしゅうせい）

略称予科練。旧日本海軍が航空兵養成のため1930（昭和5）年に創設した予科練習生制度（飛行搭乗員養成制度）。旧制中学4年1学期修了者（甲種）、高等小学校卒業者（乙種）による志願制。満14歳以上20歳未満の少年航空兵が養成された。太平洋戦争末期、日本海軍は戦局打開のために「神風特別攻撃隊」という特別部隊を編成し、敵機への体当たり攻撃を命じた。しかし所期の戦果はあがらなかった。敗戦で解体。

開南鉄血勤皇隊（かいなんてっけつきんのうたい）

開南中学校の学徒で編成された学徒隊の通称。3月27日、4・5年生は第六十二師団独立歩兵第二十三大隊へ入隊することになっていたが、空襲下でまとまって入隊することが難しく各自で部隊に入隊。入隊した部隊は激戦地浦添―宜野湾戦線に配置されたため、開南中学生は全員死亡。詳細不明。開南鉄血勤皇隊

開南通信隊（かいなんつうしんたい）

開南中学校の学徒で編成された学徒の通信隊の通称。1月、第二十四師団の将校らによって2・3年生に通信隊要員の適性検査が行われ、48名が合格。3月9日、12名の生徒が糸満市高嶺の第二十四師団司令部へ入隊。その後首里、高嶺、真壁、国吉、真栄里と移動。8月29日に収容された。第二十四師団司令部以外に入隊した学徒もいる。開南通信隊

ガラビ壕（がらびごう）

八重瀬町新城（旧具志頭村新城）にある、全長500mの自然洞窟。反対側は「ヌヌマチガマ」。4月下旬、第二十四師団第一野戦病院の分院、新城分院が設置された。（⇒「ヌヌマチガマ」の項参照）白梅学徒隊

き

斬込隊（きりこみたい）

男子師範鉄血勤皇隊の中の一隊。敵戦車への爆雷攻撃や敵幕舎への急襲などゲリラ戦を行うために訓練された。また、戦局が悪化してくると、他の男子学徒も「斬込隊」と称して兵隊とともに、米軍陣地へ急襲させられるなどした。師範鉄血勤皇隊

喜屋武海岸（きゃんかいがん）

糸満市南端の海岸の通称。解散命令後、鉄の暴風の中で多くの学徒や日本兵・住民達が追い詰められた海岸のひとつ。

教育勅語（きょういくちょくご）

戦前の日本の教育理念を示したもので、天皇のことばとして1890（明治23）年に発布された。「天皇への忠義と親への孝行」を意味する「忠孝」が求められ、天皇が日本の家長であり国民はその赤子であるとした。小学校高学年から暗唱させられた。「一旦緩急アレバ義勇公ニ奉シ…」と、いざという時には国のために力を尽くすようにとされた。

こ

工業鉄血勤皇隊（こうぎょうてっけつきんのうたい）

県立工業学校の生徒によって編成された学徒隊の通称。石部隊に入隊予定だったが、石部隊からの連絡がなく校長以下4名の教職員と生徒3名を残して他の生徒は解散。その後生徒3名と校長、職員ひとりは輜重兵第二十四連隊へ入隊。6月7日、校長と職員は除隊されたが、生徒3名は与座岳方面の戦闘に参加し、戦死。詳細不明。工業鉄血勤皇隊

工業通信隊（こうぎょうつうしんたい）

県立工業学校の2年生で編成された学徒通信隊の通称。3月29日、県立一中の生徒と一緒に、第五砲兵司令部通信隊へ入隊。3～4名ずつ各分隊・浦添、豊見城などに配置された。学徒らは、4月中旬から5月中旬にかけて、砲弾の中で通信の任務を果たした。5月27日南部に撤退、6月23日敵中突破を試みるが失敗。生き残った数名は翌日捕虜になった。工業通信隊

黄金森（こがねもり）

南風原町にある丘陵。1944（昭和19）年10月10日の十・十空襲以後、沖縄陸軍病院は南風原国民学校におかれたが、米軍の上陸を前に、黄金森に移動。黄金森には約40本の横穴壕が掘られた。ひめゆり学徒隊が看護要員として軍医や看護婦とともに負傷兵の看護に従事。5月25日の南部撤退まで陸軍病院として使用される。

1990（平成2）年、南風原町は現存する第一外科壕群、第二外科壕群を文化財指定。2007（平成19）年に、第二外科20号壕を整備、現在公開されている。（⇒「沖縄陸軍病院」の項参照。）ひめゆり学徒隊

東風平分院（こちんだぶんいん）

第二十四師団第一野戦病院の分院のひとつ。5月上旬、東風平国民学校裏手の丘に開設。白梅学徒隊が看護活動に従事した。人工壕で、負傷兵を収容する3つの壕と学徒が仮眠・休憩する本部壕があった。学徒は5名配置された。6月3日に閉鎖。白梅学徒隊

さ

三中鉄血勤皇隊（さんちゅうてっけつきんのうたい）

県立第三中学校の生徒によって編成された学徒隊の名称。3月26日に編成。4・5年生と2年生の一部が国頭支隊独立混成第四十四旅団の第二歩兵隊鉄血勤皇隊と第三遊撃鉄血勤皇隊に配属された。今帰仁の302高地、名護岳などに配置されたが、戦況の悪化に伴い多野岳、乙羽岳、八重岳と移動し戦闘にも参加させられる。国頭山中で捕虜になる。三中鉄血勤皇隊

三中通信隊（さんちゅうつうしんたい）

県立第三中学校3年生によって編成された学徒通信隊の名称。適性検査に合格した47名が通信隊要員として選出された。国頭支隊の独立混成第四十四旅団第二歩兵隊通信隊の無線班、有線班、暗号班に入隊。北部の八重岳や真部山に配置され山中での戦闘に巻き込まれる。その後八重岳、多野岳と移動。国頭山中で捕虜になる。三中通信隊

し

識名分室（しきなぶんしつ）梯梧学徒隊

第六十二師団野戦病院の分室のひとつ。負傷兵の激増に伴い4月12日頃那覇市識名に設置された。梯梧学徒隊9名が配属された。梯梧学徒隊

識名分室（しきなぶんしつ）ひめゆり学徒隊

沖縄陸軍病院の分室のひとつ。4月下旬頃、負傷兵の増加に伴い那覇市識名に設置された。ひめゆり学徒のうち一

高女3年生9名が配置された。ひめゆり学徒隊

師範隊本部（しはんたいほんぶ）

野田貞雄沖縄師範学校長をはじめ12名の教官、16名の生徒で編成された、師範鉄血勤皇隊の部隊の一つ。軍司令部からの命令を各配下部隊に伝達すること、隊員の衛生（負傷者の治療の手伝い、担送）及び給与（炊事）、自治のための食糧収集が主な任務だった。師範鉄血勤皇隊

師範鉄血勤皇隊（しはんてっけつきんのうたい）

沖縄師範学校男子部によって編成された学徒隊の名称。3月31日、第三十二軍司令部によって全職員・生徒の防衛召集が命じられ、同日、鉄血勤皇隊が編成された。「師範隊本部」「千早隊」「斬込隊」「野戦築城隊」に分けられた。師範鉄血勤皇隊

商工鉄血勤皇隊（しょうこうてっけつきんのうたい）

那覇市立商工学校の学徒で編成された学徒隊の通称。3月31日頃、1年生、4年生、5年生の16名が首里儀保町の独立歩兵第二十二大隊末永中隊へ入隊。5月27日、南部へ撤退し、糸満市真壁に到着。自然洞窟や岩陰に隠れた。6月20日未明、敵中突破を敢行したが、兵隊と共に多数の学徒が戦死した。商工鉄血勤皇隊

商工通信隊（しょうこうつうしんたい）

市立商工学校の学徒で編成された学徒通信隊の通称。2年生は、1945年3月25日、31名の生徒が、校長に引率され第三十二軍司令部暗号班に入隊。5月27日南部へ撤退、6月23日に米軍陣地に斬り込みをかけ、ひとりを除き全員死亡。3・4年生約70名は、3月4日、大里国民学校で独立混成第四十四旅団司令部に入隊。「司令部通信隊」「独立混成第十五連隊通信隊」「第二歩兵隊無線班」に配属。商工通信隊

白梅学徒隊（しらうめがくとたい）

県立第二高等女学校の学徒で構成された看護隊の戦後の通称。第二十四師団第一野戦病院に配属され看護活動に従事した。負傷兵が増加すると、東風平、新城両分院にも配属された。46名動員され、17名死亡。白梅学徒隊

首里高女分室（しゅりこうじょぶんしつ）

第六十二師団野戦病院の分室のひとつ。負傷兵の激増に伴い4月12日頃、首里高女内の壕に設置された。5月12日頃、米軍の侵攻により分室に勤務していた瑞泉学徒らはナゲーラ壕に移動した。瑞泉学徒隊

す

水産鉄血勤皇隊（すいさんてっけつきんのうたい）

県立水産学校の生徒で編成された学徒隊の通称。鉄血勤皇隊は3年生で編成され、北部に配置されることになった。4月3日に解散したが、その後引率教諭と一部の生徒が第四遊撃隊に入隊した。水産鉄血勤皇隊

水産通信隊（すいさんつうしんたい）

県立水産学校の1・2年生で編成された通信隊の通称。4月1日未明、第三十二軍司令部壕に集まった21名で編成された。「監視業務」「情報業務」に従事した。5月27日、南部に撤退、6月20日、斬込隊が編成され、水産生14名も参加した。その後斬り込みから7名が生還したが、うち6名は死亡。水産通信隊

瑞泉学徒隊（ずいせんがくとたい）

県立首里高等女学校の学徒で構成された従軍学徒看護隊の戦後の通称。昭和女学校の梯梧学徒隊とともに第六十二師団野戦病院で看護活動に従事した。ナゲーラ壕や、負傷兵の増加に伴い設置された首里高女分室、仲間分室にも配属された。南部撤退後、6月23日に壕が馬乗り攻撃をうけ、学徒19名が収容される。61名動員され、33名死亡。瑞泉

学徒隊

せ

積徳学徒隊（せきとくがくとたい）

　沖縄積徳高等女学校の学徒で構成された従軍学徒看護隊の戦後の通称。沖縄戦時、豊見城城址におかれた第二十四師団第二野戦病院に配置され、看護活動に従事した。5月下旬、南部に撤退し、糸満市糸洲の自然洞窟に避難する。6月26日に解散命令が下ったが、小池勇助隊長から「決して死んではいけない」という訓示をもらった。動員25名のうち4名死亡。積徳学徒隊

た

第九師団（だいきゅうしだん）

　沖縄戦に向けて中国大陸から移動した部隊。1944（昭和19）年11月レイテ戦（フィリピン）への兵力投入のために防備に穴があいた台湾へ移動させられた。大本営から1個師団を引き抜くことを指示された沖縄守備軍は、砲兵力に弱い同部隊の移動を決定。歴戦の経験を持ち精鋭と言われた同部隊の移動は軍・民に大きな衝撃を与え、その後の士気に影響を及ぼした。通称は武部隊。

第三十二軍（だいさんじゅうにぐん）

　沖縄戦時に沖縄の守備にあたった日本陸軍部隊の総称。第六十二師団、第二十四師団、独立混成第四十四旅団などを配下に置いていた。通称は球部隊。各男子学徒鉄血勤皇隊・通信隊、ひめゆり学徒隊、なごらん学徒隊

大詔奉戴日（たいしょうほうたいび）

　日中戦争下の1939（昭和14）年9月1日から毎月1日は「興亜奉公日」と定められ、全国民こぞって、戦場の労苦を偲ぶ日と決められた。1941（昭和16）年の真珠湾攻撃の日を境に、興亜奉公日のかわりに毎月8日が「大詔奉戴日」とされ、学校、職場では、国旗掲揚、詔書奉読式、必勝祈願などが行われた。隣組常会もこの日に開かれるようになった。

第二十八師団（だいにじゅうはちしだん）

　第三十二軍の主要部隊のひとつ。1944（昭和19）年7月から宮古島に配備された。通称豊部隊。配下の第二十八師団第二野戦病院・第四野戦病院では宮古高女学徒隊が、また、石垣島の第二十八師団第三野戦病院では八重山高女学徒隊・八重山農女子学徒隊が、海軍警備隊医務室では八重山高女学徒隊が看護活動に従事した。宮古中鉄血勤皇隊／宮古高女学徒隊／八重山高女学徒隊・八重農女子学徒隊

第二十四師団（だいにじゅうよんしだん）

　第三十二軍の主要部隊のひとつ。首里以南の沖縄本島南部地区に配置され南部撤退前後の戦闘の主力となった。通称は山部隊。開南鉄血勤皇隊／工業鉄血勤皇隊／白梅学徒隊／積徳学徒隊

第二十四師団第一野戦病院（だいにじゅうよんしだんだいいちやせんびょういん）

　八重瀬町字富盛（旧東風平町字富盛）におかれた野戦病院。白梅学徒隊が看護活動に従事した。負傷兵の増加に伴い東風平分院、新城分院も設置された。6月3日に両分院は閉鎖され、4日に解散。白梅学徒隊

第二十四師団第二野戦病院（だいにじゅうよんしだんだいにやせんびょういん）

　豊見城市字豊見城の豊見城城址に設置された野戦病院。積徳学徒隊が看護活動に従事した。5月下旬、豊見城城址の病院壕から糸満市糸洲の自然洞窟に移動。6月中旬頃、壕にガス弾が投げ込まれる。6月26日の夕方解散。積徳学徒隊

大本営（だいほんえい）

　戦時または事変の際に設置された日本の最高統帥機関であり、天皇に直属した最高の戦争指導機関。

第六十二師団（だいろくじゅうにしだん）

　第三十二軍の主要部隊のひとつ。宜野湾－浦添戦線に配置され、同戦線で展開された激戦の主力となった。通称は石部隊。二中通信隊／商工鉄血勤皇隊／開南鉄血勤皇隊／瑞泉学徒隊／梯梧学徒隊

第六十二師団野戦病院（だいろくじゅうにしだんやせんびょういん）

　宜野湾－浦添戦線に配置された部隊（通称石部隊）の野戦病院。南風原町新川あたりの「ナゲーラ」と呼ばれる丘陵に掘られた壕に設置された。瑞泉学徒隊が看護活動に従事した。3月27日には壕の前で首里高女の卒業式が行われた。（「ナゲーラ壕」の項参照）瑞泉学徒隊

多野岳（たのだけ）

　名護市北部にある山。沖縄戦中は日本軍の遊撃戦の拠点だった。二中鉄血勤皇隊／三中鉄血勤皇隊／なごらん学徒隊

ち

千早隊（ちはやたい）

　男子師範鉄血勤皇隊の中の一隊。軍司令部益永大尉を隊長に22名の生徒で編成された。軍司令部の情報・戦果などを住民に伝達、宣撫工作の役割も担っていた。師範学校男子部

つ

通信隊（つうしんたい）

　通信訓練を受けた各学校の下級生たちの総称。

津嘉山経理部（つかざんけいりぶ）

　正式名称は「第三十二軍司令部経理部」。ひめゆり学徒隊のうち、一高女3・4年生が配属され、雑役や看護活動に従事させられた。南風原町津嘉山の軍司令部壕に配置されたため、「津嘉山経理部」の名称で呼ばれた。ほかに軍医部や法務部もあった。「球部隊経理部」ともいう。ひめゆり学徒隊

て

梯梧学徒隊（でいごがくとたい）

昭和女学校の生徒たちによって構成された従軍学徒看護隊の戦後の通称。首里高女の瑞泉学徒隊とともに第六十二師団野戦病院に配置され、ナゲーラ壕や識名分室で看護活動に従事する。南部撤退後に入った伊原の壕に直撃弾を受ける。6月19日の解散命令後、壕を脱出し、動員された17名中9名が死亡。梯梧学徒隊

鉄血勤皇隊（てっけつきんのうたい）

沖縄県下の師範学校と中等学校の男子生徒で組織された学徒隊の総称。橋や道路などの修復、歩哨勤務、糧秣運搬、負傷者の担送、敵陣地への奇襲、背後撹乱、急造爆雷を背負って敵陣地へ突入、夜間、敵地にもぐりこんで戦車を爆発するなどの任務を負った。

と

特別編成中隊（とくべつへんせいちゅうたい）

男子師範鉄血勤皇隊の中の一隊。通称特編中隊。首里攻防戦が開始される5月上旬、軍司令部を警護するために編成された。司令部壕の立哨や南部撤退の際の摩文仁への先遣隊、対戦車用急造爆雷の運搬などに従事。師範鉄血勤皇隊

独立混成第四十五旅団（どくりつこんせいだいよんじゅうごりょだん）

第三十二軍の主要部隊のひとつ。通称は球部隊。八重山に配備された。八重山の陸軍病院、野戦病院、海軍病院、船浮陸軍病院を配下に置いていた。宮古島陸軍病院もこの部隊の配下だった。八重山中鉄血勤皇隊・八重農鉄血勤皇隊／八重山高女学徒隊・八重農女子学徒隊／宮古高女学徒隊

独立混成第四十四旅団（どくりつこんせいだいよんじゅうよんりょだん）

第三十二軍の主要部隊のひとつ。通称は球部隊。沖縄本島北部や南部の一部に配備された。本部町八重岳に配置された同部隊は本島北部や伊江島一帯の守備に当たっていた。商工鉄血勤皇隊／二中通信隊

独立混成第四十四旅団第二歩兵隊（どくりつこんせいだいよんじゅうよんりょだんだいにほへいたい）

（⇒「宇土部隊」の項参照。）二中鉄血勤皇隊／三中鉄血勤皇隊・三中通信隊／農林鉄血勤皇隊

豊見城城址（とみぐすくじょうし）

豊見城市豊見城在。かつての豊見城按司の居城跡。沖縄戦時、第二十四師団第二野戦病院が置かれ、積徳学徒隊が看護活動に従事しました。（「第二十四師団第二野戦病院」の項参照。）積徳学徒隊

な

仲間分室（なかまぶんしつ）

4月12日頃、負傷兵の増加に伴い浦添市仲間に設置された第六十二師団野戦病院の分室。瑞泉学徒隊の中で中頭出身の生徒10名が配置された。瑞泉学徒隊

ナゲーラ壕（なげーらごう）

南風原町新川あたりの丘は通称「ナゲーラ」と呼ばれた。その丘陵に掘られた壕なので「ナゲーラ壕」と呼ばれた。第六十二師団野戦病院が設置された。（「第六十二師団野戦病院」の項参照。）瑞泉学徒隊／梯梧学徒隊

なごらん学徒隊（なごらんがくとたい）

県立第三高等女学校の学徒で構成された従軍学徒看護隊の戦後の通称。八重岳におかれた沖縄陸軍病院名護分院で看護活動に従事した。10名動員、1名死亡。なごらん学徒隊

波平第一外科壕（なみひらだいいちげかごう）

沖縄陸軍病院第一外科の病院関係者・学徒が南部に撤退各避難した自然洞窟。糸満市南波平在。6月18日の夜、米軍の進攻によりほとんどの学徒が壕を脱出し、伊原第一外科壕などへ向かった。ひめゆり学徒隊

に

二中鉄血勤皇隊（にちゅうてっけつきんのうたい）

県立第二中学校の生徒で編成された学徒隊の名称。2月下旬、二中は金武町の金武国民学校へ移動する。3月19日、県下の各中等学校生徒に鉄血勤皇隊・通信隊として入隊せよという軍命が下り、二中でも鉄血勤皇隊が編成された。3月24日金武国民学校の焼失により、高山配属将校が翌25日解散を命じ、残った15名程の生徒は高山配属将校と行動を共にする。その後北部へ向かい、独立混成第四十四旅団第二歩兵隊（宇土部隊）へ入隊する。県立第二中学校

二中通信隊（にちゅうつうしんたい）

県立第二中学校の生徒で編成された通信隊の名称。2・3年生の約120名が、第六十二師団司令部通信隊に入隊し、暗号班、無線班、有線班の3つに分けられた。県立第二中学校

ぬ

ヌヌマチガマ（ぬぬまちがま）

八重瀬町新城（旧具志頭村字新城）の自然洞窟のこと。負傷兵の増加に伴い第二十四師団第一野戦病院の新城分院が設置された。「ヌヌマチガマ」というのは地元の人の呼び名。全長500m。反対側の出入り口は「ガラビ」。軍医や看護婦のほかに白梅学徒5名が配置された。（⇒「ガラビ壕」の項参照）白梅学徒隊

の

農林鉄血勤皇隊（のうりんてっけつきんのうたい）

県立農林学校の生徒で編成された学徒隊の通称。3月26日に編成され、4月4日は本隊は解散。斬込隊は北部の宇土部隊に入隊し、八重岳での戦闘に参加。4月28日に解散した。農林鉄血勤皇隊

は

配属将校（はいぞくしょうこう）

　学校配属将校のこと。軍事教練の教官として男子中等学校以上の学校に配属された陸軍現役将校。1925（大正14）年4月「陸軍現役将校配属令」公布により全国の中学・師範・高専に陸軍の現役将校が配属され軍事教練が実施された。戦時動員兵力の確保のほか、青少年に軍国主義を注入し軍部主導の国民統合をはかるねらいがあったとされ、軍部の教育への介入の道を開いた。

　日中戦争以後は予備役将校も配属。沖縄県においては、米軍来攻必至の戦局のなか配属将校及び教練教官の指揮の下県下全男子中等学校に鉄血勤皇隊を編成し、沖縄戦の開始とともに各部隊に配属し参戦させた。

ひ

ひめゆり学徒隊（ひめゆりがくとたい）

　沖縄師範学校女子部・県立第一高等女学校の学徒で構成された従軍学徒看護隊の戦後の通称。沖縄陸軍病院に配属された。分室の一日橋・識名・糸数分室や津嘉山経理部に配属された学徒もいる。5月25日に南部に撤退、6月18日に解散命令。動員された学徒222名のうち123名が死亡。ひめゆり学徒隊

ま

摩文仁海岸（まぶにかいがん）

　糸満市摩文仁集落の海岸の通称。鉄の暴風のなかで多くの学徒や日本兵・住民たちが追い詰められた海岸のひとつ。

真部山（まぶやま）

　本部半島の八重岳と本部海岸の間に位置する丘陵。独立混成第四十四旅団第二歩兵隊の本部が置かれた八重岳を守備する前線陣地が置かれ、北部の戦闘の激戦地となった。

み

宮古高女学徒隊（みやここうじょがくとたい）

　宮古高等女学校の学徒で構成された従軍学徒看護隊の戦後の通称。3・4年生は看護婦見習いとして第二十四師団第二野戦病院、第四野戦病院に動員された。3月27日に卒業式を挙行したが、その後も看護婦見習いとして勤務をした。空襲でひとり負傷し、戦争後遺症で亡くなった。9月頃、自宅に戻る。宮古高等女学校

宮古中鉄血勤皇隊（みやこちゅうてっけつきんのうたい）

　2月頃、宮古中学校の1年生から3年生が鉄血勤皇隊員として第二十八師団通信隊に編成され、その後通信隊としての訓練を行う。8月末までは軍と行動を共にし、その後家に帰された。詳細は不明。4・5年生は繰り上げ卒業し、軍の各部署に動員された。宮古中学校

や

八重瀬岳（やえせだけ）

　八重瀬町字富盛（旧東風平町字富盛）にある山。山部隊の病院壕が置かれていた。白梅学徒隊

八重岳（やえだけ）

　名護市と本部町の境界に位置する標高453.3 mの山。嘉津宇岳、安和岳などと連峰を形成する。沖縄戦における北部戦線の主要な戦闘が行なわれ、独立混成第四十四旅団第二歩兵隊が配置された。沖縄陸軍病院名護分院も設置され、なごらん学徒隊が看護活動に従事。二中鉄血勤皇隊、三中鉄血勤皇隊が入隊登録を行った場所。二中鉄血勤皇隊／三中鉄血勤皇隊／なごらん学徒隊

八重中鉄血勤皇隊・八重農鉄血勤皇隊（男子）／（やえちゅうてっけつきんのうたい・やえのうてっけつきんのうたい）

　八重山中学校、八重山農学校の男子学徒で編成された学徒隊の通称。3月29日、八重山中学校の2年生以上の学徒と八重山農林学校の男子学徒200名余が集められた。独立混成第四十五旅団に入隊。通信班・対空監視班・迫撃班に分けられた。八重山では地上戦がなかったため、死者はひとりも出ていない。通信班は8月12日頃、自宅に戻された。対空監視班・迫撃班の詳細は不明。八重中鉄血勤皇隊／八重農鉄血勤皇隊（男子）

八重山高女学徒隊・八重農学徒隊（女子）／（やえやまこうじょがくとたい・やえのうがくとたい）

　八重山高等女学校、八重山農学校の女子学徒で構成された従軍学徒看護隊の戦後の通称。八重山高女の4年生約60名、八重山農学校女子約16名が、看護要員として第二十八師団第三野戦病院、船浮陸軍病院、海軍病院に動員された。八重山高女学徒隊／八重農学徒隊（女子）

野戦築城隊（やせんちくじょうたい）

　師範男子部鉄血勤皇隊の一隊。軍の野戦築城隊工兵大隊に属する。第一～第三中隊に分けられた。首里の軍司令部壕掘り、破壊された橋や道路の修理、タコつぼ壕掘り、弾薬輸送、負傷者担送などが任務だった。師範鉄血勤皇隊

山城本部壕（やましろほんぶごう）

　沖縄陸軍病院本部の病院関係者・学徒が南部に撤退した際に避難した自然洞窟。糸満市山城にあるため山城本部壕と言われる。6月14日の夕方、米軍の砲撃により多くの陸軍病院関係者とひめゆり学徒ひとりが死亡。重傷を負った広池病院長とひめゆり学徒ひとりが翌未明死亡。ひめゆり学徒隊

り

陸軍特別操縦見習士官（りくぐんとくべつそうじゅうみならいしかん）

　略称は特操。大学、高専を卒業した予備役の将校操縦者のこと。海軍の飛行予備学生に相当する。1期約2,000名は1943（昭和18）年10月に入隊したが、特別攻撃隊として出撃し、特に沖縄戦で下級将校として多数戦死。

陸軍特別甲種幹部候補生（りくぐんとくべつこうしゅかんぶこうほせい）

1944（昭和19）年、慢性化した将校不足を補うために創設された制度。志願制。それまでは1933（昭和8）年に設けられた「特別志願将校制度」により中学校以上の学歴を有する者が検定を受けて幹部候補生となり、さらに将校に適すると判断されると「甲種幹部候補生」となった。その後予備士官学校か各科術科学校幹部候補生隊での訓練を経て少尉に任官するというルートをたどった。

しかし、「特別甲種幹部候補生」制度は在学中の学生（15歳から19歳まで）を特別幹部候補生とし短期間で戦力化を行うことがねらいだった。

1943（昭和18）年に、学徒の徴兵猶予は廃止されていた。

◆引用及び参考文献

★各学徒隊出版物
※編著者と出版者が同じ場合は出版者を省略した。

（1）沖縄師範学校男子部
①龍潭同窓会『龍潭百年（沖縄師範学校百年記念誌）』1980年、②沖縄師範学校昭和二〇年会『昇龍　沖縄師範学校昭和二〇年卒業生記念誌』1990年、③『留魂の碑（鉄血勤皇師範隊はいかに戦塵をくぐったか）』1998年（龍潭同窓会）、④沖縄戦体験記「情報宣伝隊（千早隊）」手記出版編集委員会『沖縄戦体験記「情報宣伝隊（千早隊）」―沖縄師範学校学徒の実録―』1998年、⑤沖縄師範龍潭一八会『龍潭のほとりで結んだ友情』2005年、⑥大田昌秀・外間守善『沖縄健児隊』1953年（日本出版協同）、⑦大田昌秀『鉄血勤皇隊』1977（ひるぎ社）、⑧渡久山朝章『南の巌の果まで』1978年（文教図書）

（2）沖縄県立第一中学校
①首里高等学校『養秀　首里高等学校（旧一中）創立八十周年記念誌』1961年（養秀同窓会）、②養秀同窓会『養秀百年』1980年、③沖縄県立一中一条会『友、一中一条会』1987年、④養秀同窓会『目で見る養秀百十年―創立百周年記念出版写真集―』1990年、⑤沖縄県立第一中学校第五十七期生『硝煙下の健児』1991年、⑥いそろく会『いそろく会五十年誌』1993年（沖縄県立第一中学校五十六期会）、⑦沖縄県立一中十七会『一中十七会記念誌　亡き友を偲び五十年』1995年（同会）、⑧五五同期会事務所『沖縄県立第一中学校　幻のアルバム』1997年（沖縄県立第一中学校五五同期会事務所）、⑨58期生アルバム作成委員会『思い出』1998年、⑩兼城一『沖縄一中鉄血勤皇隊の記録　上　証言沖縄戦』2000年（高文研）、⑪兼城一『沖縄一中鉄血勤皇隊の記録　下　証言沖縄戦』2005年（高文研）、⑫「続最後の一中生」編集委員会『続・最期の一中生　いきてしやまん』2005年（県立一中さくら会）、⑬比嘉重智「鉄血勤皇隊一中隊島尻敗走の記」（草稿）

（3）沖縄県立第二中学校
①『戦世を生きた二中生　沖縄県立第二中学校第三十二期生卒業四十周年記念誌』1986年（沖縄県立第二中学校第三十二期生卒業四十周年記念事業実行委員会）、②八十周年記念誌編集委員会『城岳同窓会八十年　県立第二中学校・県立那覇高校創立八十周年記念誌』1991年（県立第二中学校・那覇高等学校創立八十周年事業期成会）、③沖縄二中三岳会の記録編集委員会『沖縄二中三岳会の記録　―激動の時代の青春－』1992年（沖縄二中三岳会）

（4）沖縄県立第三中学校
①名護高等学校創立五十周年記念誌編集委員会『南燈　創立50周年記念誌』1982年（名護高等学校創立五十周年記念誌編集委員会）、②三・三会編集委員会『創立三十周年記念誌～回想～』1992年（三・三会）、③名護市戦争記録の会『名護市史叢書・1　語りつぐ戦争―市民の戦時・戦後体験記録　第1集』1985年（名護市役所）、④本部町史編集委員会『本部町史　通史編　下』1994年（本部町）、⑤町民の戦時体験記編集委員会『町民の戦時体験記』1996年（本部町教育委員会）、⑥宮里松正『三中学徒隊』1982年（三中学徒之会）

（5）沖縄県立農林学校
①知念正喜『農林健児－沖縄戦を生き抜いて』1993年（県立農林第四十三期同期生会）、②沖縄県立農林学校同窓会『沖縄県立農林学校同窓会誌　第3号』1998年

（6）沖縄県立水産学校
①記念誌部『創立九十周年記念誌』1995年（沖縄県立沖縄水産高等学校）、②瀬底正賢「第三十二軍司令部嗚呼無念学徒通信隊」（草稿）、③影山昇『男たちの「ひめゆりの塔」―沖縄戦・知られざる悲劇の学徒たち』1997年（大空社出版部）

（7）沖縄県立工業学校
①沖縄県立工業高等学校『沖縄工業高等学校創立90周年記念写真集』1992年（沖縄県立工業高等学校）、②「工の絆」編集委員会『工の絆　弾雨下の工業健児』1995年（沖縄県立沖縄工業高等学校同窓会）、③山川宗秀「はるかなる山河」（遺稿）

（8）那覇市立商工学校
①創立七十周年記念誌編集委員会『うるま－創立70周年記念誌』1975年（沖縄県立那覇商業高等学校創立七十周年記念事業実行委員会）、②『創立80周年記念同窓会会員名簿』1986年（沖縄県立那覇商業高等学校）、③沖縄県立那覇商業高等学校創立90周年記念事業実行委員会『創立90周年記念誌』1995年（記念誌編集委員会）、④那覇商創立

百周年記念誌・同窓会名簿委員会『那覇商百年史』2006年（沖縄県立那覇商業高等学校）

（9）開南中学校
①『開南中学校同窓会誌』1981年（開南中学校同窓会）

（10）沖縄県立第宮古中学校
①平良市史編さん委員会『平良市史　第4巻資料編2近代資料編』1978年（平良市役所）、②城辺町史編纂委員会『城辺町史　第2巻戦争体験編』1996年（城辺町役場）、③沖縄県教育委員会『沖縄県史　第10巻　各論編9（沖縄戦記録2）』1974年

（11）沖縄県立八重山農学校
①沖縄県教育委員会『沖縄縣史　第10巻　各論編9（沖縄戦記録2）』1974年、②石垣市史編集室『市民の戦時・戦後体験記録集』第1集1983年、第2集1984年、第3集1985年、第4集1988年、（石垣市役所）③石垣市総務部市史編集室『平和祈念ガイドブックひびけ平和の鐘』1996年（石垣市）、④大田静男『八重山の戦争　シリーズ八重山に立つ№1』1996年（南山舎）、⑤石垣市総務部市史編集室『八重山写真帖―20世紀のわだち』上下2001年（石垣市）、⑥八重山高等学校『若鷲　創立30周年記念誌』1978年（県立八重山高等学校）、⑦記念誌編集委員会『八重山高等学校創立四十五周年記念誌』1989年（創立45周年記念事業期成会）

（12）沖縄県立八重山中学校
　　沖縄県立八重山農学校と共通

（13）沖縄師範学校女子部・沖縄県立第一高等女学校
①仲宗根政善『ひめゆりの塔をめぐる人々の手記』1980年（角川書店）、②沖縄県女師・一高女ひめゆり同窓会『ひめゆり―女師・一高女沿革誌―』1987年、③同『ひめゆり平和祈念資料館公式ガイドブック』1989年・2004年、④同『墓碑銘―亡き師亡き友に捧ぐ―』2005年、⑤南風原町教育委員会『南風原陸軍病院』1987年、⑥糸数アブチラガマ整備委員会『糸数アブチラガマ』1995年（玉城村）、⑦宮良ルリ『私のひめゆり戦記』1986年（ニライ社）、⑧伊波園子『ひめゆりの沖縄戦』1992年（岩波書店）、⑨宮城喜久子『ひめゆりの少女　十六歳の戦場』1995年（高文研）、⑩西平英夫『ひめゆりの塔 学徒隊長の手記』1995

年（雄山閣）

（14）沖縄県立第二高等女学校
①白梅同窓会『校友会誌白梅―白梅の乙女たち建立記念号―』1985年、②白梅同窓会『平和への道しるべ…白梅学徒看護隊の記録…』1995年、③白梅同窓会『白梅　沖縄県立第二高等女学校看護隊の記録』2000年（クリエイティブ21）、④白梅同窓会『白梅・校友会誌　創立百周年記念号・二〇〇六年』2006年、⑤読売新聞大阪本社社会部『戦争11 沖縄白梅の悲話』1980年（読売新聞社）

（15）沖縄県立第三高等女学校
①なごらん同窓会『なごらん（五十周年記念誌）』1971年、②県立第三高等女学校・21期生『戦時下の学園記』1997年（なごらん同窓会、県立第三高等女学校・21期生）、③三高女21期生委員、なごらん会『学徒看護隊の戦場記』2004年（沖縄県立第三高等女学校なごらん会）

（16）沖縄県立首里高等女学校
①瑞泉同窓会『首里高女の乙女たち』1991年、②『戦争の谷間から幾山河』1995年（瑞泉同窓会）、③『ずゐせん　県立首里高等女学校創立80周年記念誌』

（17）積徳高等女学校
①記念誌編集委員会『平和を祈って　積徳高等女学校昭和二十年卒記念誌』1993年、②沿革誌編集委員会『ふじ　積徳高等女学校　沿革誌』1991年（積徳高等女学校ふじ同窓会）、③積徳高等女学校昭和二十年卒『野戦病院血と涙の記録』1999年、③「積徳学徒隊生存者証言集」（草稿）、④小木曽郁男・川邊一外『あゝ沖縄（狂気と痛恨の決戦記）』1968年（私家版）

（18）昭和女学校
①梯梧同窓会『戦場に生きる―梯梧学徒の体験記』2000年（同会）、②與那城銀英『梯梧　私立沖縄昭和高等女学校概況』1989年

（19）沖縄県立宮古高等女学校
①創立五十周年編集委員会『宮古高等女学校　創立五十年記念誌』1986年（創立五十周年記念事業推進委員会）、そのほかは沖縄県立宮古中学校と共通

（20）沖縄県立八重山農学校（女子）

沖縄県立八重山農学校と共通

（21）沖縄県立八重山高等女学校

沖縄県立八重山農学校と共通

★各学徒隊共通の参考文献

・琉球政府社会局援護課『沖縄戦における学徒従軍記』1959
年（琉球政府社会局）
・陸上自衛隊富士学校総合教育部「沖縄戦における沖縄島民
の行動」1961 年 7 月 10 日
・防衛庁防衛研修所戦史室『戦史叢書　沖縄方面陸軍作戦』
1968 年（朝雲新聞社）
・琉球政府『沖縄縣史　第 8 巻　各論編 7（沖縄戦通史）』
1971（国書刊行会）
・沖縄文教出版編集部『戦場の乙女たち』1972 年（沖縄文教
出版）
・大田昌秀『沖縄　戦争と平和』1982 年（日本社会党中央本
部機関紙局）
・沖縄大百科事典刊行事務局『沖縄大百科事典』1983 年（沖
縄タイムス社）
・琉球新報「戦禍を掘る－出会いの十字路　№ 97 ～ 206」
（1984 年 2 月 9 日～ 1984 年 8 月 10 日）
・琉球新報「戦禍を掘る－第 2 部学徒動員　№ 1 ～ 89」
（1984 年 11 月 14 日～ 1985 年 4 月 18 日）
・那覇出版社『写真集沖縄戦』1990 年（那覇出版社）
・浅野誠『沖縄県の教育史』1991 年（思文閣出版）
・ひめゆり平和祈念資料館『「沖縄戦の全学徒たち」展報告
書』2000 年
・青春を語る会『沖縄戦の全女子学徒隊』2006 年（フォレス
ト）
・荒川章二「総動員体制と戦時法制」『沖縄戦研究Ⅰ』1998
年
・石原昌家「沖縄の戦場動員体制とその状況」沖縄県文化振
興会公文書館管理部史料編集室『沖縄戦研究Ⅰ』1998 年
・中山知華子「国民義勇隊と国民義勇戦闘隊」立命館国際平
和ミュージアム『立命館平和研究』第 1 号 2000 年

本書の改訂に当たっての学徒の動員数及び戦死者数の修正について

1．2019年3月14日「全学徒隊の碑」のそばに「学徒戦没者数を記した刻銘碑」が設置された。この学徒戦没者数は「元全学徒の会」の新たな調査によって判明したもので、最新の調査に基づくものであるため、本資料集4でもこの数字を引用することにした。なおこの学徒戦没者数には学徒隊以外も含めた当時の在校生の戦死者が含まれている。

2．今回の再販の機会に、「学徒の動員数及び戦死者数」全体の再検証を行い、数字を修正した。

3．今回引用した資料は、①2019年に「元全学徒の会」が各学徒隊生存者に依頼し提供を受けた資料、②1999年に当館が開館10周年記念特別展「沖縄戦の全学徒たち」を開催したときに各同窓会に依頼し提供を受けた資料、③1959年に琉球政府社会局援護課によって発行された『沖縄戦における学徒従軍記』、④その他資料の4種である。

4．①の2019年「元全学徒の会」の調査データと②の1999年「沖縄戦の全学徒たち」の調査データは、第一中学校、第二中学校、開南中学校、宮古中学校、八重山中学校、八重山農学校、第三高等女学校、首里高等女学校、積徳高等女学校、昭和女学校の10校の数字が違っている。基本的には「元全学徒の会」の調査データに基づき訂正したが、同調査データに疑問があるものは再検証を行い独自の数字を用いた（下記の9、11のケース）。

5．③の『沖縄戦における学徒従軍記』は1959年6月の調査によるもので、十分な調査が行われず不正確な点もあると思われるが、公的機関が出した資料としては唯一のものなので、上記の①と②がない場合に引用した（ほとんど動員数で使用、二中、商工、開南の3校で戦死者数でも使用）。

6．沖縄県立第三中学校の学徒隊の動員数は、本書の2011年版では344人となっている。その典拠は『沖縄戦における学徒従軍記』であるが、今回再度同書を再確認したところ、363人の間違いであることがわかったため訂正した。

7．工業学校の学徒隊の動員数及び戦死者数については上記②と③の数字を採用せず、④その他資料として、1995年に同校同窓会が発刊した『工の巧－弾雨下の工業健児』の数字を採用した。同書が②と③よりも新しいデータであるためである。

8．那覇商工学校の動員数は本書の2011年版では不明としていたが、今回『沖縄戦における学徒従軍記』の数字を採用した。しかし、動員数（99名）より戦死者数（114名）が15名も上回るという矛盾した数字になったため、戦死者数も『沖縄戦における学徒従軍記』の数字を採用した。

9．②の2019年に「元全学徒の会」が各学徒隊生存者に依頼し提供を受けた資料では、首里高等女学校の学徒の全戦死者数は63名になっているが、添付されていた名簿を精査した結果、それには1943（昭和18）年卒業生が1名含まれているため62名に訂正した。

10．2016年7月、積徳同窓会の有志（生存者でない同窓生）が来館し「積徳学徒隊の戦死者数は4名でなく3名の間違いである」という指摘を受け、再度積徳同窓会が発行した『積徳高等女学校昭和二十年卒記念誌　平和を祈って』1993と『野戦病院血と涙の記録』1999を確認し、また名城文子さんへの聞き取りをした結果、積徳学徒隊の戦死者数は4名ではなく、3名（安村桂子、国吉キヨ、吉見マサ）であることが判明し、訂正した。

11．①の2019年に「元全学徒の会」が各学徒隊生存者に依頼し提供を受けた資料では、昭和女学校の学徒の全戦死者数は56名になっているが、2019年に慰霊碑の「昭和高等女学校職員生徒沖縄戦戦没者名」を再確認したところ59名となっているため、それを採用した。

12．個人的な出版物に掲載されている数字は根拠が不明だったため採用しなかった。

13．教師の動員数、戦死者数については、各同窓会が公表している数字のみを掲載した。教員の動員、戦死者数については典拠がはっきりしている師範男子部、師範女子部、県立第一中学校、第一高等女学校のみ掲載した。2008年の『沖縄戦の全学徒隊』には他の学校にも明示しているものがあったが、典拠が確認できなかったため、今回は明示しなかった。したがって、教師の合計数は掲示していない。

14．2019年11月、学徒に関する新たな資料（国立公文書館所蔵「八重山中学校　八重山農林学校　学徒名簿　並死亡現認証綴」）が大城邦夫氏（那覇市立松城中学校教諭）によって入手・提供されたため、八重山中学校については、その資料に基づき数字を訂正した。

◆編集後記

　こうして 21 の全学徒隊の記録を一堂に並べてみると、沖縄の学徒隊や沖縄戦のことが、点と線だけでなく、面として把握できるように思います。各学徒隊の特徴や共通項を細かくたどっていくと、沖縄戦全体への理解も深まっていくように思います。

　当館は 9 年前の 1999 年に「沖縄戦の全学徒たち」展という特別展を開催しました。同展は全学徒隊のことを初めて大々的に取り上げた展示会として、多くのみな様から評価していただきました。

　同展の開催にあたっては各学徒隊の同窓会のみな様から多くのご支援をいただきましたが、本書の編集に際しても、各同窓会から丁寧なご助言と励ましをいただきました。深く感謝申し上げたいと思います。

　同窓会の中には、すでに同窓会全体としては慰霊祭を行わなくなったり、同窓会自体の解散を予定したりという会が出てきています。まさに本書の編集作業は、「戦争の記憶を受け継ぐのは今しかない」ということを痛感しながらの作業となりました。

　今、「戦争の記憶を受け継ぎ、伝えていこう」という戦後世代の輪が広がってきています。本書が、その方々の参考になれば、幸いに存じます。

（普天間朝佳）

◆協力・資料提供

龍潭同窓会（沖縄師範学校男子部）
養秀同窓会（沖縄県立第一中学校）
城岳同窓会（沖縄県立第二中学校）
南燈同窓会（沖縄県立第三中学校）
農林同窓会（沖縄県立農林学校）
翔洋同窓会（沖縄県立水産学校）
沖縄工業同窓会（沖縄県立工業学校）
那覇商業同窓会（那覇市立商工学校）
開南同窓会（開南中学校）
南秀同窓会（沖縄県立宮古中学校）
ひめゆり同窓会（沖縄師範学校女子部・沖縄県立第一高等女学校）
白梅同窓会（沖縄県立第二高等女学校）
南燈同窓会（沖縄県立第三高等女学校）
瑞泉同窓会（沖縄県立首里高等女学校）
ふじ同窓会（沖縄積徳高等女学校）
梯梧同窓会（昭和女学校）
宮古高女同窓会（沖縄県立宮古高等女学校）
はまゆう会（沖縄県立八重山高等女学校）

表紙写真：養秀同窓会（沖縄県立第一中学校）提供
裏表紙写真：ふじ同窓会（沖縄積徳高等女学校）提供

◆執筆者一覧

序章　沖縄の近代教育と「旧制中等学校」／尾鍋　拓美（ひめゆり平和祈念資料館説明員）
1章　沖縄の学徒隊の概要／普天間　朝佳（ひめゆり平和祈念資料館学芸員）
2章　沖縄の21の学徒隊／普天間　朝佳
3章　学徒たちの戦後
　1. 男子学徒たちの戦後／仲田　晃子（ひめゆり平和祈念資料館説明員）
　2. 女子学徒たちの戦後／普天間　朝佳
資料編
　■解　説／普天間　朝佳
　■関連年表／前泊　克美（ひめゆり平和祈念資料館学芸員）
　■用語集／前泊　克美

ひめゆり平和祈念資料館　資料集4
「沖縄戦の全学徒隊」

2008（平成 20）年 6 月 23 日《初版発行》
2011（平成 23）年 6 月 23 日《第 2 版発行》
2020（令和 2 ）年 6 月 23 日《第 3 版・改訂版発行》
編集・発行　公益財団法人　沖縄県女師・一高女ひめゆり平和祈念財団立　ひめゆり平和祈念資料館
　　　　　　住所　〒901-0344　沖縄県糸満市字伊原 671-1
　　　　　　電話　098-997-2100
　　　　　　http://www.himeyuri.or.jp/
制作・印刷　有限会社フォレスト
　　　　　　住所　〒902-0075　沖縄県那覇市国場 1186-5　さかりマンション 103
　　　　　　電話　098-963-5155

ISBN978-4-9908017-9-3 C0095